高等学校规划教材

统计学基础与实操

主编 覃朝玲 刘晴晴

扫码获取
本书资源

西南大学出版社
国家一级出版社 全国百佳图书出版单位

图书在版编目(CIP)数据

统计学基础与实操 / 覃朝玲, 刘晴晴主编. -- 重庆：西南大学出版社, 2025.4. -- ISBN 978-7-5697-2932-0

Ⅰ. C8

中国国家版本馆CIP数据核字第20256LM168号

统计学基础与实操
TONGJIXUE JICHU YU SHICAO

覃朝玲　刘晴晴　主编

责任编辑	伯古娟
责任校对	刘欣鑫
装帧设计	闻江文化
排　　版	瞿　勤
出版发行	西南大学出版社（原西南师范大学出版社）
	地　址：重庆市北碚区天生路2号
	邮　编：400715
	电　话：023-68868624
印　　刷	重庆市国丰印务有限责任公司
成品尺寸	185 mm×260 mm
印　　张	19.25
字　　数	342千字
版　　次	2025年4月 第1版
印　　次	2025年4月 第1次印刷
书　　号	ISBN 978-7-5697-2932-0
定　　价	69.00元

《编委会》

主　编	覃朝玲（西南大学）
	刘晴晴（西南大学）
副主编	冉城纲（重庆人文科技学院）
	谢　莉（河西学院）
	陈　丽（重庆师范大学）
	尚　伟（重庆工程学院）
	冉拯班（广安理工学院）
	李　嘉（西南大学）
编　者	（按姓氏笔画排序）
	王　恺　冉城纲　冉拯班
	刘晴晴　刘玉顺　李昌金
	李　嘉　陈泓儒　陈　丽
	尚　伟　周安荔　郑枝容
	赵　倩　胡　坤　贾　兵
	覃朝玲　谢　莉　谭海龙

前言 PREFACE

随着科学技术的飞速发展,各领域中所需统计的数据急剧增加,掌握必要的计算机统计技术对自己所在领域的数据进行统计分析,已经成为各行各业工作的基本要求。因此,对统计学工具的学习显得尤为重要。本书意在将统计学基础应用与统计软件(Excel/Spss)有机整合,以培养"技能型、应用型人才"为目标建构教材体系,按"设计—搜集—整理—分析—报告"的统计学知识环节编排内容。在总结多年的教学与科研数据处理的案例经验并参考吸收与引用国内外相关研究的基础上,我们编写了本书,它具有以下特点。

(1)本书力求"简而精"的原则,舍弃公式推导以及繁杂的人工数据运算,将深奥的理论问题转化为现实的具体问题;将繁杂的人工数据运算转化为便捷的计算机软件操作;操作方法有多种的,我们选择简单的方法呈现,力求简不求全,突出教程的实操性,培养读者学习统计学的兴趣以及利用计算机处理数据的能力。

(2)本书力求"学以致用"的原则,将实操呈现在目录中,实现即查即学、即查即用。在计算机软件分析输出结果中,我们给出了"总结果的表与图"的大致概貌,结果解释中的表没有采用三线表,是为了保持Excel/Spss运算结果的原貌,便于读者识别。力求内容准确,突出教程的应用性,培养读者的统计学应用能力。

(3)本书力求"学而能用"的原则,从数据收集的设计、数据的整理分析到统计工作的完整表达(统计分析报告写作),突出将知识与技能转化为读者的统计工作能力。在知识的容量上,力求简洁与适度,降低读者学习统计学的难度,培养读者学习统计学的兴趣。

(4)本书内容是以培养"宽口径、技能型、应用型"人才的教学目标而设计的。可作为开设有《统计学》课程的本科生、专科生的教材和开设有《应用统计学》《实用科研方法》课程的研究生、研究人员、数据统计分析人员和办公人员的参考用书。

本书由覃朝玲与刘晴晴规划各章内容框架,各章编写人员情况如下:第一章(覃朝玲、郑枝容)、第二章(谢莉、刘玉顺)、第三章(尚伟、李昌金)、第四章(李嘉、陈泓儒)、第五章(谢莉、谭海龙)、第六章(贾兵、冉拯班)、第七章(胡坤、赵倩)、第八章(冉城纲、周安荔)、第九章(陈丽、王恺)、第十章(刘晴晴、周安荔),内容分理论与实操两部分,整本书Excel实操用的是Excel 2021版,Spss实操用的是Spss 27.0版。全书由覃朝玲与冉城纲统稿与校对。

在本书的编写过程中,笔者对全部内容进行了反复推敲,力求准确、易学,但是由于笔者学识水平有限,失当之处在所难免,祈望各位专家学者和广大读者批评指正。在本书的编写过程中,笔者还参考了大量的文献资料,借鉴与援用了同行专家的一些研究成果,笔者受益匪浅,在此向各位专家表示衷心的感谢。

编者
2025年1月

目录
CONTENTS

第一章 绪 论 - 001 -
第一节 统计学概述 - 002 -
第二节 统计学常用的基本概念 - 009 -
第三节 统计软件(Excel和Spss)基础实操 - 015 -

第二章 统计资料的收集 - 037 -
第一节 统计资料收集方法 - 038 -
第二节 统计资料的抽样 - 043 -
第三节 统计资料收集计算机实操 - 047 -

第三章 统计资料的整理 - 059 -
第一节 统计资料审核和清洗 - 060 -
第二节 统计资料的整理 - 064 -
第三节 资料的清洗与整理实操 - 071 -

第四章 统计资料的描述 — 093 —

- 第一节　集中位置量数 — 094 —
- 第二节　离中位置量数 — 097 —
- 第三节　峰度与偏度 — 101 —
- 第四节　统计资料的描述性计算实操 — 104 —

第五章 统计资料的分布 — 117 —

- 第一节　正态分布 — 118 —
- 第二节　三大抽样分布——t、χ^2（卡方）、F分布 — 121 —
- 第三节　分布表图的制作、应用与数据的分布判断实操 — 126 —

第六章 统计推断 — 147 —

- 第一节　参数估计 — 148 —
- 第二节　假设检验 — 152 —
- 第三节　t检验与χ^2检验 — 155 —
- 第四节　参数估计与假设检验实操 — 158 —

第七章 方差分析 — 181 —

- 第一节　方差分析概述 — 182 —
- 第二节　几种常见的方差分析 — 185 —
- 第三节　方差分析实操 — 191 —

第八章 相关分析 — 209 —

- 第一节　相关分析概述 — 210 —
- 第二节　相关系数 — 215 —
- 第三节　相关分析实操 — 220 —

第九章　回归分析　　　- 243 -

第一节　回归分析概述　　　- 244 -

第二节　常用的几种线性回归分析方法　　　- 249 -

第三节　回归分析实操　　　- 254 -

第十章　统计分析报告写作　　　- 265 -

第一节　统计分析报告概述　　　- 266 -

第二节　统计分析报告的结构与写作　　　- 271 -

第三节　统计分析报告写作实例　　　- 293 -

参考文献　　　- 295 -

第一章
绪 论

　　统计学(Statistics)是一门搜集、整理和分析数据的方法论学科,它探索客观事物内在的数量规律,以达到对客观事物的科学认识。它已经渗透到我们生活、学习和工作的方方面面,应用范围几乎覆盖了社会科学和自然科学的各个领域。本章内容包含了解什么是统计与统计学、统计学的发展史、统计学常用的基本概念、统计学的基本内容以及统计软件Excel和Spss(Statistical Package for the Social Sciences,即社会科学统计软件包)处理统计数据的入门基础实操。

第一节 统计学概述

一、统计与统计学

什么是统计？一般有三种理解：统计工作、统计资料和统计学。统计工作是源，没有统计工作就没有统计资料，统计学也就不可能产生。

(一)统计工作的产生

统计工作(Statistic Services)即统计活动，是人们进行数据搜集、整理和分析等一系列工作的统称。统计工作的产生可以追溯到原始社会，人们按氏族、部落居住在一起打猎和捕鱼，分配食物时就有清点结绳计数的简单统计活动，该时期即为统计工作的萌芽期。统计工作先于统计学的产生。

(二)统计学的产生

统计学(Statistics)的产生和发展是一个长期的历史过程，可以追溯到古代。在古埃及和古希腊，人们已经开始对人口、土地、其他资源等进行统计。到今天，统计已经扩展到工业、农业、商业、保险、交通、邮电、外贸、海关等领域的社会经济统计，它已经广泛地渗透到各行各业的方方面面，各国相继设立了统计机关和统计研究机构，统计成为社会分工中一种独立的专业。统计学是应国家宏观管理需要和社会化大生产要求而产生的，在不同时期产生了不同的统计学流派。

1.统计学的萌芽期(17世纪中—18世纪中)

统计实践的发展，客观上要求对丰富的实践经验加以总结，使统计实践上升为理论，并进一步指导统计实践，出现了一些统计理论著作，产生了不同的流派。

(1)政治算术学派(School of Political Arithmetic)

其产生于英国,代表人物有威廉·配弟(1623—1687)和格朗特,代表著作是《政治算术》和《对死亡的自然观察与政治思考》。该学派的特点是"用数字、重量、尺度来表达自己想说的问题",虽然没有使用统计学这一名词,但所使用的社会宏观数量对比和分析方法揭示了统计学所要研究的内容,因此历史上人们将这一学派称为"有实无名"学派。马克思对配弟的评价很高,称他为"政治经济学之父,在某种程度上也可以说是统计学的创始人"。

(2)国势学派(The National School)

产生于德国,代表人物是康令(1620—1674)。国势学派的特点是"用'文字'不用'数字'来说明问题",这个学派另一个有影响的人物为阿痕瓦尔,他给国势学派取名为:统计学。国势学派也被人们称为有名无实的统计学。

2. 统计学的发展期(18世纪末—19世纪末)

(1)数理统计学派(School of Mathematical Statistics)

产生于19世纪,代表人物为比利时的凯特勒(1796—1874),代表著作有《社会物理学》《论人类》《概率论书简》《社会制度》等。他主张用研究自然科学的方法研究社会现象,把概率论引入统计学,使统计学在"政治算术"所建立的"算术"方法的基础上,在准确化道路上大大跨进了一步,为数理统计学的形成与发展奠定了基础。

(2)社会统计学派(School of Social Statistics)

代表人物有德国的克尼斯(1821—1889)、恩格尔(1821—1896)、梅尔(1841—1925)等。他们融合了国势学派与政治算术学派的观点,沿着凯特勒的"基本统计理论"向前发展,认为由于社会现象的复杂性和整体性,必须总体地对社会现象进行大量观察和分析,研究其内在联系,才能揭示现象的内在规律。这是社会统计学派的"实质性科学"的显著特点。

3. 统计学的快速发展期(20世纪至今)

20世纪初以来,科学技术迅猛发展,社会发生了巨大变化,统计学进入了快速发展时期,归纳起来有以下三个方面。

(1)由记述统计向推断统计发展

记述统计是对所搜集的大量数据资料进行加工整理、综合概括,通过图示、列表和数字,如编制次数分布表、绘制直方图、计算各种特征数等,对资料进行分析和描述。而推断统计,则是在搜集、整理观测的样本数据基础上,对有关总体做出推断。其特点是根据带随机性的观测样本数据以及问题的条件和假定(模型),而对未知事物做出的、以概率形式表述的推断。

(2)由社会、经济统计向多分支学科发展

在20世纪以前,统计学的领域主要是人口统计、生命统计、社会统计和经济统计。随着社会、经济和科学技术的发展,到今天,统计已覆盖了社会生活的一切领域,成为通用的方法论科学。它被广泛用于研究社会和自然界的各个方面,并发展成为有着许多分支学科的科学。

(3)统计预测和决策科学的发展

传统的统计是对已经发生和正在发生的事物进行统计,提供统计的资料和数据。特别是第二次世界大战以来,由于经济、社会、军事等方面的客观需要,统计预测和统计决策科学有了很大发展,使统计走出了传统的领域而被赋予新的意义和使命。

统计学来自应用,它在应用过程中不断发展和成长。信息论、控制论、系统论(三论)与统计学的相互渗透和结合,使统计科学理论进一步发展并日趋完善。三论的创立和发展,改变了世界的科学图景和科学家的思维方式,也使统计科学和统计工作从中吸取了营养、拓宽了视野、丰富了内容,出现了新的发展趋势。随着大数据时代的到来,统计学再次经历了革命性的变革。新的技术和工具使得分析大规模数据成为可能,统计学在数据科学、机器学习等领域发挥着关键作用。总体来说,统计学的发展是一个不断演进的过程,受到数学、概率论、计算机科学等多个学科与领域的影响。

二、统计学的定义、特点与作用

(一)统计学的定义

统计学是一门研究数据搜集、分析、解释、呈现和组织的学科。它在各种领域中都有广泛的应用,包括科学研究、社会科学、商业和工程等。统计学的主要目标是通过搜集和分析数据来得出关于总体的推断,并提供对不确定性的量化评估。

(二)统计学的特点

1. 数量性

统计学以准确的和无可争辩的事实为基础,同时,这些事实以数字表现,具有简短性和明显性。

2. 总体性

通过个体的差异来描述或推断总体的特征催生了统计学。这是统计学区别于其他社会科学的一个主要特点。

3. 具体性

统计学研究的数量方面是指社会现象的具体数量,而不是抽象的数量关系。这是统计与数学的区别。

4. 社会性

统计学是以社会现象作为研究对象,具有明显的社会性。这一点与自然技术统计学有所区别。

5. 广泛性

统计学研究的数量方面非常广泛,指全部社会现象的数量方面。

(三)统计学的作用

统计学在各个领域都发挥着重要的作用,其作用主要包括以下五个方面。

1. 数据分析

统计学是处理和分析数据的重要工具。通过描述性统计和推断统计的方法,统计学帮助人们理解数据的分布和变化趋势,揭示隐藏在数据背后的模式。

2. 决策支持

统计学提供了一种基于数据的决策支持框架。通过对数据的分析,其可以为决策制定提供客观的依据。统计分析可以及时发现问题并采取措施进行改进,帮助人们在不确定性和复杂性的环境中做出明智的决策。

3.科学研究

在科学领域,统计学用于设计实验、分析实验数据,并从样本中推断总体特征。它是科学研究中的不可或缺的一部分,帮助科学家验证假设、发现新现象并进行科学推断。

4.多领域应用

(1)医学和公共卫生

统计学在医学研究和公共卫生领域发挥着关键作用。它用于设计临床试验、分析医学数据,评估治疗效果,并进行流行病学研究。

(2)经济学和商业应用

统计学在经济学和商业领域中广泛应用。从市场调查到风险管理,统计学提供了工具来分析市场趋势、制定营销策略、评估风险,并支持企业决策。

(3)制造业

在制造和生产过程中,统计学用于质量控制。

(4)社会科学研究

统计学为社会科学研究提供了工具,用于调查、分析社会现象,比如教育水平、社会经济状况和民意调查等。

(5)环境研究

在环境科学领域,统计学可以用于分析气象数据、水质数据等,帮助了解环境变化,制定环境政策。

5.计算机科学和机器学习

在计算机科学领域,统计学是机器学习和数据科学的基础。统计方法被广泛应用于模型训练、特征选择和性能评估等方面。

总体而言,统计学是一门跨学科的科学,其方法和技术在各个领域中都具有广泛的应用,为研究、决策和问题解决提供了有力的支持。

三、统计学的内容

统计学的内容是根据统计工作的过程来确定的,它包括统计设计、统计搜集、统计数据整理、统计分析和统计报告五个方面的内容,见图1-1所示。

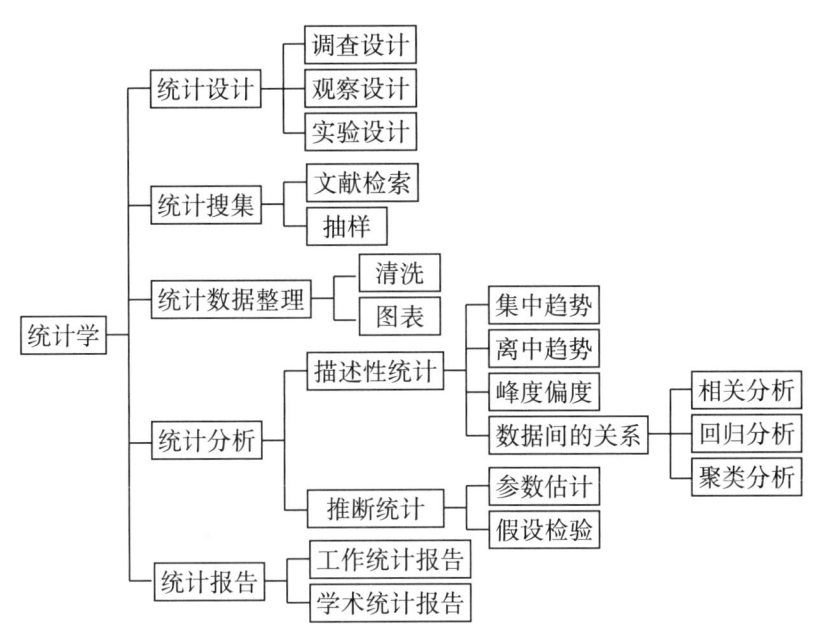

图1-1 统计学的内容

(一)统计设计

统计设计(Statistical Design)是在正式进行具体统计工作之前,根据统计研究的目的和统计对象的性质,对统计工作的各个方面和各个环节所进行的总体规划和全面安排。统计设计的结果表现为各种设计方案,如国民经济核算体系方案、统计指标体系、统计分类目录、统计报表制度、统计调查、实验和观察方案、资料汇总或整理方案及统计分析提纲等。统计设计是统计工作的第一阶段,它是整个统计工作协调、有序、顺利进行的必要条件,是保证统计工作质量的重要前提。

(二)统计搜集

统计搜集(Statistical Collection)是根据统计研究的任务和统计设计规定的方案的要求,运用科学的方法,有组织、有计划地搜集研究对象的各项数据或文字资料的工作过程。

统计搜集是认识事物的起点,这个阶段所搜集的资料是否完整、准确、及时,直接关系到统计整理的好坏,关系到统计分析的结果正确与否,决定着统计工作的质量优劣,因此,它是整个统计工作的基础。

(三)统计数据整理

统计数据整理(Statistical Data Collation)是指根据统计研究的目的,将统计搜集所得的资料进行科学的分组、汇总、列表等加工处理的过程。统计整理使分散的、不系统的原始资料条理化、系统化。去除异常值、填充缺失值、调整数据格式等清理能突出现象总体的特征,为统计分析打下基础。统计整理是统计工作的中间环节,起着承前启后的作用。

(四)统计分析

统计分析(Statistical Analysis)是根据统计研究的目的,综合运用各种分析方法和统计指标,对加工整理后的资料和具体情况进行定性和定量的分析,并对未来进行趋势预测。统计分析能揭示现象本质和得到事物发展变化规律的结论,是统计工作获取成果的阶段。

(五)统计报告

统计报告(Statistical Reports)是对统计结果的解释。统计的认识过程是从定性认识(统计设计)到定量认识(统计调查和统计整理),再到定量认识与定性认识相结合(统计分析),这种质—量—质的认识过程是统计的完整过程。虽然每个阶段有各自的独立性,但它们又是相互连接的统计过程,无论缺少哪个环节最终结果都会出现偏差。以上步骤并不是严格线性的,而是相互交织的。在整个过程中,统计分析的结果需要解释和报告,将统计结果转化为对问题的实际解释,以便决策者或相关人员能够理解和使用这些结果,这就需要统计报告对数据进行分析和解释,并提供有关现象、趋势或关系的见解,因此统计报告对结果的解释至关重要。

第二节 统计学常用的基本概念

一、总体和样本

统计学关注的对象可以分为总体和样本。

(一)总体

总体是指由所有具有某种共同属性的个别事物所组合的集合体。构成总体的这些个别事物称为个体。

1. 总体容量（Overall Capacity）

总体中个体数量的多少。

2. 总体分类（Overall Classification）

总体可分为有限总体和无限总体。总体所包含的单位数是有限的,称为有限总体,如人口数、企业数、商店数等。总体所包含的单位数是无限的,称为无限总体,如连续生产的某种产品的生产数量,如某工厂生产的所有灯泡,它包括以往生产和今后生产的灯泡,假如企业不倒闭,它将持续不断地生产出灯泡,因此,我们可以视为无限总体。对有限总体可以进行全面调查,也可以进行非全面调查。但对无限总体只能抽取一部分单位进行非全面调查,据此推断总体。

(二)样本

样本（Sample）是从总体中随机抽取的部分个体所组成的集合,样本是总体的一个子集。总体是研究者想要了解的整体,但通常由于各种原因,比如成本、时间等限制,我们无法对总体中的每一个个体进行观察或测量,就需要从总体中抽取样本。例如:想了解全校

1万名学生对学校食堂的意见,随机选取了1 000人,这1 000人就是样本。样本容量是构成样本的单位数目,样本的选择应该具有代表性,以便推广到总体。

二、参数与统计量

(一)参数

参数(Parameter)是描述总体综合数量特征的统计数值,是对总体中所有个体某一数量特征的综合。一般用希腊字母表示,如 μ(总体平均值)、σ(总体标准差)、N(总体含量)等。

(二)统计量

统计量(Statistical Quantity)是描述样本数量特征的统计数据,是对样本中所有个体某一数量特征的综合。统计量是为了估计总体参数,一般用小写英文字母表示,如样本统计量:$\bar{x}$(样本平均值)、s(样本标准差)、n(样本含量)等。

通过对样本进行观察、测量和分析,研究者试图得出关于总体的结论。这种推断的过程涉及估计总体参数与进行假设检验等方法。

三、统计数据

(一)统计数据的概念

在一定意义上说,统计学是关于统计数据的科学,数据是统计、统计学存在的前提。因此,我们应该对数据有一个基本的认识。数据是进行各种统计、计算、科学研究或技术设计等所依据的数值。在形式上,数据的具体性主要体现在它的计量内容上,而它的计量内容又是通过计量单位体现的。计量单位就是把一个暂时未知的量与一个已知的量做比较时所使用的数量标准。如:人、个、条、只等是自然单位;克、米、升是度量衡单位;劳动工时或工日是劳动(量)价值单位;人民币的元、角、分是货币单位。还有一些双单位(或多单位)如 m/s、cal/kg 等。

(二)数据的类型

数据按不同的分类方式有不同的数据类型,见图1-2所示。

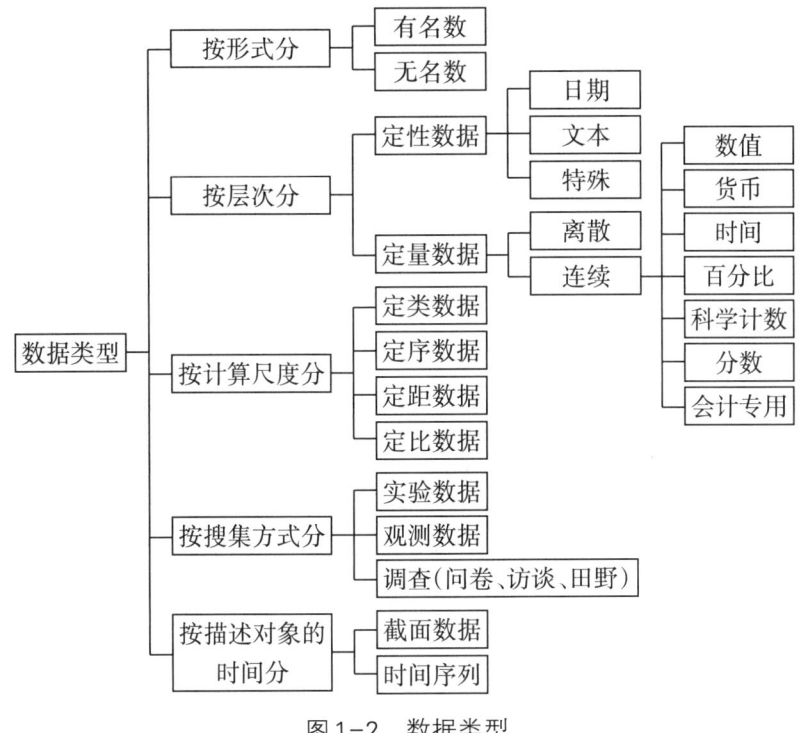

```
数据类型
├─ 按形式分 ─┬─ 有名数
│           └─ 无名数
├─ 按层次分 ─┬─ 定性数据 ─┬─ 日期
│           │           ├─ 文本
│           │           └─ 特殊
│           └─ 定量数据 ─┬─ 离散 ─┬─ 数值
│                       └─ 连续 ├─ 货币
│                               ├─ 时间
│                               ├─ 百分比
│                               ├─ 科学计数
│                               ├─ 分数
│                               └─ 会计专用
├─ 按计算尺度分 ─┬─ 定类数据
│               ├─ 定序数据
│               ├─ 定距数据
│               └─ 定比数据
├─ 按搜集方式分 ─┬─ 实验数据
│               ├─ 观测数据
│               └─ 调查(问卷、访谈、田野)
└─ 按描述对象的时间分 ─┬─ 截面数据
                      └─ 时间序列
```

图1-2 数据类型

1.按形式分

按形式可分为有名数和无名数。有名数是计量数后面有计量内容单位的数据,如25 kg,10 m/s等;无名数是计量数后面没有计量内容的单位,但还是有计量单位形式,无名数的计量单位形式有百分数、千分数、倍数、系数,以及以10为基数的成数等,如25%,25倍等。

2.按计量尺度分

按对数据的计量尺度进行区分,可以有定性数据和数值型数据。定性数据(Qualitative Data),也称品质数据,是用来说明事物的品质特征,其结果通常表现为现象的类别。它又可以区分为定类数据和定序数据。定类数据如男、女,学号,手机号码,身份证号码等;定序数据如优、良、中、及格、差等。数值型数据(Numerical Data)是说明现象的数量特征,能够用数值来表现的数据。这类数据根据计算尺度分为定距数据和定比数据,按数据的取值又分为离散数据和连续数据,具体表现的表述形式是数值与单位数。其作用与统计方法见表1-1所示。

表1-1 各类数据的作用与统计方法

名称	含义	事例	作用	可用的统计方法
定类数据	计算个数的数据。取整数,有独立的分类单位	人口数,学校数,进球数	比较多少	百分比,卡方检验,百分数检验
定序数据	既无相等单位,也无绝对零点的数据,只表示顺序	喜爱程度,品质等级,等级评定	分类,排序	中位数,百分位数,等级相关等
定距数据	有相等单位,但无绝对零点的数据	温度,智商,各种能力分数等	分类,排序,确认比较差异程度	平均数,标准t检验,F检验
定比数据	既有相等单位又有无绝对零点的数据可用前面的统计方法	长度,重量,时间等	分类、排序确认比较差异程度和确认比较比率的大小	除上述方法外还可用几何平均数

无论是定性数据还是数值型数据,在统计意义上的间接计量形式都是数值型数据。如:定性数据"男""女",可以定义为"男"="1"、"女"="2",这样就将定性数据转化为数值型数据了。

3.按搜集方式分

按照数据的搜集方法进行区分可分为实验、观察和调查数据。实验数据,又称试验数据,是通过人为控制某些影响因素所得到的实验(试验)现象的数据。观测数据是指通过研究人员的直接观察得到的数据,如一场篮球(或足球、乒乓球)比赛、一堂课的教学等得到的数据。调查数据是指通过研究人员调查(问卷、访谈、田野)所得到的数据。

4.按描述对象的时间分

截面数据是指在相同或近似相同的时间点上搜集到的数据,它可以用来描述现象在某一时刻的状况,如今年一次性地统计出的某小学7—12岁各年龄段的身体素质数据。时间序列数据是在不同时间上搜集到的数据,如某小学7—12岁青少年的身体素质数据是从7岁跟踪了6年得到的年龄段的数据,它可以用来描述现象随时间变化的状况。

四、统计指标

(一)统计指标的概念

统计指标由各类统计数据组成,对于科学研究来说,其是在观察中用来反映研究对象某些特征的可被研究者或仪器感知的现象标志。如体育科研中反映机体特征分为形态指标、机能指标、运动素质指标等为机体特征统计指标。它反映总体数量特征的概念及数值,其组成部分包括指标名称、指标数值。统计指标有名称、计算方法、空间限制、时间限制、具体数值、计量单位六要素。

(二)统计指标的类型

1.按范围分

统计指标按范围分为总体指标和样本指标。总体指标是指根据(有限)总体中所有个体的标志表现综合计算而得的,反映总体数量特征。样本指标是根据样本中个体的标志表现综合计算而得的,反映样本数量特征。

2.按功能分

统计指标按功能分为描述指标、评价指标和预警指标。

①描述指标主要是反映事件状况、过程和结果,提供对事件总体现象的基本认识,是统计信息的主体。如自然资源拥有量指标、社会财富指标、劳动资源指标、科技力量指标、班级成绩等。

②评价指标用于对事件进行比较、评估和考核,以检查工作质量或其他定额指标的结合使用。如国民经济评价指标、企业经济活动评价指标、班级成绩综合排名等。

③预警指标一般用于对事件运行进行监测,对事件将发生的失衡、失控等进行预报、预警。通常选择事件运行中的关键性、敏感性现象,建立相应的监测指标体系。如消费率、失业率、物价水平、汇率、利率、班级达标率等预警指标。

五、统计概率

(一)概率的概念

概率(Probability)表示事件发生的可能性大小的数。即是设在相同条件下,进行大量重复的独立实验,若事件A的频率稳定地在某一确定值P的附近摆动,则称数值P为事件A发生的概率,记作$P(A)$。

(二)概率的基本性质

对于任何随机事件A,$0 \leq P(A) \leq 1$,

对于必然事件A,$P(A)=1$

对于不可能事件A,$P(A)=0$

(三)小概率事件及其原理

概率接近0的事件,即概率很小但不为0的事件,称为小概率事件,小概率事件认为在一次试验中几乎是不可能发生的,称为小概率事件的原理。在统计学中,一般把$P(A) \leq 0.05$定为小概率水平的标准,$a=0.05$,即显著水平;$P(A) \leq 0.01$,$a=0.01$,为非常显著水平。

第三节 统计软件(Excel和Spss)基础实操

随着科学技术的发展,各领域中所需要统计的内容和信息量急剧增加,需要处理的数据变得庞大。统计学公式多,数值运算繁琐,人工难以统计计算,甚至根本无能为力。因此,对统计学工具的学习显得尤为重要。本书介绍两个软件Excel和Spss帮助我们学习统计学,让我们脱离痛苦的公式记忆与数据繁琐的运算,培养科学处理数据的能力,增强统计学的实用性。Excel是Office中文版的软件之一,绝大多数个人和单位电脑上都有安装,普及率高,在课外也容易使用;Spss软件是社会科学统计软件包,类似Excel表格的方式输入与管理数据,数据接口较为通用,能方便地从其他数据库中读入数据。Spss的基本功能包括数据管理、统计分析、图表分析、输出管理等。

一、Excel基础实操

实验1-1 如何定义Excel单元格数据类型

案例资料:如何定义图1-3"六年级某班基本信息"表格中单元格类型并输入文本型、日期型、数值型、货币型数据?

	A	B	C	D	E	F	G	H
1	六年级某班基本信息								
2	姓名	性别	学号	电话号码	出生日期	身高(cm)	体重(kg)	住宿费
3	许飞	男	2018090101001	13022851568	2011-12-16	155	47	¥500.00
4	袁天	男	2018090101002	13140570108	2011-03-17	158	54	¥500.00
5	张可	男	2018090101003	15727943301	2011-03-26	145	34	¥500.00
6	于敏	女	2018090101004	19778499811	2011-05-22	144	33	¥500.00
7	彭宇	女	2018090101005	14566589194	2011-07-07	148	34	¥500.00
8	杨光	男	2018090101006	16837437992	2011-07-22	151	65	¥500.00
9	高超	男	2018090101007	13834844508	2011-09-05	146	34	¥500.00
10	毛云	女	2018090101008	13366645953	2011-09-08	148	34	¥500.00
11	孙佳	女	2018090101009	19053107894	2011-09-14	140	40	¥500.00
12	赵宁	女	2018090101010	15714543191	2011-09-16	155	47	¥500.00
13	贺礼	男	2018090101011	13032068275	2011-10-03	136	29	¥500.00
14	姜杰	男	2018090101012	13741623116	2011-10-14	150	35	¥500.00
15	安全	男	2018090101013	15028772537	2011-10-17	158	54	¥500.00
16	沙莎	女	2018090101014	15469477227	2011-10-18	141	45	¥500.00
17	段燕	女	2018090101015	15227490801	2011-11-03	150	35	¥500.00
18	胡圮	女	2018090101016	18848517885	2011-09-07	152	56	¥500.00
19	杨洁	女	2018090101017	15606342346	2011-09-12	156	52	¥500.00
20	冉梓涵	男	2018090101018	15051963836	2011-09-18	152	56	¥500.00
21	徐正懿	男	2018090101019	13499210121	2011-09-26	153	39	¥500.00
22	周清	男	2018090101020	17749698553	2011-09-28	137	31	¥500.00
23	董馨怡	女	2018090101021	15716789581	2011-10-02	157	40	¥500.00
24	唐鑫	男	2018090101022	18497836295	2011-10-10	150	35	¥500.00
25	孙上林	女	2018090101023	13814062330	2011-10-22	153	39	¥500.00
26	敖婧璐	女	2018090101024	18320685776	2011-10-24	155	47	¥500.00
27	陈析	男	2018090101025	19799833809	2011-11-02	151	65	¥500.00

图1-3 六年级某班基本信息*

*：此处姓名、学号、电话号码等信息为电脑随机生成，用作案例演示使用，非真实个人信息，全书同。

资料分析：用Excel中"开始"菜单中的"单元格""格式"与"设置单元格格式"对话框实现各类型数据的定义后，再输入数据，否则它将会影响以后进行单元格的引用公式或其他计算。在学号的输入中，由于是有规律的数据，我们可以用填充和填充柄完成输入。

操作步骤

步骤1：在Excel中输入图1-3的1、2行的信息，完成数据布局。

步骤2：使用鼠标左键选取要被指定的数据的范围，如图1-4所示。找到菜单栏的"开始"菜单下的"单元格"选项，选择"格式"选项，如图1-5所示。

图 1-4　选择定义的区域　　　　图 1-5　格式菜单

步骤 3：选择"设置单元格格式"后会弹出"设置单元格格式"对话框。在"数字"标签的"分类(C)"中选择你所需要的类型(Excel 单元格的数据类型有：文本、日期、时间和数值等类型)后单击"确定"，即可将选定的区域全部定义为你所需要的数据类型，如图 1-6 所示。

图 1-6　"设置单元格格式"对话框

步骤4：分别选择"姓名""性别""学号""电话号码"四列下所要输入数据的区域,定义好单元格为"文本"类型,点击"确定",输入数据点击回车键即可;选择"出生日期"列下面输入数据的区域,并定义好单元格为"日期"类型后,点击"确定",输入数据点击回车键即可;选择"身高""体重"两列里输入数据的区域,并定义好单元格为"数据"类型后,点击"确定",输入数据点击回车键即可;选择"住宿费"列下面要输入数据的区域,定义好单元格为"货币"类型,点击"确定",输入数据点击回车键即可;输入以上信息数据即可得到图1-3六年级某班基本信息。其他类型的数据定义及输入同操作步骤4。

实验1-2　如何利用Excel完成各学生成绩汇总、排名与等级确定

案例资料：如何用填充柄完成高二(5)班学生第一次月考成绩统计(见表1-2)中的各项目总成绩及排名？如何将总成绩分为"优(≥600分)""良(≥550分)""中(≥500分)""差(<500分)"四个等级？

表1-2　高二(5)班第一次月考成绩统计

学号	姓名	语文	数学	英语	政治	历史	地理
2023001	李云霞	125	119	123	85	77	81
2023002	李楠	94	85	110	60	55	66
2023003	藤韵	105	113	100	80	75	69
2023004	何庆	114	96	106	65	60	59
2023005	张骞	88	103	98	66	60	67
2023006	丁丁	97	101	90	60	69	55
2023007	王伟光	100	99	83	55	60	75
2023008	洪金金	116	99	125	69	71	62
2023009	沈明勋	132	130	123	82	75	79
2023010	李梦	121	125	134	80	79	75
2023011	周旋	119	129	131	66	65	85
2023012	田佳和	101	99	119	57	61	71
2023013	江国	117	120	110	79	80	79
2023014	周未	90	110	107	59	58	61
2023015	齐猛	101	100	120	60	66	85
2023016	康素	85	92	99	60	62	70
2023017	彭程	127	119	121	84	80	70
2023018	吴欣	109	88	113	71	60	61

续表

学号	姓名	语文	数学	英语	政治	历史	地理
2023019	王旭	99	70	113	69	59	55
2023020	李梦哲	115	131	99	61	67	55
2023021	胡一	99	115	89	59	63	70

资料分析：在此题中可先用填充柄或光标拖牵方法完成学号的输入，再输入各科原始成绩，然后用求和函数SUM求出第一个同学的总分，待光标变为实心"+"号，向下拖牵实现全班同学总成绩的计算。用排名函数RANK求第一个同学的排名，待光标变为实心"+"号，向下拖牵实现全班各同学的排名。用IF函数求出第一个同学成绩总分等级的排列，待光标变为实心"+"号，向下拖牵实现全班各同学总成绩的等级排列。"绝对引用"就是将单元格中的行和列地址均加注"$"符号，绝对引用时光标位置改变地址不变，永远指定引用的地址单元格数据，引用时不像相对引用是随光标地址的改变而改变。此题可在Excel中用函数SUM()、函数RANK()、函数IF与"绝对引用"符号"$"实现。

求和函数SUM格式为：SUM(number1,number2,…)。"number1,number2,…"为1~30个需要求和的参数。

RANK函数的格式为：RANK(number,ref,[order])。"number"为需要找到排位的数字；"ref"为数字列表数组或对数字列表的引用，"ref"中的非数值型参数将被忽略；"order"为一数字，指明排位的方式。如果"order"为0或省略，Excel对数字的排位是基于"ref"按照降序排列的列表；如果"order"不为零，Microsoft Excel对数字的排位是基于"ref"按照升序排列的列表。

IF函数的格式为：IF(Logical_test,[Value_if_true],[Value_if_false])。"Logical_test"表示计算结果为TRUE或FALSE的任意值或表达式。例如，I3=610就是一个逻辑表达式，如果单元格I3中的值等于610，表达式即为TRUE，否则为FALSE。本参数可使用任何比较运算[=(等于)、>(大于)、>=(大于等于)、<=(小于等于)]符。"Value_if_true"表示logical_test为TRUE时返回的值。"Value_if_false"表示Logical_test为FALSE时返回的值。

操作步骤

步骤1：按实验1-1方法完成表1-2原始数据的输入，需要说明的是学号的输入可以用两种方法。

方法一：用菜单"编辑—填充"实现学号的输入。

向某单元格输入数据，从而确定数列中第一个数据2023001及所在位置。选择"开始"菜单下"编辑"子菜单的"填充"选项，点击"填充"选项后出现"填充"列表，如图1-7所示。单击"序列"选项弹出"序列"对话框，如图1-8所示。在"序列"对话框中，确定如下内容：在"数列产生在"中选择"列"；在类型中选择"等差序列"（若为日期型数列：按哪种时间单位增加或减少）；确定等差或等比数列步长值及其数列的终止值"2023021"。单击"确定"按钮，生成如图1-9所示的A列数列。

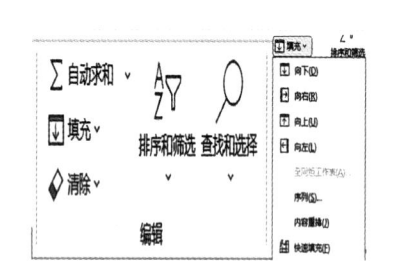

图1-7　"开始"→"编辑"→"填充"→"序列"　　图1-8　"序列"对话框

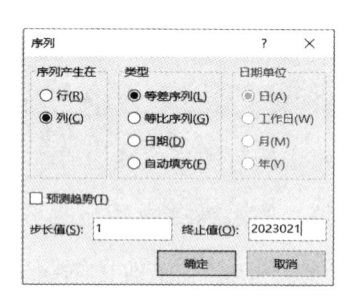

方法二：用填充柄完成学号输入。

输入学号：在A3、A4单元格处分别输入学号"2023001、2023002"。按住鼠标左键同时选择A3、A4，将光标移向右下角待光标变为实心"+"号，向下拖牵到需要的学号放开鼠标，即完成需要的学号输入，如图1-9所示的A列数列。

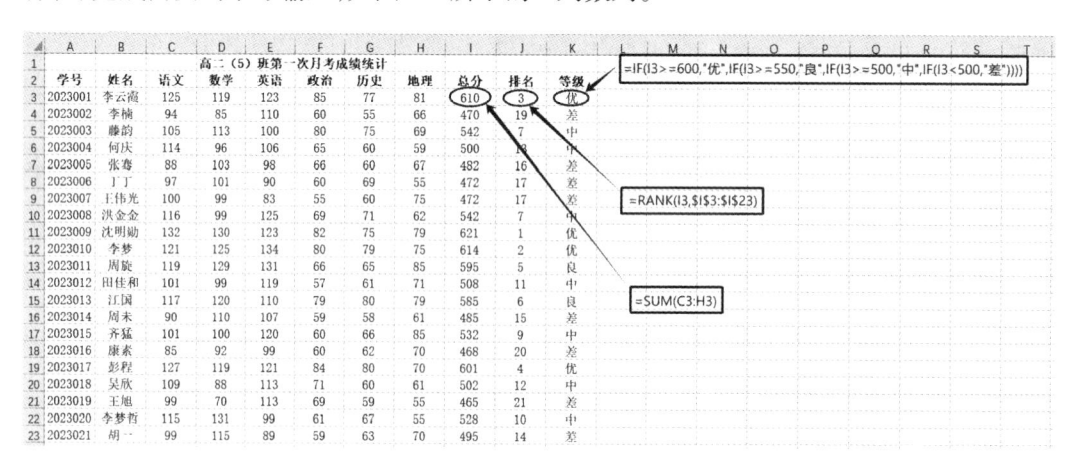

图1-9　学号输入、成绩统计、成绩排名、成绩等级

步骤2：成绩汇总。在I3处输入"=SUM(C3:H3)"，单击"回车"键，完成李云霞同学的成绩汇总。选择I3，将光标移向右下角待光标变为实心"+"号，向下拖牵到需要的位置放开鼠标，即完成所有同学的成绩汇总，如图1-9中I列所示的数据。

步骤3：计算出各同学成绩的排名。在单元J3处输入"=RANK(I3,$I$3:$I$23)"，如图1-9所示，单击"回车"键，光标放在单元格J3右下角，待变成实心"+"后，按住鼠标左键拖牵到单元格J23后放开，就可以得到21名同学的总成绩排名情况，如图1-9中J列所示的数据。

步骤4：成绩等级排列。在K3处输入：=IF(I3>=600,"优",IF(I3>=550,"良",IF(I3>=500,"中",IF(I3<500,"差"))))，所有符号皆为英文状态下的符号，单击"回车"键，选择K3，将光标移向右下角待光标变为实心"+"号，向下拖牵到需要的位置放开鼠标，即完成所有同学的成绩等级排列，如图1-9中K列所示的数据。

结果解释：图1-9所示的I列的数据就是B列对应同学的成绩总分。J列的数据就是B列对应同学的成绩总分排名。K列的数据是B列对应同学的成绩总分等级。

实验1-3　如何安装Excel扩展功能——加载宏—分析工具

案例资料：Excel的某些统计功能只有安装了Analysis Tool Pak（分析工具）插件才能生效并使用，因此我们安排这个实验是为后面的统计学实验而准备的。安装方法如下所示。

操作步骤

步骤1：选择"文件"菜单下的"选项"，如图1-10所示；出现"Excel选项"对话框，选择"加载项"选项，如图1-11所示。

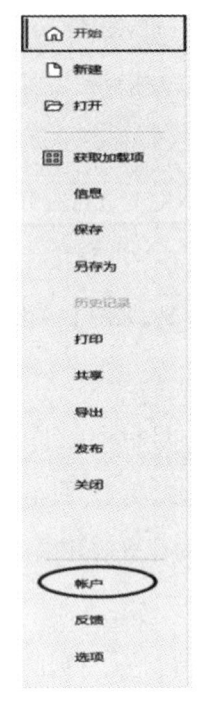

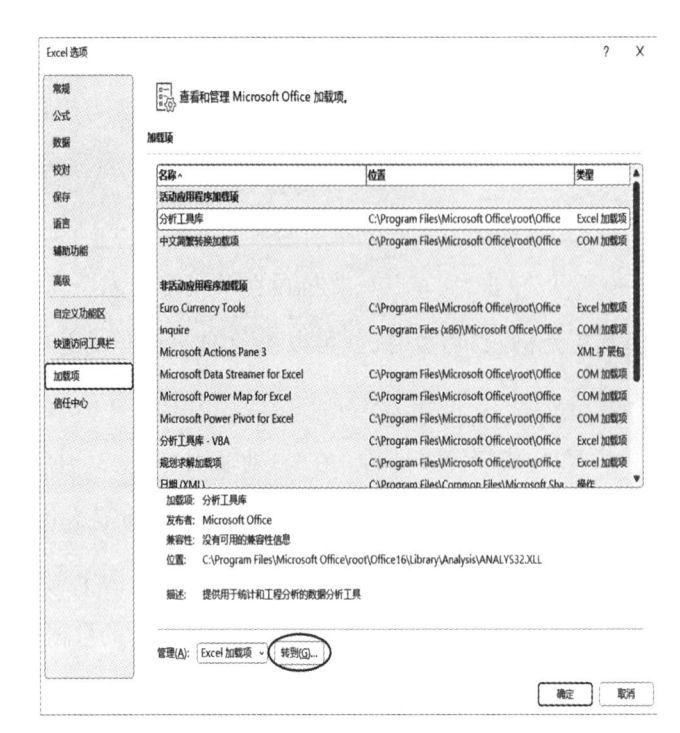

图1-10　"文件"→"选项"　　　　图1-11　"Excel选项"对话框

步骤2：选择图1-11中"转到(G)…"选项，弹出"加载项"对话框，选择"分析工具库"，单击"确定"按钮，"加载宏"安装完成，如图1-12所示。

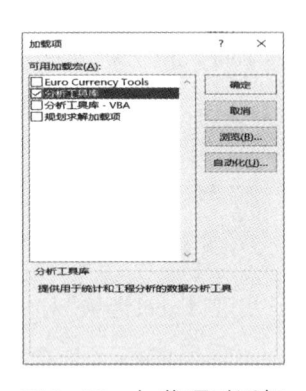

图1-12　加载项对话框　　　　图1-13　安装后的"数据分析"菜单

步骤3：在安装"加载宏"后，"数据"菜单下"分析"子菜单中就多了一个"数据分析"选项，如图1-13所示，说明安装成功。

结果解释：如果选择"分析工具库"复选框，并按"确定"，安装没有成功，Excel会提示提供CD安装盘，此时，将CD安装盘放入，即刻就可以完成"加载宏"工具库的安装。

二、Spss基础实操

实验1-4 Spss录入数据的三种方法

方法一：直接录入数据到Spss中并保存。

案例资料：已知"高二(5)班第一次月考成绩统计"（见实验1-2中表1-2的数据），如何将此数据直接录入到Spss中去？

操作步骤

步骤1：认识Spss界面。启动Spss后出现一个"无标题1［数据集0］-IBM SPSS Statistics 数据编辑器"的编辑界面呈现在屏幕中央。

屏幕的第一行为标题栏；第二行为菜单栏，它包括以下11个菜单项：(1)文件(F)；(2)编辑(E)；(3)查看(V)；(4)数据(D)；(5)转换(T)；(6)分析(A)；(7)图形(G)；(8)实用程序(U)；(9)扩展(X)；(10)窗口(W)；(11)帮助(H)。每一个菜单项都包含一系列功能，当在数据窗口中输入了数据或读入了一个数据文件后，可以使用菜单项的功能进行工作；第三行为工具栏，第四行为编辑栏，第五行为变量名栏。中间为内容区，下面分别为窗口切换栏和状态栏，窗口切换栏有两个选项卡（数据视图和变量视图），数据视图窗口可以录入数据或打开已存的数据文件，而变量视图窗口用于定义数据文件；如图1-14所示，在Spss的编辑界面中，点击窗口左下角的"变量视图"窗口，在窗口内对相应数据进行定义即可，如图1-15所示。

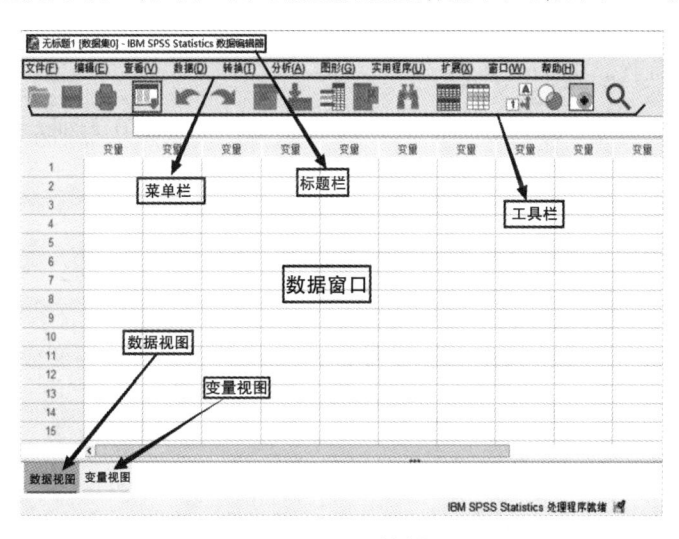

图1-14 Spss编辑界面

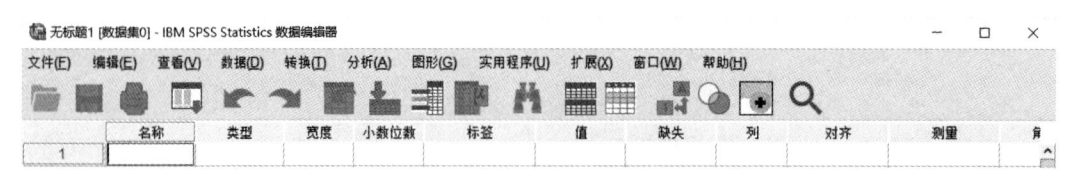

图1-15 定义变量属性

步骤2：定义变量名。将光标移至名称下的单元格中，从上到下依次键入"学号""姓名""语文""数学""英语""政治""历史""地理"，如图1-16所示，这些是将要建立的数据文件的变量名。

步骤3：定义变量的数据类型。单击"数字"后的"…"就会出现如图1-17所示的"变量类型"对话框。

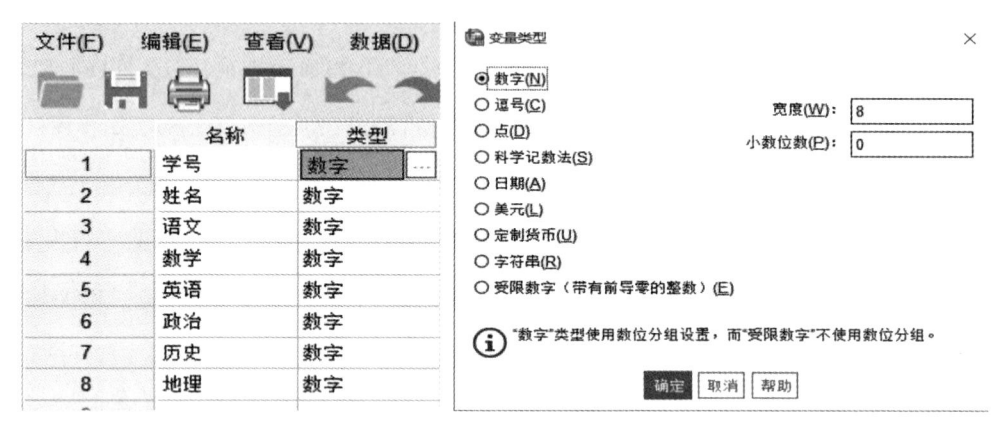

图1-16 变量名称的输入　　图1-17 "变量类型"对话框

变量类型包括以下几种。

①数字型。默认长度8位，小数2位。

②带逗号的数据型。默认长度8位，小数2位；输出的数据从右到左，每隔3位都有逗号隔开。

③带点的数据型。默认长度8位，小数2位；输出的数据从右到左，每隔3位都有句点隔开。

④科学记数法型。默认长度8位，小数2位；输出的数据自动调变成科学记数的表示方法。

⑤日期型。输出的数据自动调变成日期格式。

⑥美元型。默认长度8位，小数2位；输出的数据自动调变成美元格式，多用于经济法中。

⑦定制货币型。根据自己的需要选择其中的类型。

⑧字符串型。默认长度为8位。

⑨受限数字型。区别于数字变量,受限数字型的变量参数在单元格内数字长度会受设置界面中“宽度”的影响,数据会带有前导零。

步骤4:在这里根据需要选择变量类型,比如“学号”“姓名”,分别选择字符串型。“语文”“数学”“英语”“政治”“历史”“地理”选择“数字型”,如图1-18所示。

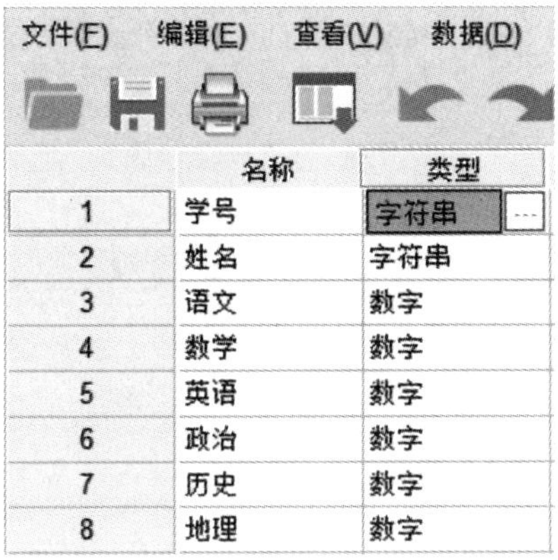

图1-18 变量类型的选择步骤

	学号	姓名	语文	数学	英语	政治	历史	地理
1	2023001	李云霞	125	119	123	85	77	81
2	2023002	李楠	94	85	110	60	55	66
3	2023003	藤韵	105	113	100	80	75	69
4	2023004	何庆	114	96	106	65	60	59
5	2023005	张骞	88	103	98	66	60	67
6	2023006	丁丁	97	101	90	60	69	55
7	2023007	王伟光	100	99	83	55	60	75
8	2023008	洪金金	116	99	125	69	71	62
9	2023009	沈明勋	132	130	123	82	75	79
10	2023010	李梦	121	125	134	80	79	75
11	2023011	周旋	119	129	131	66	65	85
12	2023012	田佳和	101	99	119	57	61	71
13	2023013	江国	117	120	110	79	80	79
14	2023014	周未	90	110	107	59	58	61
15	2023015	齐猛	101	100	120	60	66	85
16	2023016	康素	85	92	99	60	62	70
17	2023017	彭程	127	119	121	84	80	70
18	2023018	吴欣	109	88	113	71	60	61
19	2023019	王旭	99	70	113	69	59	55
20	2023020	李梦哲	115	131	99	61	67	55
21	2023021	胡一	99	115	89	59	63	70

图1-19 录入后的数据视图窗口

步骤5：录入数据。单击Spss窗口左下角的"数据视图"回到数据视图窗口，然后按照表1-2的原始数据输入数据变量，录完后，如图1-19所示。

步骤6：数据保存。在工具栏单击快捷保存标志或单击"文件(F)"菜单下的"保存(S)"选项，如图1-20所示。

步骤7：选择"保存(S)"后出现一个"将数据保存为"对话框，选择要保存的位置（此处以保存到桌面为例），并将此数据文件命名为"高二(5)班第一次月考成绩统计"，如图1-21所示，选择保存类型"SPSS Statistics(*.sav)"，单击"保存(S)"按钮，即可将此文件保存至桌面。

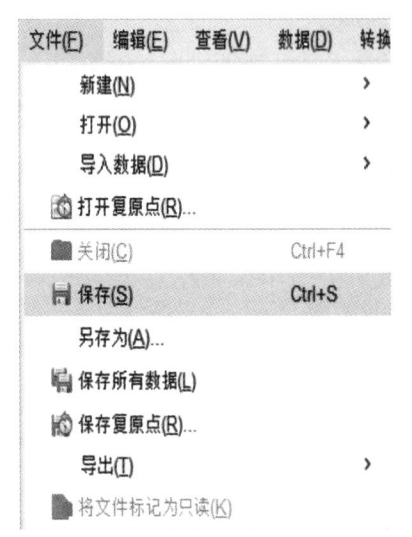

图1-20　"文件"菜单下"保存"子菜单　　　图1-21　"将数据另存为"对话框

方法二：将Excel文件导入Spss中。

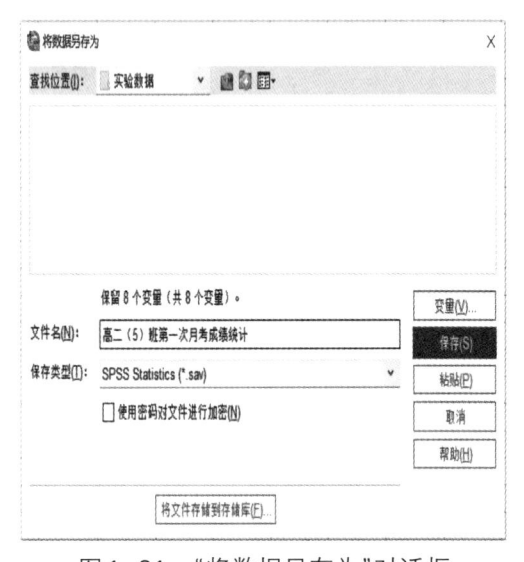

案例资料：已知一份"月考成绩"的Excel文件，如何用Spss读取该文件中的数据？

操作步骤

步骤1：打开Spss软件。在"文件(F)"菜单中选择"打开(O)"子菜单下的"数据(D)…"选项，如图1-22所示。

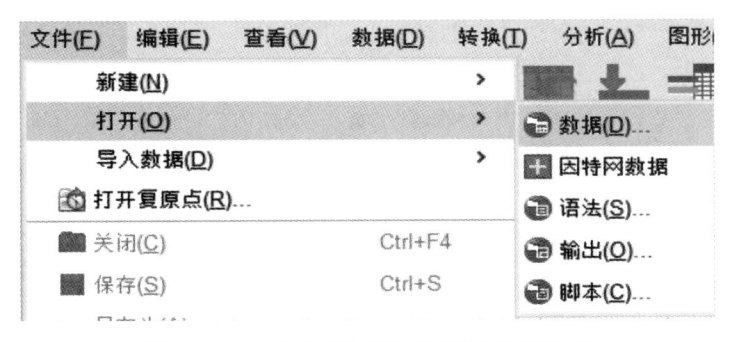

图 1-22 "文件"菜单下的"数据"菜单项

步骤 2：在"打开数据"对话框中，在"查找位置"处找到自己需要处理的数据的位置（这里以存放在桌面为例），在"文件类型(T)"处选择"Excel(*.xls、*.xlsx 和 *.xlsm)"，在"文件名(N)"中选中桌面上需要处理的数据文件，再单击"打开(O)"，被选中的 Excel 数据就会调入 Spss 软件数据窗口中，如图 1-23 所示。

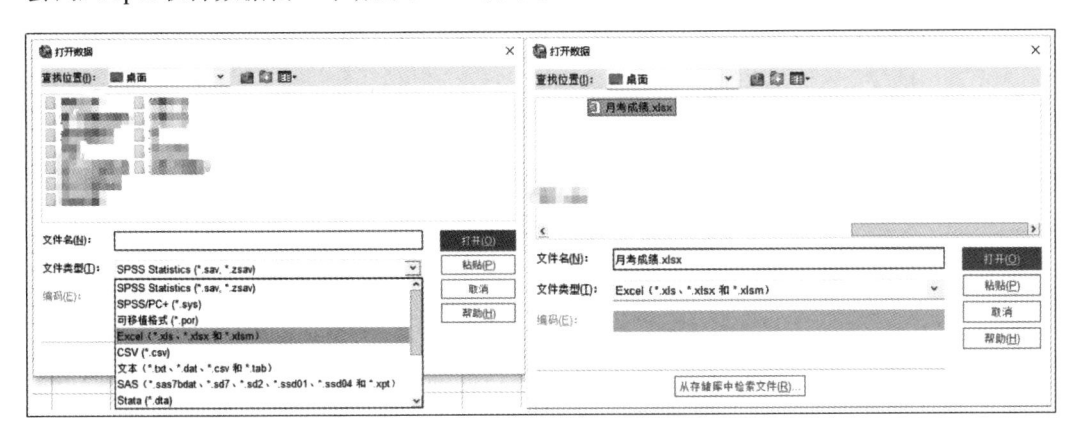

图 1-23 "打开数据"对话框

步骤 3：Excel 数据出现在 Spss 的数据视图窗口中，如图 1-24 所示，还需要对这些数据进行重新定义。在窗口左下角选择"变量视图"，出现数据视图窗口。

	姓名	学号	性别	语文	数学	英语
1	袁媛	2023001	女	125	119	123
2	张继舟	2023002	男	117	120	110
3	吴霜霜	2023003	男	105	113	100
4	陈俊博	2023004	男	101	100	120
5	祝欣媛	2023005	女	132	130	123
6	罗立	2023006	女	115	131	99
7	田野	2023007	男	100	99	83
8	金婉	2023008	女	97	101	90
9	戴思源	2023009	男	99	115	89
10	杜佳宁	2023010	男	88	103	98
11	王思逸	2023011	女	85	92	99
12	吴文	2023012	女	121	125	134
13	朱耀东	2023013	男	109	88	113
14						

图 1-24　数据视图窗口

	名称	类型	宽度	小数位数	标签	值	缺失
1	姓名	字符串	6	0		无	无
2	学号	数字	8	0		无	无
3	性别	字符串	3	0		无	无
4	语文	数字	4	0		无	无
5	数学	数字	4	0		无	无
6	英语	数字	4	0		无	无
7							
8							

图 1-25　"变量视图"窗口

步骤4：在"变量视图"窗口(图1-25)中，对"性别"进行定义：单击"性别"所在的"类型"单元格，出现"变量类型"对话框，选择"字符串(R)"，字符数为"2"，如图1-26所示。单击"确定"按钮，回到Spss变量视图主窗口。

图 1-26　"变量类型"对话框　　　　图 1-27　"值标签"对话框

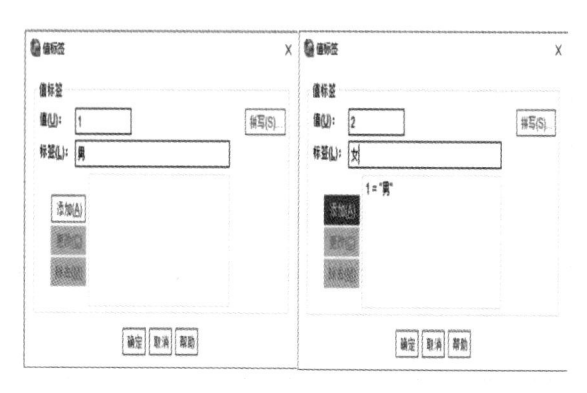

步骤5：在Spss变量视图窗口中，单击"性别"的"值"单元格，单元格变为可编辑状态，单击后面出现的一个"值标签"对话框。在"值标签"对话框中输入"值(U)"以便于数据的处理。在"标签(L)"中输入需要定义的对象的名称。单击"添加(A)"，就完成了这次数据的定义。需要继续对没有定义的其他选项进行定义，继续添加。在这里以"1"表示"男"，"2"表示"女"为例，如图1-27所示。对其他名称的定义与性别定义方法相同。

方法三：将文本文件数据导入Spss中。

案例资料：已知一份"篮球单选题答案"的文本文件，如何用Spss读取该文件中的数据？

资料分析：该题属于Spss数据的间接录入，要先将文本文件转存为纯文本文件，再用Spss读取纯文本文件中的数据。

操作步骤

步骤1：打开Spss软件。在"文件(F)"菜单中选择"打开(O)"子菜单下的"数据(D)…"选项，如图1-22所示。

步骤2：在"打开数据"对话框中选择"文件类型(I)"中的"文本(*.txt、*.dat、*.csv和*.tab)"类型，找到文本文件存放的位置，单击需要处理的文本文件，在"编码(E)"中选择"本地编码"，再单击"打开(O)"，如图1-28所示。

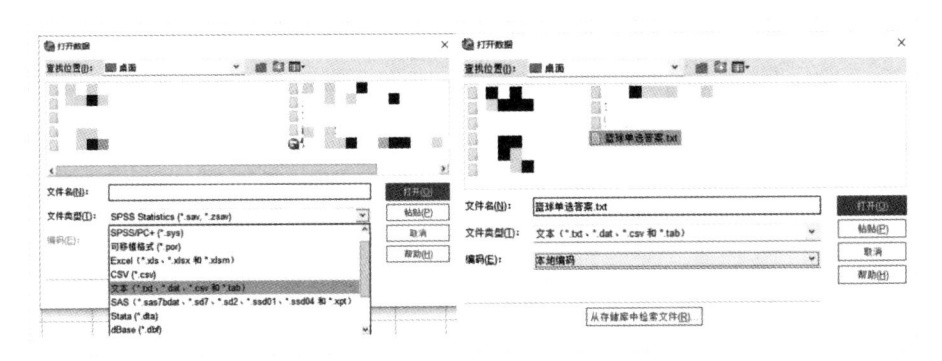

图1-28 "打开数据"对话框

步骤3：打开需要处理的文本文件之后，会出现一个"文本导入向导"对话框，通常选择默认值，直接单击"下一步(N)"，如图1-29所示。

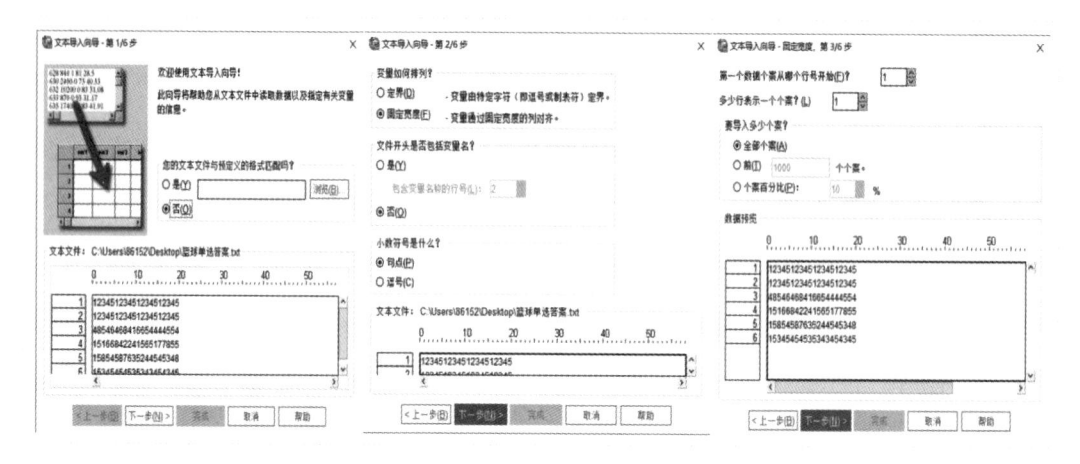

图1-29 "文本导入向导1-6步"对话框

步骤4：图1-30中的竖线实际上是给这些变量赋值的。在需要的位置单击鼠标左键,其实质就是根据需要对其数据进行分列。本文中采用的数据是一份调查问卷的单项选择题答案的数据统计,所以答案只有一个,因此只需把每个数据进行单独分列。数据横着的第一行表示第一份问卷的答案,第二行表示第二份问卷的答案,如图1-30所示。

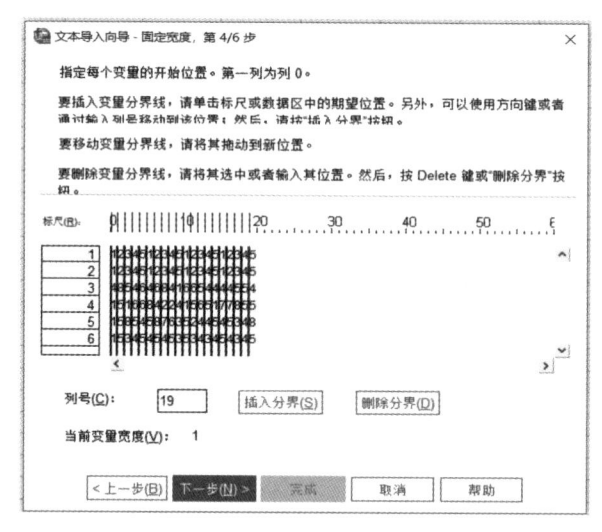

图1-30 "文本导入向导-固定宽度"对话框

步骤5：当所有的数据分组完以后单击"下一步(N)",在下面的对话框中,就可以看到,软件已对每一个变量进行赋值,直接单击"下一步(N)",所有的数据就录入到了Spss软件中。变量1(V1)到变量20(V20)就是问卷的20个题目,如图1-31所示。

·030·

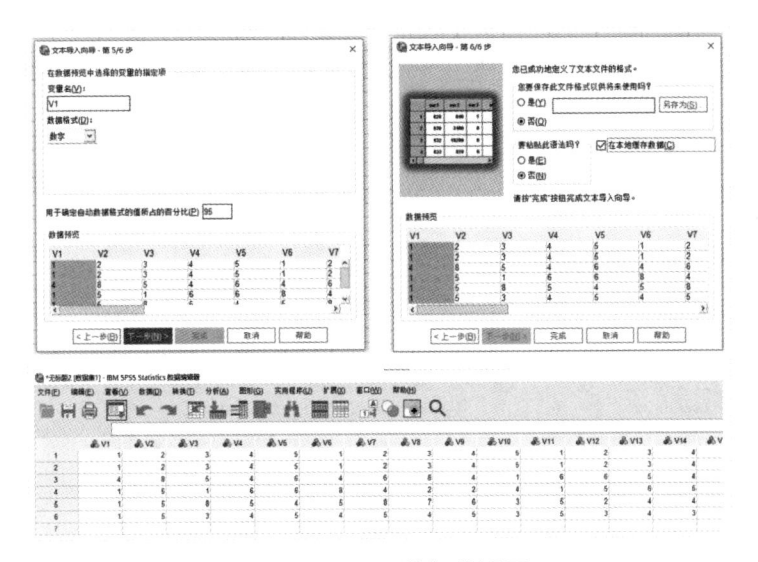

图1-31 录入数据的视图

步骤6：以对变量1（V1）进行定义为例，在标签"名称"中输入问题一"性别"，在标签类型中选择数据类型，如图1-32所示。

步骤7：在"值标签"对话框中进行"男、女"的定义，此处以"1"表示"男"，"2"表示"女"，如图1-33所示。对V1-V20分别进行定义，定义完成之后数据输入就结束了。

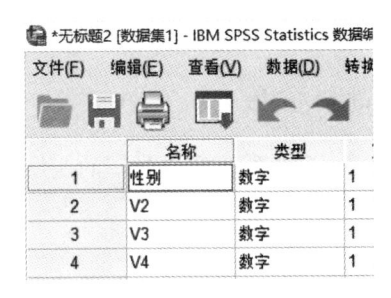

图1-32 输入名称变量　　　　图1-33 "值标签"对话框

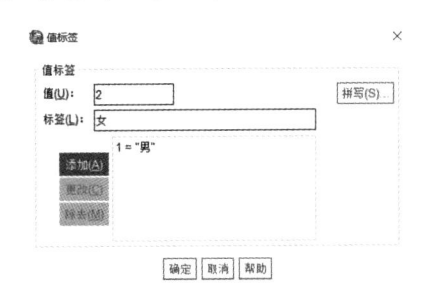

实验1-5　如何在Spss中将期末考试成绩用等级表示出来

案例资料：以图1-34"学院某班期末大学英语考试成绩"的数据为例，将成绩分为6个等级，分别用数字表示，应如何操作？

	A	B	C	D	E	F	G	H	I	J
1	序号	学生考号	姓名	性别	成绩	序号	学生考号	姓名	性别	成绩
2	1	112024046	佘梦园	女	88	37	112024049	黄行	女	85
3	2	112024121	顾海燕	女	69	38	112024172	徐丹华	男	86
4	3	112024193	张继舟	男	90	39	112024058	杨佳钰	女	81
5	4	112024019	刘怡颖	女	82	40	112024097	范天昊	男	89
6	5	112024034	赵颖佳	女	91	41	112024118	陆逸文	女	89
7	6	112024100	朱耀东	男	88	42	112024037	沈蒙嘉	女	84
8	7	112024061	杨佳懿	女	89	43	112024145	金晓倩	女	83
9	8	112024028	张思聪	男	92	44	112024031	卢健	男	92
10	9	112024025	戴思源	男	86	45	112024142	陆枫	男	86
11	10	112024112	陈妍	女	83	46	112024106	胡云壹	女	88
12	11	112024199	罗立	女	69	47	112024148	杜亦仁	男	72
13	12	112024169	邓燕琳	女	75	48	112024181	朱伟豪	男	85
14	13	112024052	鲁星南	男	78	49	112024010	陆心翰	男	84
15	14	112024091	钱刚	男	76	50	112024022	田野	男	91
16	15	112024064	鲁一诺	男	91	51	112024103	朱尧	男	91
17	16	112024214	王思逸	女	82	52	112024166	吴文	女	74
18	17	112024151	沈佳	女	76	53	112024073	卜悠灵	女	83
19	18	112024001	李立	男	88	54	112024136	徐佳艳	女	91
20	19	112024205	朱蕴伟	男	85	55	112024076	陆海波	男	85
21	20	112024040	孙熠熠	女	79	56	112024109	杜佳宁	男	80
22	21	112024190	李逸骏	女	79	57	112024055	刘昊	男	91
23	22	112024139	徐婷	女	80	58	112024175	李燕斌	女	83
24	23	112024094	须豪杰	男	87	59	112024127	陆悦	女	78
25	24	112024067	印天梦	男	77	60	112024154	袁媛	女	73
26	25	112024163	肖文娟	女	89	61	112024007	金鲹	女	88
27	26	112024133	严心仪	女	82	62	112024106	汤妍	女	77
28	27	112024013	吴霜霜	男	94	63	112024124	张徐明	男	90
29	28	112024085	朱文杰	女	92	64	112024196	陈钧	男	82
30	29	112024184	王轶卿	男	92	65	112024043	顾颖颖	女	83
31	30	112024004	孙晓辉	男	85	66	112024088	朱晓飞	男	88
32	31	112024211	杨金鹤	男	90	67	112024160	祝欣媛	女	85
33	32	112024016	江莉	女	88	68	112024130	钱雨妮	女	93
34	33	112024202	沈毅	男	67	69	112024187	邵洁儿	女	79
35	34	112024115	陈艳华	女	90	70	112024079	沈佳煜	男	79
36	35	112024178	陈俊博	男	88	71	112024157	唐国君	女	87
37	36	112024070	缪乐迎	女	87	72	112024082	陈霏	女	86

图1-34 学院某班期末大学英语考试成绩

资料分析：此题中要将大学英语考试成绩划分为6个等级，所以需要处理的变量只有一个，就是考试成绩。即对相同类型的变量进行编码，本案例要用到"转换"菜单中的"重新编码为相同变量"选项功能来实现。

操作步骤

步骤1：在Spss中按照原"大学英语考试成绩"数据文件录入，单击"转换(T)"菜单下的"重新编码为相同的变量(S)…"选项，如图1-35所示，弹出一个"重新编码到相同的变量中"对话框，如图1-36所示。

步骤2：以"成绩"为例，在"重新编码到相同的变量"对话框中，将"成绩"选到"数字变量"框中，图1-36所示，单击"如果(I)…"弹出"重新编码成相同的变量：If个案"对话框，如图1-37所示。

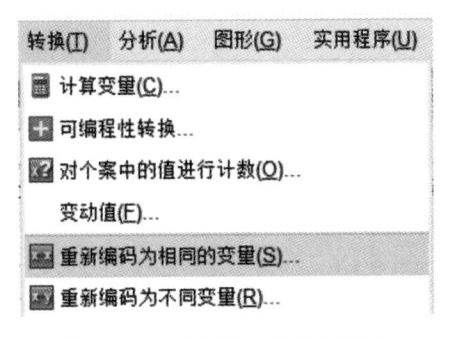

图 1-35　"重新编码为相同的变量(S)"子菜单 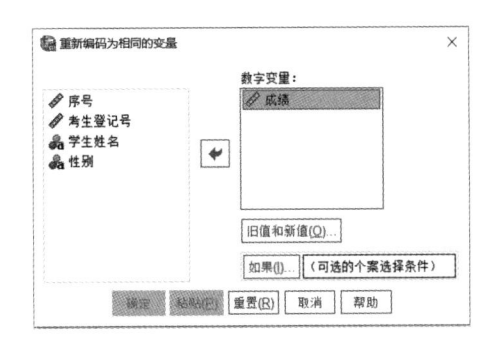　　　图 1-36　"重新编码为相同的变量"对话框

步骤3：在"重新编码成相同的变量：If 个案"对话框中，选择"包括所有个案(A)"，如图1-37所示，单击"继续(C)"按钮，回到"重新编码为相同的变量"对话框。

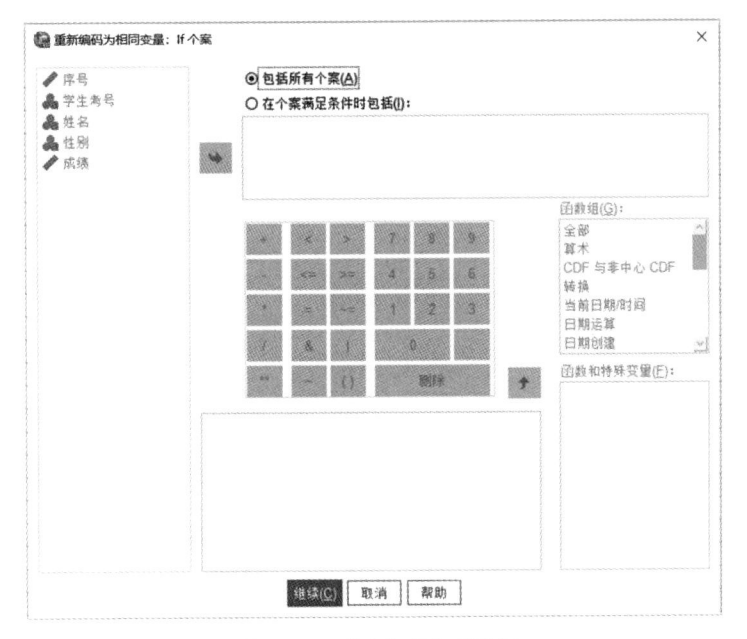

图 1-37　"If 个案"对话框

步骤4：在"重新编码为相同变量"对话框中，单击"旧值和新值(O)…"，出现"重新编码为相同变量：旧值和新值"对话框。在该对话框中，单击左边"旧值"的"范围(N)"，在空白处输入"0"到"30"，在右边"新值"的"值(L)"框中输入"1"，点击添加。按此方法分别输入添加"31""60""2"；"61""70""3"；"71""80""4"；"81""90""5"；"91""100""6"。输入结果，如图1-38所示，单击"继续(C)"按钮，回到"重新编码为相同变量"对话框。

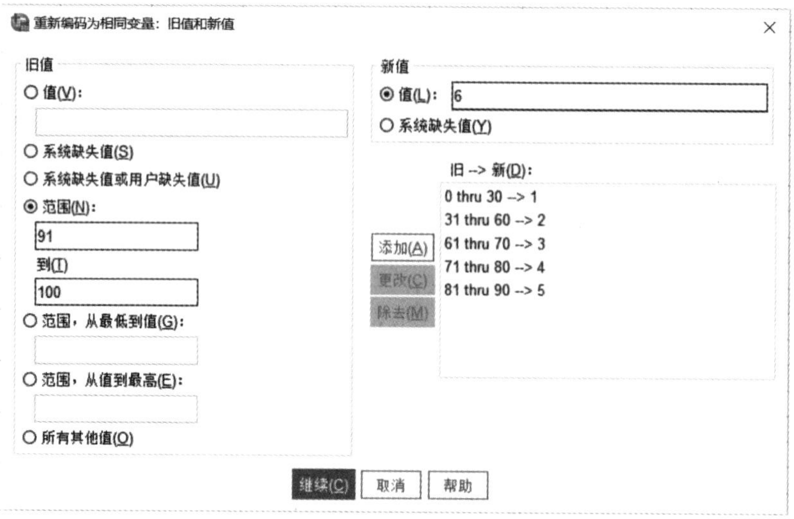

图1-38 “旧值和新值”对话框

步骤5：单击“确定”按钮，弹出成绩编码后的数据窗口，如图1-39所示。

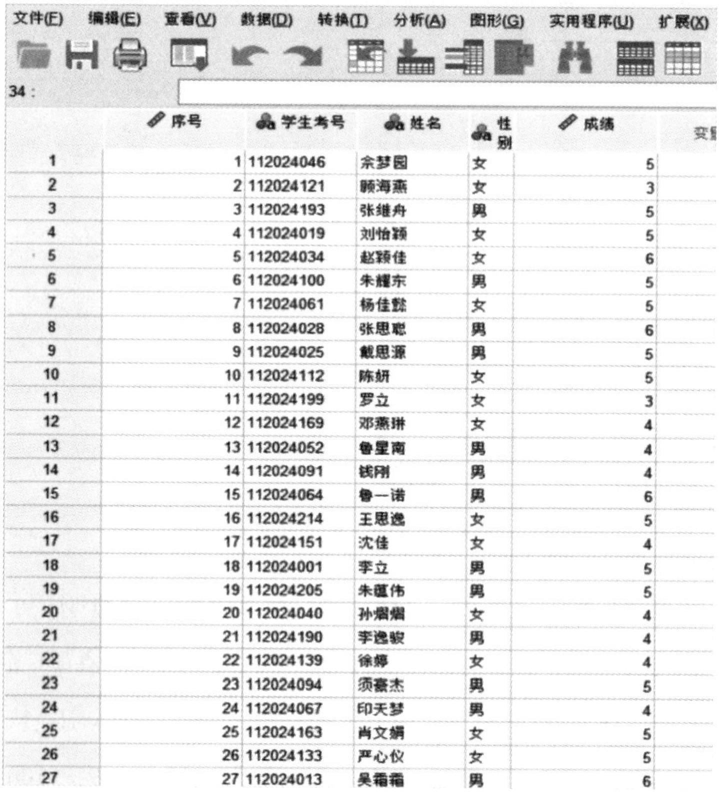

	序号	学生考号	姓名	性别	成绩
1	1	112024046	余梦园	女	5
2	2	112024121	顾海燕	女	3
3	3	112024193	张继舟	男	5
4	4	112024019	刘怡颖	女	5
5	5	112024034	赵颖佳	女	6
6	6	112024100	朱耀东	男	5
7	7	112024061	杨佳黙	女	5
8	8	112024028	张思聪	男	6
9	9	112024025	戴思源	男	5
10	10	112024112	陈妍	女	5
11	11	112024199	罗立	女	3
12	12	112024169	邓燕琳	女	4
13	13	112024052	鲁星南	男	4
14	14	112024091	钱刚	男	4
15	15	112024064	鲁一诺	男	6
16	16	112024214	王思逸	女	5
17	17	112024151	沈佳	女	4
18	18	112024001	李立	男	5
19	19	112024205	朱蕴伟	男	5
20	20	112024040	孙熠熠	女	4
21	21	112024190	李逸骏	男	4
22	22	112024139	徐婷	女	4
23	23	112024094	须赛杰	男	5
24	24	112024067	印天梦	男	4
25	25	112024163	肖文娟	女	5
26	26	112024133	严心仪	女	5
27	27	112024013	吴霜霜	男	6

图1-39 成绩编码后的数据窗口

习题

1. 什么是统计？什么是统计学？

2. 简述一下统计学的特点。

3. 统计学的作用是什么？

4. 简述一下统计学的内容。

5. 统计数据的类型有哪些？

6. 将下表1-3的数据录入在Excel中并将文件命名为"10名学生的语文和数学成绩"保存到桌面，在Excel中计算出10名学生的语文成绩与数学成绩总分，并对总分进行排名以及等级划分，总分≥170为"优"、总分≥150为"良"、总分≥120为"中"、总分<120为"差"四个等级。

表1-3　10名学生的语文和数学成绩

序号	语文成绩y_1(分)	数学成绩y_2(分)
1	76	50
2	89	87
3	99	94
4	95	96
5	89	90
6	70	45
7	86	87
8	93	90
9	76	70
10	77	70

7. 新建数据文件并输入数据。

(1)在Spss中新建一个数据文件，命名为"学生成绩"。

(2)在该数据文件中，定义以下变量：学号(数字型，长度为8，无小数位)、姓名(字符串型，长度为10)、数学成绩(数字型，长度为3，保留1位小数)、英语成绩(数值型，长度为3，保留1位小数)。

◐

第二章
统计资料的收集

收集资料、整理资料和分析资料是统计工作的三个基本步骤。收集资料就是根据研究目的而制订的研究设计,根据研究设计的要求,去收集准确、完整的原始资料,这是进行统计工作的前提与基础。整理资料就是对收集到的原始资料进行审核,归纳分组,使资料系统化、条理化,以便于进行统计计算和分析。分析资料就是针对统计整理的结果,进一步计算相应的指标,并绘制必要的统计图表,结合专业知识,运用统计方法进行分析对比,找出其中的规律。以上三个步骤是密切联系、不可分割的,任何一步有了缺陷或差错,都会影响研究结论的正确性。本章主要介绍统计资料的收集。要收集统计资料,首先要明确收集哪些统计指标、适合用什么方法去收集,即调查、实验与观察等方法,然后确定研究对象,即抽样,因此本章内容包含统计数据的收集方法、抽样以及如何用计算机完成统计数据的收集与抽样。

第一节 统计资料收集方法

一、统计资料收集概述

统计资料通常通过研究者看、问和实验的方法收集得到,收集资料时首先要明确统计研究要解答的问题,然后才能确定要收集哪些统计指标,准备哪些简明概括的表格,绘制何种特定图形。在这些内容基本明确以后,才能做到有的放矢地去收集资料。收集资料可直接收集,也可以间接收集。直接收集是指相关人员在日常的工作及科研中,对随时获取的数据,进行有目的的积累或根据一定的研究目的,采用观察、调查和实验的手段获得统计数据。例如要对中学生的身体素质进行研究,可将本学期学生的体育成绩和达标成绩进行积累追踪;再如,教练员将运动员从入队到取得优异成绩的全过程的各类指标进行测量从而获得积累数据。有时为了达到一定的研究目的还需要进行专题调查或专题实验,专题调查或专题实验是科研中重要的研究手段。间接收集是指将他人测试或整理的资料进行积累,以备比较、对照分析所用。如将同类其他学校学生体质与本校学生体质进行比较分析,就要用到以间接收集方式得到的体质普查资料。

二、统计资料收集的方法

收集资料的方法有很多,其主要方法有调查法、观察法、实验法。

(一)调查法

调查法(Survey Method)是一种通过各种方式(田野、访谈和问卷等)有目的、有计划、系统地收集有关研究对象的现实状况或历史状况的材料,借以发现问题、探索规律的一种方法。调查法按不同角度的分类情况见图2-1所示。以下主要介绍按收集资料的方式分类的调查法。

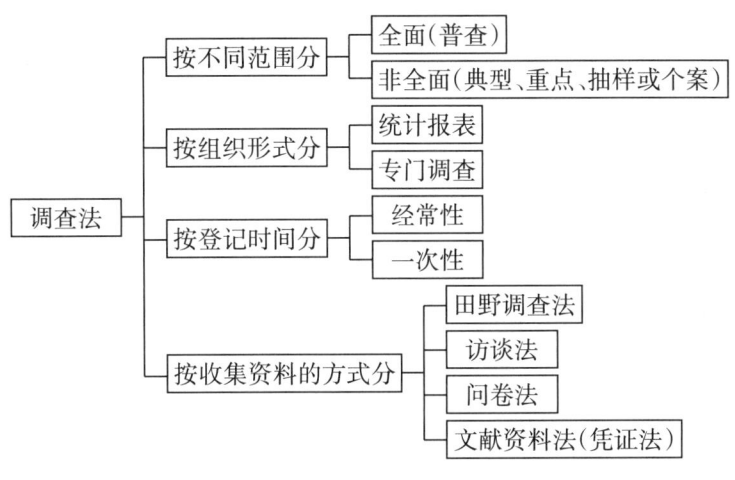

图2-1 调查法种类

(1)田野调查法

指调查人员直接到现场,对调查对象直接进行观察、检验、测量、清点,以取得所需要的统计资料的一种调查方法。

(2)问卷调查法

简称问卷法。它是研究者根据研究目的,以书面的形式提出若干固定问题,对被调查者进行控制式的测量,从而获得对研究问题的量度,以加深对问题的认识的一种调查方法。

问卷调查法是调查法中最基本的一种调查手段与方法,它是以书面提问的形式进行调查,可以当面请被调查者个别或集体填写研究者事先设计好的调查表格、问卷等,也可以通过函件方式,请被调查者填写好之后再寄回。由于问卷调查易于操作,不受时间、地点的限制,可调查的对象和范围较广,因此问卷调查法是社会科学研究中最常用的、主要的方法之一。问卷调查已成为社会科学研究从定性走向定量、从思辨走向实证的重要途径。

(3)访谈调查法

又称访谈法,指研究者就所要研究的事项按照预定计划或程序,主动与被调查对象面对面直接交谈和询问,以获取调查资料的一种研究方法。访谈法在于它是运用口头交谈的方式来收集资料,因此它在调查中更注重研究者与被研究者之间的人际交往,在资料收集上具有一定的真实性、完整性、灵活性、可靠性和准确性。

(4)文献资料法

指对文献进行查阅、分析和整理,从而找出事物本质属性的一种研究方法。查阅、分析文献资料也是运用其他研究方法之前必做的工作,可以说,一切研究方法都少不了它。文献资料法的作用:①掌握动态,选准课题,避免科研中的重复浪费;②掌握"已知",利用他人成果,加快科学研究进程;③提高科研效率,节约科研经费。(利用网络检索资料的方法见本章第三节)

(二)观察法

观察法(Observation Method)是指在自然条件下,有目的、有计划地以自己的感觉器官和辅助工具去采集那些和研究目的相关的行为指标,从而获得资料的一种方法。

观察一般利用眼睛、耳朵等感觉器官去感知观察对象,但由于人的感觉器官具有一定的局限性,观察者往往要借助各种现代化的仪器,如照相机、录音机、显微录像机等来辅助观察。观察法按观察者角色分为参与和非参与;按有无辅助工具分为直接观察和间接观察。观察法的特点是:自然状态、理论指导、目的性、感官和辅助工具。例如,商超的盘点工作、一场球赛的技战术观察、学生课业负担调研观察等。

观察法可以让研究者获得大量真实的第一手资料,是获得感性认识和发现问题的重要途径,能够保证所收集资料的准确性。观察是人们认识事物的起点,也是人们认识事物的一种手段和方法。对于某些特殊的自然现象,实验室观察具有重要的意义,但多数的自然现象和社会现象,一般只能在自然环境下进行观察。

(三)实验法

实验法(Observation Method)是指研究者按照研究目的,合理地控制或创设一定条件,利用一定手段,人为地变革某种事物发生、发展、变化的过程,从而验证假设、探讨有关现象因果关系的一种研究方法。实验法常常把复杂的现象与因果分解成较简单的因素和较小的规模进行研究,从而有助于揭示事物的本质和规律。实验法又分为绝对实验和比较实验。绝对实验是去确定一个常数的绝对值,或确定某一现象的绝对存在或不存在。例如,在医学上对脉搏的测定,物理学上对水的导电性的测定,在心理学上对感觉阈限的测定都是绝对实验。比较实验是去比较几个常数的相对值之间的差异或比例。例如,比较2~7岁的孩子和12岁以上的孩子的运动能力有什么不同,或者他们在不同运动项目的学习中是否存在着差异等。我们平常所说的实验大多是指比较实验。

(四)观察法与实验法的关系

1.区别

实验法必须是在人工控制的一定条件下进行的,只要实验对象一定,实验条件相同,其实验结果则必然相同,实验的过程及结果可重复且不因人而异。实验法可根据研究目标的需要改变被研究对象的条件,在改变的条件下观察被研究对象的一系列反应。观察法必须是在自然发生的条件下进行的,要求观察者对被观察对象不施加任何影响,真实观察并记录。实验法较观察法具有更大的主动性和能动性。

2.联系

观察是实验的前提,而实验则是观察的证实。

三、统计资料收集的要求

为了更好地完成统计工作的任务,发挥统计调查的作用,在统计调查过程中必须达到以下基本要求。

(一)准确性

不论采用哪种收集资料的方法,都要以严谨的科学态度保证数据的准确与完整。在一些情况下,由于测量条件的变化,研究者要根据具体情况调整测量的方案。

(二)及时性

指统计资料的时效性,要求及时上报各项统计资料以满足各种需要。如果统计资料提供得不及时,即使统计资料准确可靠,也会失去应有的作用。值得注意的是,统计调查的及时性和准确性是辩证统一的关系,不能顾此失彼。既不能因强调及时性而忽视准确性,也不能因强调准确性而不顾及时性,时过境迁的统计资料是没有多大意义的。

(三)完整性

即全面性,指在规定时间内把调查资料毫无遗漏地收集起来。如果统计资料残缺不全,就不可能反映所研究对象的全貌和正确认识社会经济现象总体的特征,最终也就难以对社会经济现象的规律性做出准确的判断,甚至会得出错误的结论。

(四)随机性

在收集资料的过程中,为了使研究结果具有实际意义,一定要严格按照随机化原则,不可主观臆断,造成收集的数据没有代表性,导致研究结果失真。

综上所述,统计调查资料的准确性、及时性、完整性和随机性,是对统计工作的基本要求,它们之间存在着有机的联系。准确性是基础,要在准确中求快、求完整、求效益。

第二节 统计资料的抽样

统计的一个重要思想方法是以样本资料去推断总体特征,这样可以节约大量的人力、物力、财力和时间。因此,在进行一项研究工作时,首要的一个环节就是抽取一定含量的样本,对有关指标进行测量,以获取样本数据资料,可以说,抽样方法是收集统计资料的重要内容。

一、抽样的概念

确定研究对象是科学研究过程中一个重要的环节。对象的选取应视其总体的数量大小和课题要求条件的不同,而采取不同的方法。不管采用哪一种方法确定研究对象,都必须遵循的基本原则是所选的研究对象必须能代表总体。抽样(Sampling)就是从总体中抽取样本的过程。

二、抽样的方法

抽样方法分两大类:概率抽样(Probability Sampling),即遵循随机化原则的抽样;非概率抽样(Non-Probability Sampling),即不遵循随机化原则的抽样。

(一)概率抽样方法

概率抽样的几种方法如图2-2所示。

```
概率抽样方法 ─┬─ 简单随机抽样
              ├─ 系统抽样
              ├─ 分层抽样
              └─ 整群抽样
```

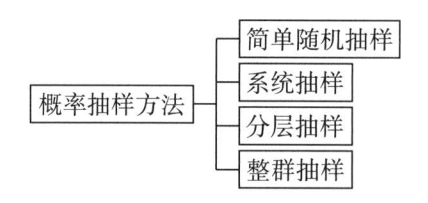

图2-2 概念抽样的几种方法

1.简单随机抽样(单纯随机抽样)

(1)简单随机抽样的概念

简单随机抽样(Simple Random Sampling)就是总体中每个个体被抽到的机会是均等的(即抽样的随机性),且在抽样取走一个个体之后总体内成分不变(即抽样的独立性),这种抽样方式称为简单随机抽样。

(2)简单随机抽样的方法

①抽签法

把总体中的每一个个体都编上号码,并做成签,充分混合后从中随机抽取一部分,这部分所对应的个体就组成一个样本。例如大学寝室4名同学中用抽签的方法选1名室长。抽签法比较简单,随时可用,多在人数较少时使用。

②计算机方法

具体案例与操作见本章第三节实验2-3。

2.系统抽样(等距抽样)

(1)系统抽样的概念

系统抽样(Systematic Sampling)是按某一顺序标准排列编号,然后依固定间隔取样,间隔的大小视所需样本容量与总体中个体数目的比值而定,起始数字必须是随机决定的。例如为了解某校1 500人毕业生的英语学习情况,要抽取150人为样本,可先将1 500人的英语成绩按由低到高的顺序排列并编号,然后按1,11,21,31,…;或2,12,22,32,42,…;或10,20,30,…等一定距离机械地抽取样本。至于从中取哪一组作为样本可以随机确定。

(2)系统抽样的计算方法

见本章第三节实验2-4。

3.分层抽样(类型抽样)

分层抽样(Stratified Sampling)是把总体中每个个体按一定标志分为不同类型或不同层次,然后从各个类型或层次中随机抽取一定个体,构成样本。分类型或层次的基本原则是:层内之间差异要小,层外之间差异要大,否则就失去分层的意义。可按"各层抽样比例相等"的原则确定各层次所分配的个体数。个体数多的层多分配,个体数少的层少分配。设总体中的个体数为N,拟抽取的样本容量为n,共分为R层,各层的实际个体数为$N_1,N_2,N_3,\cdots,N_R$,各层应分配抽样的个体数为$n_1,n_2,n_3,\cdots,n_R$,其中:

$$n_i = \frac{n}{N} N_i, n = n_1 + n_2 + n_3 + \cdots + n_R;$$

分层抽样法能较充分地利用总体的已有信息,保证样本对总体有较好的代表性,减小抽样误差,是一种较实用且操作方便的抽样方法。但对于一个特定总体,如何分层,分多少层,应视具体情况而定。

4.整群抽样

整群抽样(Cluster Sampling)就是从总体中随机抽若干群(而不是个体),然后对抽取的每一个群中的个体全部加以调查,由此推断总体的情况。例如调查某市中学生的视力情况,可以根据该市行政区,在每个区对所有中学生随机抽样或机械抽样决定哪些中学生被调查,整体随机抽样容易组织,相对来说可以节约人力、物力。

(二)非概率抽样方法

1.有的放矢抽样方法

少数研究应当在理解总体与个体的基础上抽样,或以研究目的为基础抽样。尤其是开始设计问卷的时候。研究者可能选择一些观点差异悬殊的人,来检验问题的设计是否恰当。虽然这种调查结果不能代表任何有意义的总体,但会有效地发现问卷设计中的缺失。

2.随意抽样法

随意抽样法是指研究者按自己的意愿或可能,去抽取最接近、最有可能进行研究的对象为样本的抽样方法,它是一种非概率抽样的方法,这种抽样具有随意性。它的缺点是,由于总体中每一个对象被抽取的概率是未知的,研究者一般不能说样本对于较大的总体具有何种程度的代表性,限制了把研究成果推广到样本范围之外的可能,而且无法计算抽样误差。

3.定额抽样法

定额抽样是从对总体性质的了解开始,在某一总体中考虑具有某种属性的人数所占的比例,然后从具有此种属性的人中收集数据,并按各类人在总体中的比例赋予它适当的权重。如此收集数据,从理论上讲应当能够代表总体。此种方法存在的问题是定额的比例必须精确,但由于最新的关于总体性质变化的信息并不容易得到,易造成抽样中的偏差。

第三节 统计资料收集计算机实操

一、资料收集的实操

(一)文献收集的实操

实验2-1 如何利用中英文数据库实现中英文文献的查找

案例资料:如何利用中、英文数据库进行搜索?

资料分析:中英文文献的查找是科研最基础的一步,本案例以中国知网以及Web of Science为例,简要介绍中英文文献的查找。

操作步骤

1.中文

步骤1:打开中国知网官网(https://www.cnki.net/),进入首页,在"文献检索"旁的对话框输入需要检索的内容,如图2-3所示。

步骤2:选择"主题"旁的下拉按钮即可进行分类检索,单击查询按钮,得到如图2-4的结果。

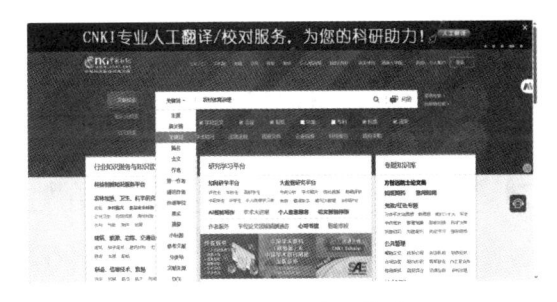

图2-3 中国知网首页检索页面　　图2-4 文献搜索结果

步骤3：单击其中一篇文献，跳转到"文献知网节"界面，点击需要操作的按钮进行下载与在线阅读，如图2-5所示。

图2-5　单篇文献操作页面

2.外文

步骤1：打开Web of Science官网，进入首页，在对话框中输入需要检索的内容，如图2-6所示。

步骤2：选择"Topic"旁的下拉按钮即可进行分类检索，单击"Search"按钮，得到如图2-7的结果。

步骤3：单击其中一篇文献跳转界面，点击需要操作的按钮即可进行下载或者在线阅读等操作，如图2-8所示。

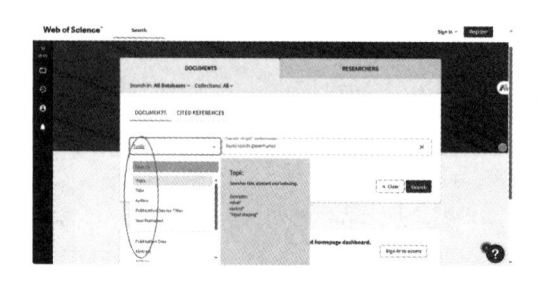

图2-6　检索首页页面　　　　图2-7　检索结果页面

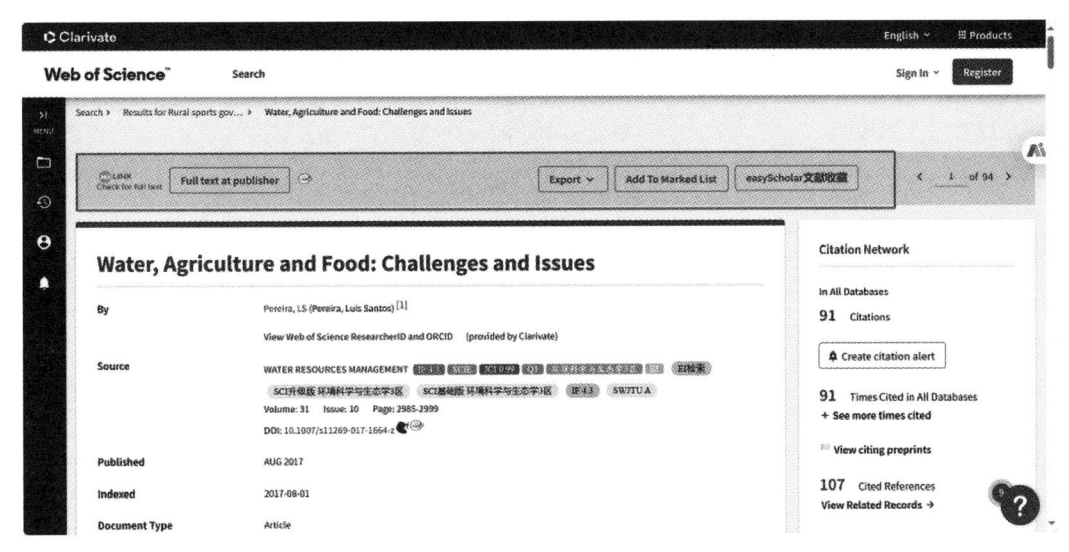

图2-8　单篇文献操作页面

结果解释：文中列出的为简单搜索的方式，还可以通过"高级检索"（"Advanced Search"）功能进行高级检索，借助布尔逻辑"与""或""非"，即"AND""OR""NOT"和词组进行组合检索，以提高检索的精确度。

（二）常用数据库及网址

常用数据库及网址见表2-1所示。

表2-1　常用数据库及网址

数据库名称	网址
联合国图书馆网	https://www.un.org/zh/library/page/databases
中国国家图书馆·中国国家数字图书馆·国家典籍博物馆	https://www.nlc.cn/web/index.shtml
国家统计局	https://www.stats.gov.cn/
国家科技图书文献中心	https://www.nstl.gov.cn/
国务院发展研究中心信息网	https://www.drcnet.com.cn/
CNKI资源总库	https://www.cnki.net/
CNKI《中国学术期刊（网络版）》	https://cajn.cnki.net/CAJN
CNKI《中国经济社会大数据研究平台》	https://data.cnki.net/
超星汇雅电子图书	https://www.sslibrary.com/page/2394431show

续表

数据库名称	网址
京东读书专业出版	https://m-tob.jd.com/
万方数据知识服务平台	https://g.wanfangdata.com.cn/index.html
维普资讯中文期刊服务平台	https://qikan.cqvip.com/
北大法宝	https://www.pkulaw.com/
CSMAR	https://data.csmar.com/
CIDP制造业数字资源平台	https://www.cidp.com.cn
ERIC教育资源信息中心	https://www.ebsco.com/zh-cn/products/research-databases/eric
全球案例发现系统	https://www.htcases.com/index.htm
Elsevier SDOL(ScienceDirect On Line)	https://www.sciencedirect.com
ProQuest Central	https://search.proquest.com/central/index
Springer Link	https://link.springer.com/

二、计算机实现抽样的Excel与Spss实操

(一)抽样的Excel实操

实验2-2 如何利用Excel中的随机数发生器制作随机数表

案例资料：如何用Excel制作一个5行6列的4位数组成的随机数表？（使用"随机数发生器"实现）

资料分析：本例是用Excel制作随机数表，可以用"数据"菜单下"数据分析"功能里面的"随机数发生器"来实现。

操作步骤

步骤1：打开Excel工作表，单击"数据"菜单下的"数据分析"，如图2-9所示。出现"数据分析"对话框，如图2-10所示。

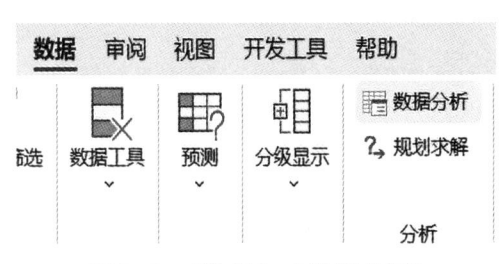

图2-9 "数据"→"数据分析" 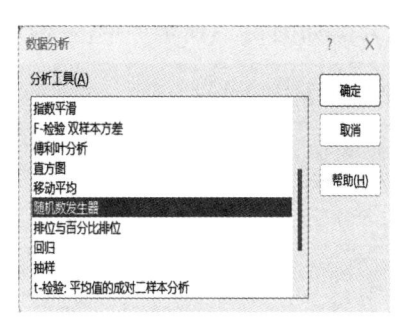　　图2-10 "数据分析"对话框

步骤2：在数据分析对话框中，选择"随机数发生器"并点击"确定"按钮，打开"随机数发生器"对话框，如图2-11所示。

图2-11 "随机数发生器"对话框 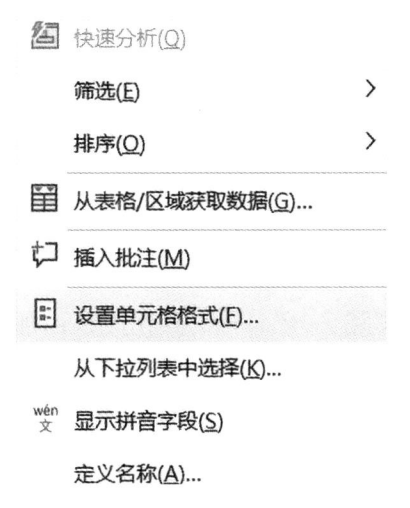　　图2-12 "单击鼠标右键"对话框

步骤3：在"随机数产生器"对话框中，在"变量个数(V)"文本框中输入需要的随机数表的列数，如6列；在"随机数个数(B)"文本框中输入需要的随机数表的行数，如5行；"分布(D)"选择"均匀"；在"参数"中输入0~9999（为4位数），在"输出区域(O)"选择A1，如图2-11所示，单击"确定"按钮，即可产生5行6列介于0~9999的随机数表。

步骤4：此时的随机数表，并无格式设定。设置随机数格式，选中A1:F5，单击鼠标右键，出现菜单如图2-12所示，点击"设置单元格格式(F)…"，出现"设置单元格格式"对话框，如图2-13所示。在"设置单元格格式"对话框中，选择"数字"标签，在"分类(C)"位置选择"自定义"，在"类型(T)"位置输入"0000"，意思是自动进行四舍五入，数字未满4位的自动补0,如图2-13所示。单击"确定"按钮,即可产生5行6列介于0~9999的有格式的随机数表,如图2-14所示。

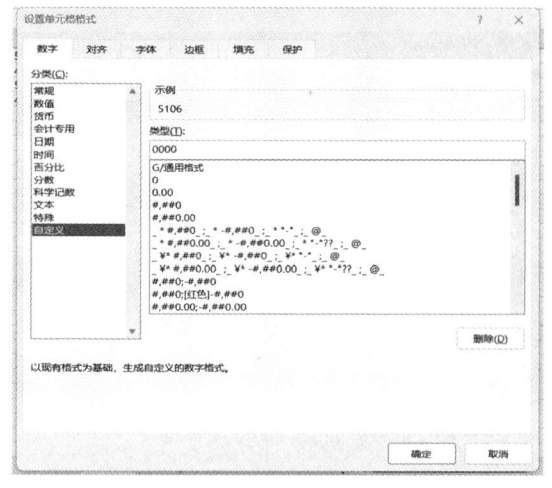

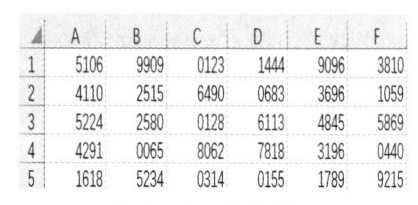

图2-13 "设置单元格格式"对话框　　　图2-14 随机数表

结果解释:如图2-14所示,随机数发生器生成了5行6列的4位数组成的随机数。

实验2-3　如何利用Excel加载宏,进行数据分析,实现随机抽样

案例资料:如何从150名学生中随机抽取15人为样本?(利用加载宏实现)

资料分析:本例是用Excel从150名学生中随机抽取15人为样本,可以用"数据"菜单下"数据分析"功能里面的"抽样"来实现。

操作步骤

步骤1:完成编号。在A1处输入1后,用填充的方法完成1~150的编号输入。方法是在"开始"菜单栏中选择"编辑"子菜单下的"填充"选项,出现填充对话框,在对话框里面单击"序列(S)…",如图2-15所示。出现"序列"对话框,如图2-16所示。

步骤2:在"序列"对话框中,"序列产生在"选择"列(C)","类型"选择"等差序列(L)","步长值(S)"填"1","终止值(O)"填"150"后点击"确定"按钮,如图2-16所示,就可在A列产生1~150的编号。

图2-15　"填充"对话框　　　　图2-16　"序列"对话框

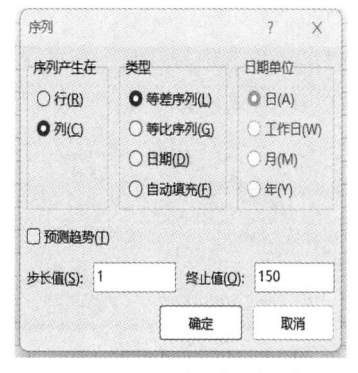

步骤3：在B1处输入"随机抽样"，以便抽样后放入数据，选取"数据"菜单中的"数据分析"，如图2-17所示。出现"数据分析"对话框，如图2-18所示。在"数据分析"对话框中，选择"抽样"，点击"确定"按钮，出现"抽样"对话框，如图2-19所示。

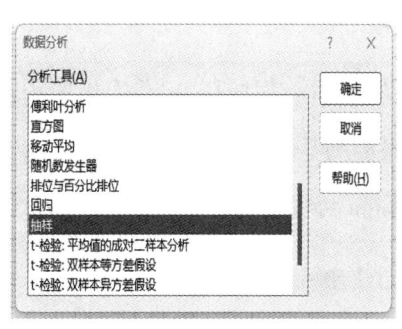

图2-17　"数据"→"数据分析"　　　　图2-18　"数据分析"对话框

步骤4：在"抽样"对话框中，在"输入区域(I)"选择"A1:A150"区域，"抽样方法"选择"随机(R)"，"样本数"输入"15"，"输出区域(O)"选择"B2"，单击"确定"按钮，如图2-19所示。确定后，就可以产生15个随机编号的样本，如图2-20所示。

图2-19 "抽样"对话框　　　　图2-20 抽样结果

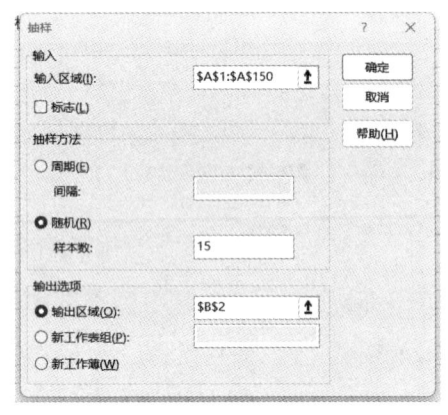

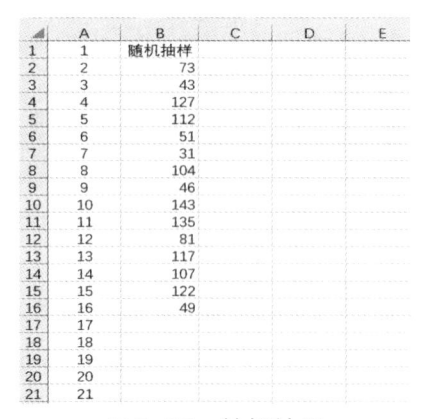

结果解释：按照案例操作步骤，随机从150人中随机抽取15人的结果如图2-20所示。

实验2-4　如何利用Excel加载宏，进行数据分析，实现系统抽样

案例资料：如何在1 000人里面用系统抽样的方法抽取47人？（使用加载宏实现）

资料分析：本例是用Excel在1 000人里面用系统抽样的方法抽取47人，则需要以21人为间隔，可以用"数据"菜单下"数据分析"功能里面的"抽样"来实现。

操作步骤

步骤1：完成1 000人的编号。在A1处输入1后，用填充的方法完成1~1 000的编号输入。方法是在"开始"菜单栏中选择"编辑"子菜单下的"填充"选项，出现填充对话框，在对话框里面单击"序列(S)"，出现"序列"对话框。在"序列"对话框中，"序列产生在"选择"列(C)"，"类型"选择"等差序列(L)"，"步长值(S)"填"1"，"终止值(O)"填"1 000"后点击"确定"按钮，如图2-21所示，就可在A列产生1~1 000的编号。

步骤2：选择"工具"菜单中的"数据分析"，在"数据分析"对话框中选择"抽样"后点击"确定"按钮，如图2-22所示，出现"抽样"对话框，如图2-23所示。

第二章 | 统计资料的收集

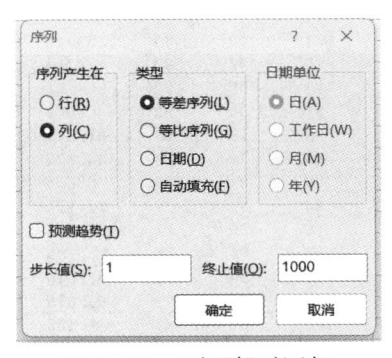

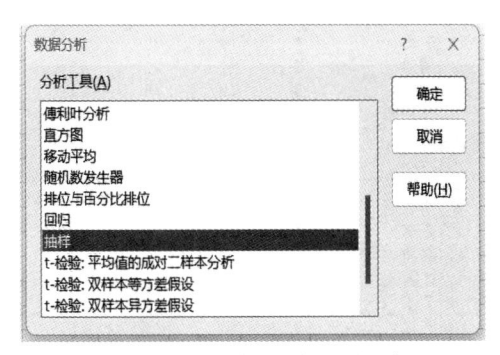

图 2-21 "序列"对话框

图 2-22 "数据分析"对话框

步骤3：在出现的"抽样"对话框中，在"输入区域(I)"选择"A1:A1000"区域，"抽样方法"选择"周期(E)"，"间隔"输入"21"，"输出区域(O)"选择"B2"，然后单击"确定"按钮，如图2-23所示。

步骤4：单击"确定"后，就可以产生47个随机编号的样本，如图2-24所示。

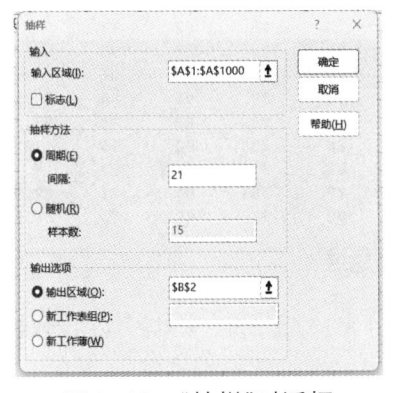

图 2-23 "抽样"对话框

图 2-24 生成47个随机编号样本

结果解释：使用系统抽样在1 000人中系统抽47人，按操作步骤以21为间隔，输出如图2-24所示的抽取结果。

(二)抽样的Spss实操

实验2-5 如何利用Spss随机抽取调查问卷中的70%为样本

案例资料：已知某班期末成绩调查数据如图2-25，如何随机抽取其中的70%来进行分析？

	A	B	C	D	E	F	G	H	I	J	K
2	王旭	1	78	77	89	86	74	84	88	90	83.25
3	周未	2	81	91	83	82	77	79	86	93	84
4	李梦	3	79	78	78	77	79	87	88	82	81
5	田家国	4	95	87	86	88	83	87	89	93	88.5
6	雷和	5	67	78	76	89	90	90	78	87	81.875
7	吴欣	6	86	84	88	85	82	86	79	87	84.625
8	王伟光	7	82	79	84	87	93	90	87	90	86.5
9	李云霞	8	77	87	90	78	87	84	87	77	83.375
10	张蓉	9	88	87	93	90	81	79	90	91	87.375
11	蓝韵	10	89	90	82	86	85	87	85	76	85
12	江国	11	77	81	93	84	88	87	90	67	83.375
13	丁丁	12	91	86	87	79	90	90	93	79	86.875
14	齐猛	13	78	84	81	87	93	85	82	87	84.625
15	李梦哲	14	87	79	85	87	82	87	93	87	85.875
16	沈明勋	15	78	87	81	90	93	78	87	90	85.5
17	金秦浩	16	88	87	77	85	87	90	93	87	86.75
18	彭程	17	79	90	91	87	83	86	82	90	86
19	洪金金	18	87	85	78	78	84	88	93	93	85.75
20	周旋	19	86	87	87	90	79	87	84	82	85.25
21	康素	20	84	78	78	86	87	85	79	93	83.75
22	李楠	21	79	90	81	77	87	87	87	87	84.375
23	窦宏伟	22	87	86	86	91	85	78	87	88	86.625
24	吴进	23	87	87	84	78	78	90	90	87	85.125
25	田佳和	24	90	88	79	87	90	86	90	89	87.375
26	何庆	25	84	87	87	78	86	86	93	83	85.5
27	夏侯勇	26	90	89	97	81	77	84	82	85	85.625
28	刘川	27	90	83	90	86	91	79	93	87	87.375
29	诸葛平	28	93	86	79	84	78	87	87	78	84
30	程新	29	82	84	89	79	87	87	87	90	85.625
31	文泰	30	93	79	85	87	78	90	78	86	84.5
32	郑熹	31	87	87	87	87	78	77	90	86	84.875
33	孙思思	32	90	87	78	90	90	91	87	84	87.125
34	马奇	33	84	90	90	87	86	78	90	79	85.5
35	宁孟	34	79	87	86	90	87	87	77	87	85
36	黎阳	35	87	91	97	90	78	78	91	87	87.375
37	孔青青	36	87	86	85	93	90	92	88	90	88.875

图 2-25 原始数据

资料分析：本题中，需要选择总体中的一部分来进行分析，本案例要用到"数据(D)"菜单中的"选择个案(S)"选项来实现。

操作步骤

步骤 1：在 Spss 中按照原始数据录入，选择"数据(D)"菜单中的"选择个案(S)…"子菜单，如图 2-26 所示，会出现一个"选择个案"对话框，如图 2-27 所示。

步骤 2：在"选择个案"对话框中，选中"随机个案样本(D)"中的"样本(S)…"，出现如图 2-28 所示的"选择个案：随机样本"对话框，在"大约(A)"输入框中输入"70"，点击"继续(C)"按钮回到"选择个案"对话框。然后，在"选择个案"对话框中的"输出"选项中选择"过滤掉未选定的个案(F)"。单击"确定"即可完成数据的筛选，出现如图 2-29 所示的完成抽样后的数据窗口。

图 2-26　选择菜单

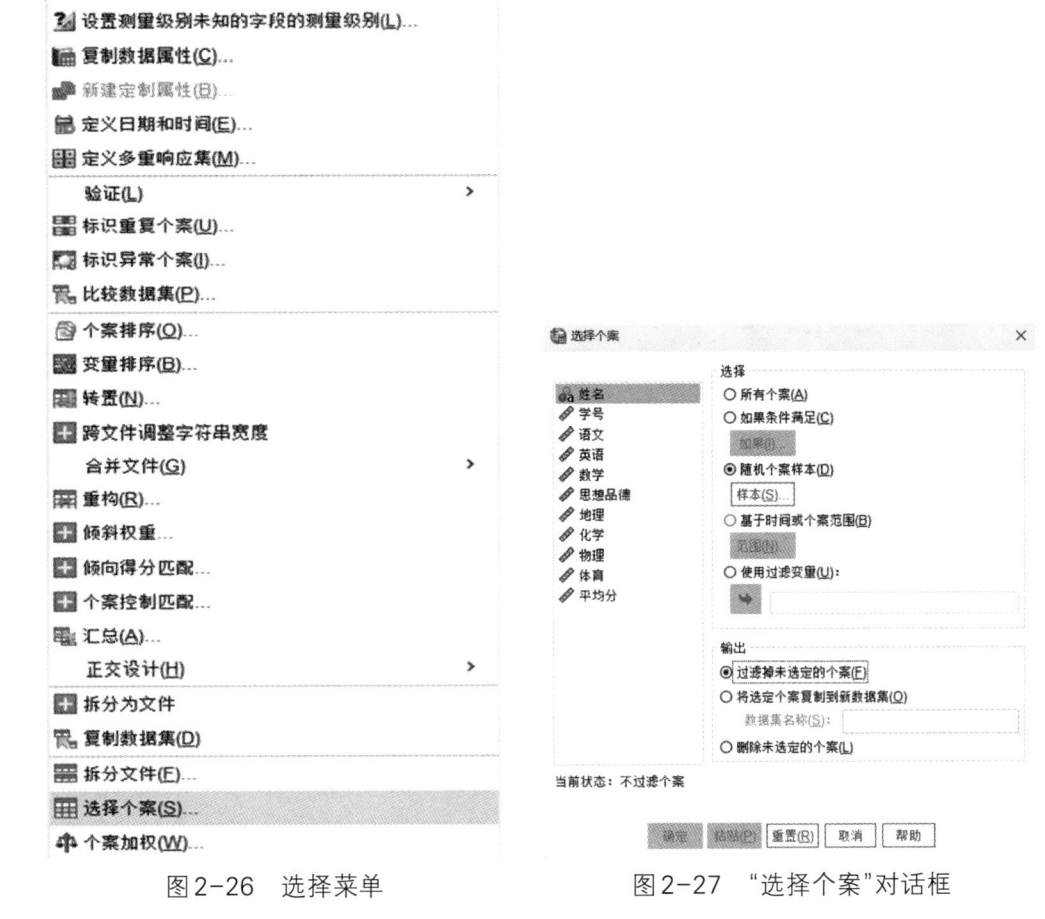

图 2-27　"选择个案"对话框

图 2-28　"选择菜单:随机样本"对话框

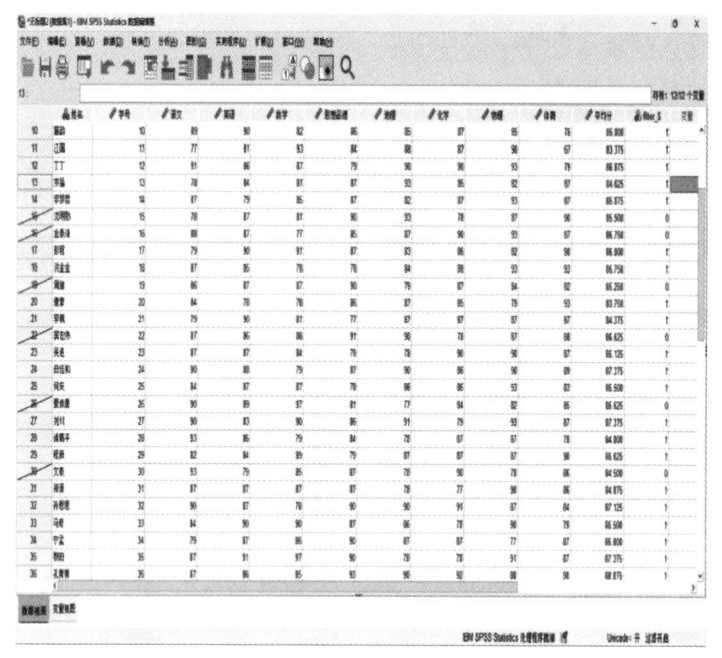

图 2-29　完成抽样后的数据窗口

结果解释：如图 2-29 为使用 Spss 随机抽取的某班同学期末成绩 70% 的样本输出结果。

> **习题**
>
> 1.统计资料收集的方法有哪些？它们各有什么特点？
> 2.调查法的分类有哪些？请简要说明。
> 3.统计资料收集的要求是什么？
> 4.概率抽样方法有哪些？请简要说明。
> 5.假设你正在设计一个关于大学生消费习惯的调查，你会选择哪种抽样方法？为什么？
> 6.某高中有 1 000 名学生，学校想要了解这 1 000 名学生的数学成绩分布情况。假设选择 100 名学生作为样本，那么用简单随机抽样方法应如何操作？

第三章
统计资料的整理

原始资料收集完成之后,就是对收集到的资料进行整理。资料的整理首先是要对收集到的资料进行审核与清洗,确认正确无误后,再归纳分组,使资料系统化、条理化,并绘制必要的统计图表进行整理,然后结合专业知识,运用统计方法进行分析对比,找出其中的规律性。因此本章内容包含统计资料的审核与清洗、统计图表、统计资料的整理以及如何利用计算机实现统计资料审核与清洗、统计图表以及统计资料的整理。

第一节 统计资料审核和清洗

在大数据时代,数据已成为各行各业的重要资产,然而收集到的原始数据往往存在着各种质量问题,如错误、不一致、缺失、存在异常值等,这些问题会对后续的数据分析和挖掘工作造成严重影响。因此,数据的审核和清洗就成为数据处理流程中不可或缺的一个重要步骤,是数据质量管理的核心环节,只有对数据进行有效的审核和清洗,我们才能得到真实可信的数据,为后续的数据分析和决策提供支持。数据审核是指对数据进行浏览、检查和验证,以确保数据符合一定的规范和标准。数据清洗则是对数据进行处理,清除错误、不一致和重复的数据,以提高数据的质量。在数据审核和清洗过程中,需要综合利用人工审核和计算机自动审核的方法,提高数据审核和清洗的效率和质量,Excel和Spss均具有数据验证、筛选、排序、去重等基本功能,能够完成查找错误数据、删除重复值、缺失值处理、一致化处理和异常值处理等审核与清洗任务。

一、统计资料审核和清洗的原则

只有对原始数据资料进行严格审核、清洗才能保证统计数据的质量。检查和核对原始资料以确保原始资料的真实性、准确性、完整性和统一性。

(一)真实性原则

清洗的资料必须是确实发生过的客观事实,不能弄虚作假与主观杜撰,否则会得出错误结论,误导事物的发展与决策。

(二)准确性原则

清洗后的资料,事实与数据要准确。在实际操作中,要从实际出发,不能过度追求精确,以能说明问题为原则,否则反而会将问题复杂化。

(三)完整性原则

在清洗资料时,应尽可能地保证资料的完整性,力求全面地反映研究对象的全貌。反之,很可能以偏概全,使研究价值降低或消失。

(四)统一性原则

在对指标的定义、取值、计算方法和计算单位上都要有统一的解释和标准,从而加强数据和结果的可比性。

二、统计资料清洗的方法

数据清洗也叫做数据预处理,就是对收集整理的原始数据进行必要的审查、校验和加工处理,纠正数据文件中可识别的错误,提高数据质量,以便数据可以更好地用于后续分析过程,其质量直接关系到分析效果和最终结论。数据清洗的主要内容包括数据审核,处理数据缺失值、重复值和异常值等。数据清洗有两种方法,即人工审核和计算机审核。

(一)人工审核的方法

统计资料审核是去检查要达到研究目的所要求的各个方面的资料、数据是否收集齐备。还要从具体环节检查每一项指标和内容所体现出来的资料和数据有无缺失或遗漏、有无前后矛盾之处、结果登记中有无行、序号等差错。

1.初审

初审又叫经验判断或计量审核,初审就是认真检查全部原始记录表格或卡片,重点核对性别、年龄等项是否清楚,然后逐项检查测试数据是否有"缺、疑、误"。

"缺"是指缺项未填,缺项应补项、补测,无法补的应当剔除。

"疑"是指测试记录不清,书写潦草,不易辨认,或对记录真实性存疑,字迹不清的记录,要几个人共同辨认、确认后重写清楚,无法确认时也应剔除。

"误"是指明显的错误,包括误测、误记、误报,对明显的错误要坚决纠正和复测,无法复测的应当剔除。经验判断就是根据已有经验来判断定量资料是否真实和正确,各项计量资料是否有错误或矛盾的地方,其中包括计量关系是否正确,计量单位是否一致等。

2.逻辑检查

对原始资料进行初步的"缺、疑、误"检查后,还要进行逻辑检查,以便进一步找出差错。所谓逻辑检查是从理论上、常识上和指标之间的关系上检查有无不合理的地方。例如,普通中学体能测定卡片性别栏内填写为"女",而1 500米的成绩栏为"1分20秒",像这样的项目之间的关系显然是矛盾的,从常识上就可以断定数据有错。

3.计算审核

其通过各种数学运算来审核各项定量资料有无差错。例如,各分组数字之和是否等于总数;各部分所占总体的百分比相加是否等于1;各种平均数、发展速率、增长速率、指数的计算是否正确等,都可以通过数学计算进行审核。此外,对同一指标的单位一致性,计算方法的一致性也应当进行必要的检验。

4.复查

经过前三步的检查后,还需要进行抽样复核,抽样的多少可根据数据卡片的数目进行选择。如可抽取l/10或1/50再进行检查,复核后确实无误,方可进行统计处理工作。如发现错误,应对全部原始资料再重新检查。如果发现检验的过程中有问题,或表格不齐,或答案不全,或数字不真,或计算有误等,都应及时查明原因,采取相应措施予以补充或更正。对一切无法补充或更正的数据,应及时删去,以免影响整个研究数据的准确性。

(二)计算机审核的方法(图3-1)

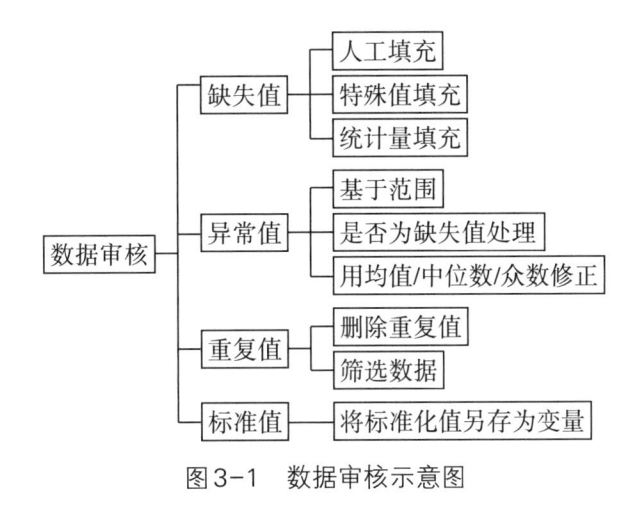

```
数据审核 ┬─ 缺失值 ┬─ 人工填充
         │         ├─ 特殊值填充
         │         └─ 统计量填充
         ├─ 异常值 ┬─ 基于范围
         │         ├─ 是否为缺失值处理
         │         └─ 用均值/中位数/众数修正
         ├─ 重复值 ┬─ 删除重复值
         │         └─ 筛选数据
         └─ 标准值 ─── 将标准化值另存为变量
```

图3-1　数据审核示意图

1.重复值处理

重复值是指原始数据中无效重复的数据,通常可采用个案处理。个案处理是指检查与剔除无效样本。个案实际就是单个样本,一个样本由有限个变量的数据集组成(比如一份问卷多个答案),个案处理是对众多样本的变量数据集进行校验检测,筛选无效样本(含重复)。

2.缺失值处理

缺失值也叫空缺值,即样本中出现空缺的数值。原始数据中可能会出现数据值缺失,即数据集中存在无数据的数据单元格。在数据分析时会影响结果,需要将缺失的数据值进行补全。可人工手动一次性补全缺失值,也可用计算机补全缺失值。

3.异常值处理

异常值处理是指可检测与处理变量数据中包含的异常值,异常值检测逻辑是对变量的数据集(类似于列)按照设置的阈值进行判定,筛选出落在异常值检测范围内的数据,再根据处置方法将原数据替换。

4.一致化处理

一致化又叫标准化,数据集中会存在某一个数据列的数据标准不一致或命名规则不一致的情况,数据标准化是指通过一些处理使数据去量纲化的过程。

第二节 统计资料的整理

要把原始资料中潜在的有用信息挖掘出来,就需要对资料进行科学的整理与分析。而资料的整理与分析需要有正确的统计学的方法和其他量化手段,使所收集资料的全部信息都释放出来,让研究者从资料中获取到有科学意义的信息。

一、统计资料整理的原则

(一)分组原则

统计分组是一种根据统计研究的需要和总体的内在特征,按照一定标志,将总体区分为若干个部分或若干个组的一种方法。它保持着组内的同质性以及组间的差异性,即"穷尽"和"互斥"原则、"同质性"和"差异性"原则。

(二)简明性原则

资料要尽可能简单、明确,并使它系统化、条理化,制成图表,即可看到资料的集中和变异情况,以集中的方式反映研究对象总体的情况。

二、统计资料整理的方法

(一)分组标志

统计资料可以按照不同的标志进行分类。分组标志的选择是否恰当,关系到能否正确地反映总体数量特征及其变化规律。常见分组标志如表3-1所示。

表3-1 常见的分组标志

分组标志	标志的特点	标志的作用
质量标志	按照事物的性质和类别分组。例如,按性别划分为男学生和女学生;按裁判等级划分为国家级及其他级别裁判	可以把不同性质或类别的事物区别开来,有利于认识不同质的事物的数量特征,有利于对不同质的事物进行数量对比研究
数量标志	按照事物的发展规模、水平、速度、比例等数量特征分组。例如,大学按学生的人数可以分为大系和小系	可以把不同发展规模、水平、速度、比例的事物区别开来,有利于从数量上准确地认识客观事物,有利于对不同数量特征事物之间的相互关系进行分析和研究
空间标志	按事物的地理位置、区域范围等空间特性分组。例如,全民健身计划的普及情况可按省、市、县等行政区划分	可以把不同地域的事物区别开来,有利于了解事物在空间上的分布情况,有利于对不同地理位置、区域范围内的事物进行对比研究
时间标志	按事情的持续性和先后顺序分组。例如,运动员可按年龄划分,机能状态可按生物周期划分等	可以把不同时间或时期上的事物区别开来,有利于认识事物在不同时间或时期的发展状况,有利于揭示事物不断运动、变化、发展的规律

(二)确定组数、组距、组限及组中值

1.确定组数

在实际工作中,可以根据分组经验来分组,也可以参考其他分组方法,还可以参考表3-2(由苏联的H·A马萨利博士设计)进行分组。

表3-2 分组参考表

样本含量(n)	分组数(K)
30~60	5~8
60~100	7~9
100~200	9~12
200~500	11~15

2.确定组距

组距(Group Spacing)是指每一组的区间长度,也就是相邻两组起点(或尾点)之差(或每组最大值与最小值之差),记为I。分组时要求各组的组距相等。组距的大小由极差(R)与分组数(K)确定,其计算公式如下。

$$组距(I) = \frac{极差}{分组数} = \frac{R}{K} \qquad (公式3.1)$$

3.确定组限及组中值

组限(Group Limit)就是指组距的两端数值。一般将每组的起点数值称为下限,终点数值称为上限。组限的表现形式有两种,一种是封闭式,一种是开放式。每一组的中点值称为组中值(Group Median Value),它是该组的代表值。其计算公式如下。

$$组中值 = \frac{组上限 + 组下限}{2} \qquad (公式3.2)$$

三、整理频数分布表和图

经过整理的统计数据,既可以用统计表展示,也可以用统计图展示。统计表条理分明、集中醒目,而且可以节省大量的文字叙述,也便于对比分析与积累;统计图形象、鲜明、直观,能够清晰地显示现象之间的相互关系。

(一)统计表

1.统计表结构

统计表一般采用开口式,即表的左右两条线不画。从统计表的形式上看,它由表格编号、表题、横标目主词、纵标目宾词和数字资料构成(其结构如图3-2)。此外,有些统计表还需在表的下端增加表注,以说明资料的来源、某些指标数值的计算方法、填表单位和其他需要说明的问题。

表XX 2023年全国粮食播种面积,总产量及单位面积产量情况

	播种面积(千公顷)	总产量(万吨)	单位面积产量(千克/公顷)
全年粮食	118 968.5	69 541.0	5 845.3
分季节			
夏粮	26 608.6	14 615.2	5 492.7
早稻	4 733.1	2 833.7	5 987.0
秋粮	87 656.8	52 092.0	5 944.8

资料来源:国家统计局关于2023年粮食产量数据的公告

图3-2 统计表结构图

2.统计表的类型

统计表有不同的种类,常用的统计表有简单表、分组表、复合表和调查表,在设计上和应用中有不同的技术性问题,以下予以说明。

(1)简单表

指在表的主词上没有任何分组结果的统计表。

(2)分组表

指在表的主词上只有简单分组结果的统计表。

(3)复合表

指在表的主词上有复合分组结果的统计表。

(4)调查表

①单一表:指在表的宾词上没有任何分组结果或者只有简单分组结果的统计表。

②一览表:指在表的宾词上有符合分组结果的统计表。

③整理表:指对数据进行整理归纳的统计表。

3.制表时应注意的问题

编制统计表的总原则:结构简单,层次分明,内容安排合理,重点突出,数据准确,便于理解和比较分析。具体要求如下。

(1)标题

标题要简明扼要、准确地说明表的内容,放在表的上端中部。

(2)标目

横标目列在表的左侧,用以表示说明事物的主要标志;纵标目列在表的上端,说明横标目各统计指标内容,并注明计算单位,如%、kg、cm等。

(3)数字

一律用阿拉伯数字,数字以小数点对齐,小数位一致,无数字的用"—"表示,数字是"0"的,则填写"0"。

(4)线条

表的上下两条边线略粗,纵、横标目间及合计用细线分开,表的左右边线可省去,表的左上角一般不用斜线。

(二)统计图

1.统计图的结构

统计图是统计资料的一种表达方式,它可以简洁、直观地表示统计表中的数据,可以帮助我们从众多的数据中发现规律,可以更迅速、更有效地传递信息,给人明确和深刻的印象,其结构如图3-3。

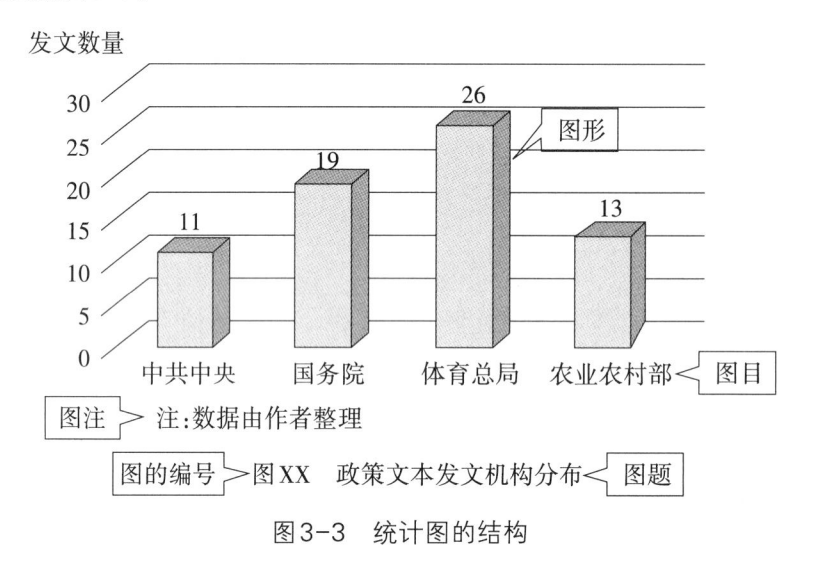

图3-3 统计图的结构

（1）图的编号

其是图的序号,是按统计图在文章或书籍当中出现的先后次序,写在图的下方偏左侧。

（2）图题

图题的文字应言简意赅,使人一见能知该图所要显示的是何事、何物,发生于何时、何地。图题和图的编号一样,一般写在图的下方,更靠近图的中部。

（3）图目

即横坐标上所用的各种单位名称。如果数据值大小差异悬殊,图尺可采用断尺等方法,其目的是减少图幅。

（4）图形

图形是图的主要部分,图形曲线要清晰,避免书写文字,要表示不同的结果,用不同的图形线以示区别,各种图形线的含义用图例说明。

(5)图注

凡图形或局部或某一点,需要借助文字或数字加以补充说明的,均称图注。

此外,一个图形要使用各种线条,这些线条因在图中的位置不同而有不同的名称。包括图形基线(横坐标)、尺度线(纵坐标)、指导线、边框线等。

2.统计图的种类

统计图形式多样,常用的统计图有直方图、折线图、曲线图、条形图、饼图等。

(1)直方图

直方图是用直方形的宽度和高度来表示频数分布的图形。绘制直方图时,横轴表示各组组限,纵轴表示次数(或频数,一般标在左方)和比率(或频率,一般标在右方),若直方图没有比率则只保留其左侧的频数,依据各组组距的宽度与次数的高度绘成直方形。

(2)折线图

折线图是将各组组中值上方高度等于频数或频率的点依次连接而形成的一种折线图像。折线图的绘制方法有两种:一种是在直方图的基础上,将每个长方形的顶端中点用直线连接而形成图形;另一种是在直角坐标系中以横轴表示变量,纵轴表示频数或频率,取各组组中值及对应的频数或频率的坐标点,将各坐标点依次连接而形成图形。

(3)曲线图

当变量数列的组数无限增多时,折线便近似地表现为一条平滑曲线。曲线图的绘制方法与折线图基本相同,只是在连接各组频数坐标点时应当用平滑曲线,而不用折线。

(4)条形图

条形图也称为柱形图,它是以宽度相等的条形的高度或长度来表示统计数据大小或多少的一种统计图。至于具体的形状,可以是条,也可以是立体的圆柱、方柱或锥体。条形图可以横置,也可以纵置,纵置时叫柱形图。也就是说,当各类别放在纵轴时,称为条形图;当各类别放在横轴时,称为柱形图。它主要用于说明或比较同一统计指标在不同时间、地点、单位的变化发展情况。

(5)饼图

饼图也叫圆形图,是用圆周形及圆内扇形的面积来表示数值大小的图形。圆形图主要用于表示总体中各组成部分所占比值,对于研究结构性问题十分有用。在绘制圆形图时,总体中各部分所占的百分比用圆内的各个扇形面积表示。当需要展示总体中各组成部分所占比率的结构性问题时,建议采用圆形图。

第三节 资料的清洗与整理实操

一、数据的清洗

实验3-1 如何利用Excel删除一组数据中的重复值

案例资料:现有一组数据,如图3-4所示,其中包含若干重复数据,要求对这些重复数据进行处理。

资料分析:要对重复数据进行处理,可以利用Excel中的删除重复值的方法对重复数据进行删除。

操作步骤

步骤1:将案例资料中的数据录入到Excel中,如图3-4所示。

步骤2:选中A列的所有数据,再选择"数据"选项中的"删除重复值",如图3-5所示。

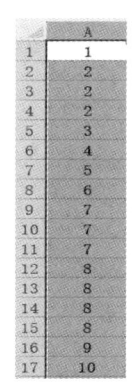

图3-4 原始数据　　　　图3-5 选择"删除重复值"

步骤3:在弹出的"删除重复值"对话框中勾选上"列A"数据后点击确定,如图3-6所示,出现如图3-7所示的结果。

图3-6 "删除重复值"对话框　　　　图3-7 处理重复值删除后结果数据

实验3-2　如何利用Excel和Spss处理数据中的缺失值

案例资料：现有一组数据，其中包含一些缺失值，如何对这些缺失值进行处理？

Excel方法

资料分析：对于数据中存在缺失值的情况，利用Excel菜单中的查找、替换功能。

操作步骤

步骤1：录入案例资料中的原始数据，如图3-8所示。

步骤2：选择Excel的"开始"菜单栏，接着单击"查找和选择"中的"转到（G）…"选项，如图3-9所示。

图3-8 原始数据　　　　图3-9 选择"转到"选项

步骤3：如图3-10所示，在弹出的"定位"对话框中选择"定位条件（S）…"，接着在"定位条件"对话框中勾选上"空值（K）"后单击确定，如图3-11所示。

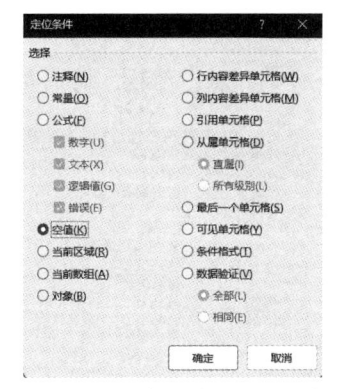

图3-10 "定位"对话框　　　　图3-11 "定位条件"对话框

步骤4：所有空值被选中后，选择"开始"选项卡，再选择"查找和替换"中的"替换(P)…"，在"替换为(E)"方框中输入"0"，点击"全部替换(A)"，如图3-12所示，最后出现如图3-13所示的结果。

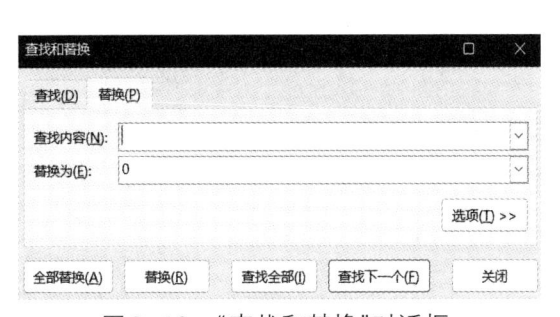

图3-12 "查找和替换"对话框　　　　图3-13 替换结果

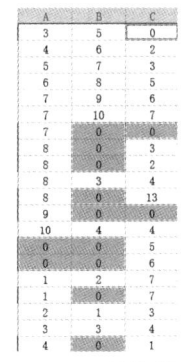

Spss方法

资料分析：当数据资料中出现单个或者少量数据的缺失，我们需要对表格进行填充替换时，可以应用"转换(T)"菜单中"替换缺失值(V)…"对话框实现。

操作步骤

步骤1：在Spss软件中输入原始数据，选择"转换(T)"菜单中的"替换缺失值(V)…"子菜单，如图3-14所示，得到"替换缺失值"对话框。

步骤2:在"替换缺失值"对话框中将"V1""V2""V3"[1]选入到"新变量(N)"对话框中,如图3-15所示。点击"确定"选项即可对缺失值进行替换,结果如图3-16所示。

图3-14 "转换(T)"→"替换缺失值(V)"

图3-15 "替换缺失值"对话框

图3-16 结果输出图

结果解释:

表3-3为结果变量输出表,在该表中,"V1-1"替换的缺失值为2个;"V2-1"为7个;"V3-1"为3个。

表3-3 结果变量

	结果变量	替换的缺失值	第一个个案编号	最后一个个案编号	有效个案数	创建函数
1	V1-1	2	1	24	24	SMEAN(V1)
2	V2-1	7	1	24	24	SMEAN(V2)
3	V3-1	3	1	24	24	SMEAN(V3)

---

[1] 操作步骤处的变量正斜体遵照软件显示确定,以避免前后不统一,造成读者混淆,全书同。

实验3-3 如何利用Excel限定录入的数据

案例资料：对即将毕业的大四学生进行问卷调查：请问你目前有没有签约工作？1.有；2.没有。

请问如何实现数据准确无误地录入？

资料分析：本案例的工作表中只需要输入1、2、0（未填答此题），其他值输入无效，所以要对每列（或行）设定验证规则，以控制所输入数据的正确性。可以用"数据"菜单中的"数据验证"来实现。

操作步骤

步骤1：在A1处输入"问卷编号"，B1处输入"工作是否签约"，C1处输入"学习专业"，如图3-17所示。

步骤2：选中工作表中的B列，在菜单栏中选择"数据"→"数据验证"，如图3-18所示。

步骤3：选择"数据验证(V)"，在弹出的对话框中，将"设置"标签中的"允许(A)"选择"整数"，"最小值(M)"处输入"0"，"最大值(X)"处输入"2"，如图3-19所示。

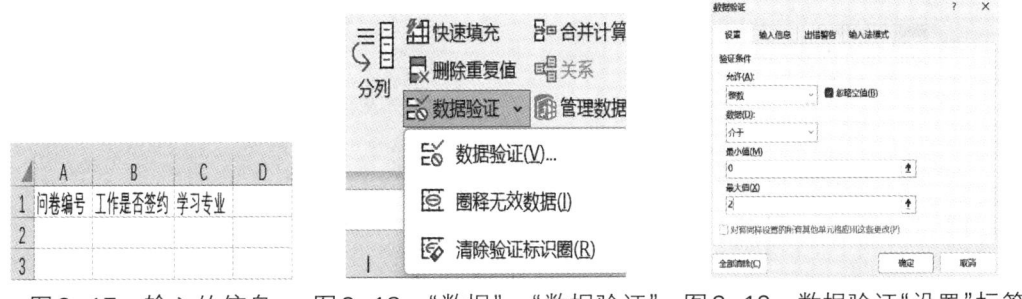

图3-17　输入的信息　　图3-18　"数据"→"数据验证"　　图3-19　数据验证"设置"标签

步骤4：在"输入信息"标签中的"标题(T)"中输入"是否签约"，在"输入信息(I)"中输入"请输入是否签约的数据1、2或0"，如图3-20所示。

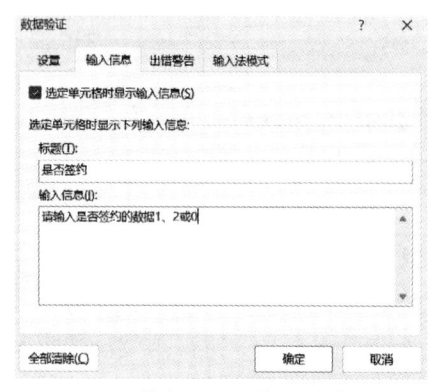

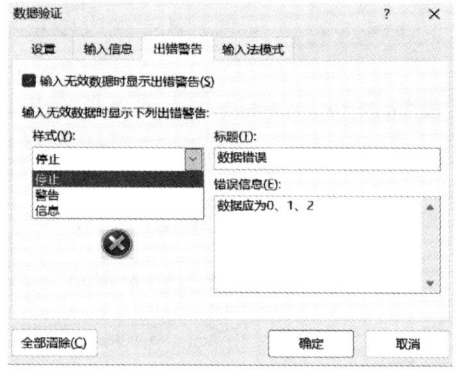

图3-20　数据验证"输入信息"标签　　　　图3-21　数据验证"出错警告"标签

步骤5：在"出错警告"标签中，"样式(Y)"选择"停止"，"标题(T)"输入"数据错误"，"错误信息(E)"输入"数据应为0、1、2"，如图3-21所示。

步骤6：在"输入法模式"的"模式(M)"的标签中，选择"关闭(英文模式)"，如图3-22所示。

步骤7：点击"数据验证"中的"确定"按钮后，B列出现警告标签，如图3-23所示。

图3-22　数据验证"输入法模式"标签　　　　图3-23　警告标签

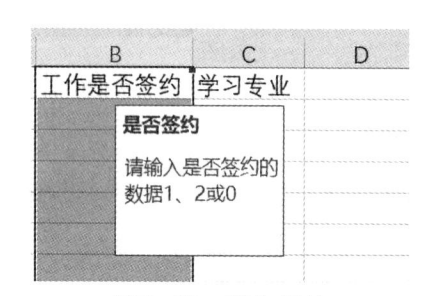

结果解释：当在B列输入不合乎要求的数据时，将显示错误信息，如图3-24所示，并拒绝该错误数据，必须重新输入正确数据或放弃该数据才能离开。如果在图3-21所示的样式中选择"警告"，则出现如图3-24所示的信息，但仍不接受该错误数据。

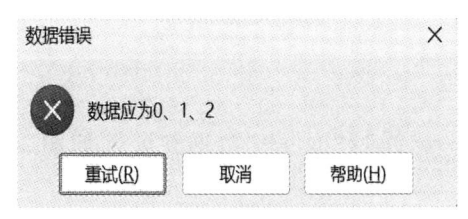

图 3-24 显示错误信息

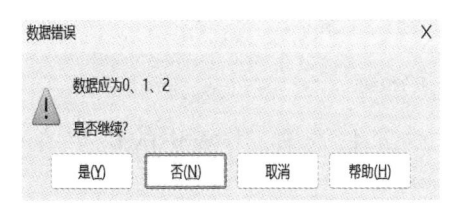

图 3-25 显示警告信息

实验 3-4 如何利用 Excel 查找错误数据

案例资料:若来不及进行事前的数据验证,怎样在数据输入后利用 Excel 查找错误数据?如在上例中,假设 B 列"是否签约"内输入有几个错误数据,怎样找出错误数据?B 列数据如表 3-4 所示。

表 3-4 大四学生签约情况

问卷编号	工作是否签约	学习专业	问卷编号	工作是否签约	学习专业
2030001	2	工商管理	2030015	3	秘书学
2030002	1	法学	2030016	1	工商管理
2030003	1	伦理学	2030017	1	学前教育
2030004	1	哲学	2030018	1	法学
2030005	3	学前教育	2030019	2	法学
2030006	2	工商管理	2030020	2	秘书学
2030007	1	哲学	2030021	1	法学
2030008	1	法学	2030022	1	伦理学
2030009	2	秘书学	2030023	1	学前教育
2030010	1	法学	2030024	1	哲学
2030011	1	学前教育	2030025	1	学前教育
2030012	4	工商管理	2030026	1	伦理学
2030013	2	伦理学	2030027	1	工商管理
2030014	2	哲学			

资料分析:本案例是对事前输入的数据进行错误查找,用"数据验证"中的"圈释无效数据"进行查找(方法一)或者用"数据"菜单栏下的"筛选"项里的"自动筛选"功能来实现(方法二)。

操作步骤

方法一

步骤1:选中工作表中的B列,在菜单栏中选择"数据"→"数据验证",如图3-26所示。

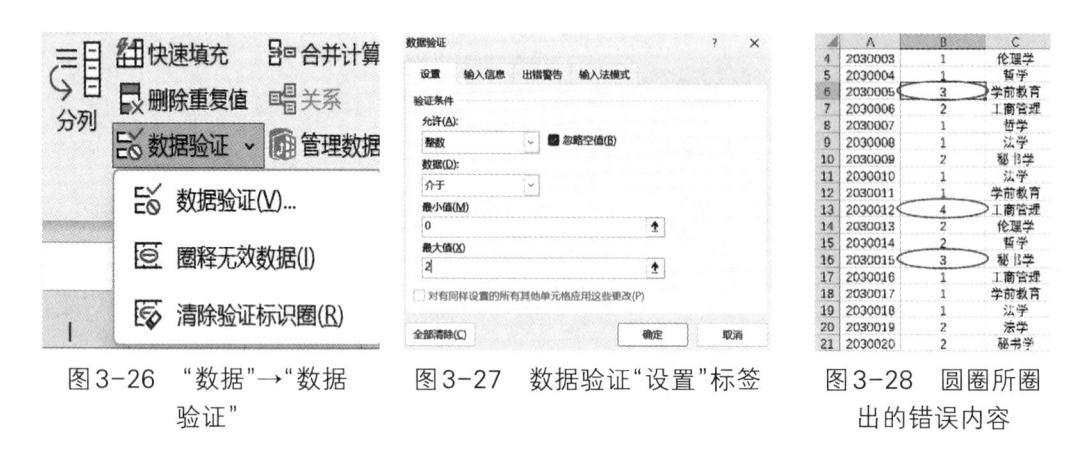

图3-26 "数据"→"数据验证"

图3-27 数据验证"设置"标签

图3-28 圆圈所圈出的错误内容

步骤2:选中"数据验证(V)",在弹出的对话框中,将"设置"标签中的"允许(A)"选择"整数","最小值(M)"处输入"0","最大值(X)"处输入"2"后点击确定,如图3-27所示。

步骤3:在菜单栏中选择"数据"→"数据验证"→"圈释无效数据(I)"后,所有错误数据将被圈出,如图3-28所示。针对红色圆圈所圈出的错误内容,逐一修正,每修正一个,其红色圆圈将自动消失。

方法二

步骤1:选中工作表中的B列,在菜单栏中选择"数据"→"筛选",如图3-29所示。

步骤2:单击"工作是否签约"列右侧的下拉式箭头符号,即可显示该位置内的各种内容,如图3-30所示。

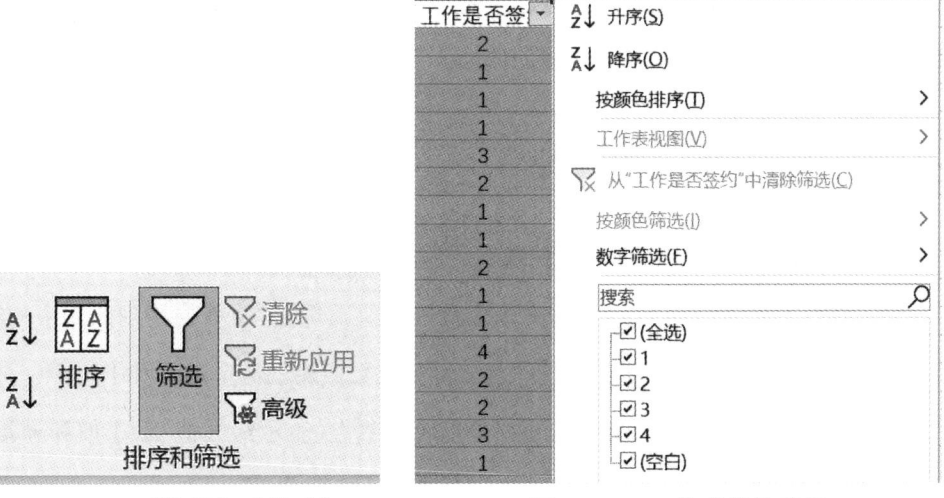

图3-29 "数据"→"筛选"　　　图3-30 下拉式箭头符号

步骤3：在"工作是否签约"的下拉菜单中，选择"数字筛选（F）"→"自定义筛选（F）"，如图3-31所示。

步骤4：在弹出的对话框中，将"工作是否签约"条件设定为"小于0或大于2"，如图3-32，完成后点击"确定"，即可找出"工作是否签约小于0或大于2"的错误记录，如图3-33所示。

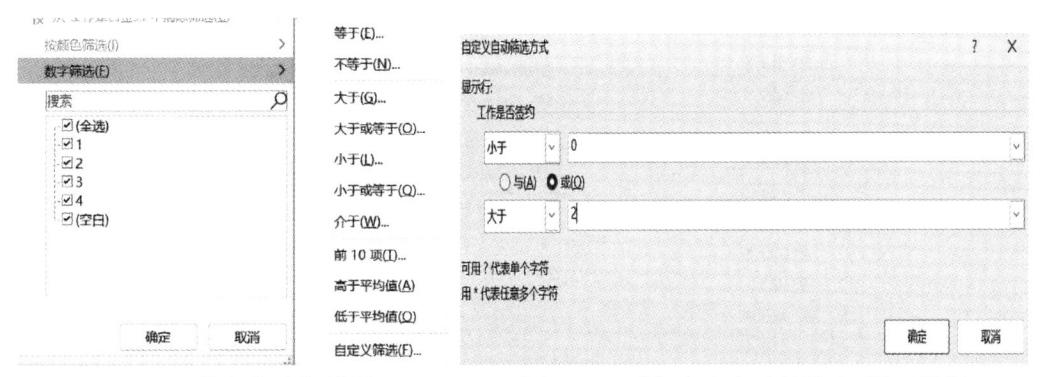

图3-31 "数字筛选"对话框　　　图3-32 "自定义自动筛选方式"对话框

图3-33 结果输出图

结果解释：找到错误后，当然也是通过编号找出原问卷，查看案例资料错在哪里并加以改正，这就是要给每份问卷加上编号的原因。

实验3-5　如何利用Spss查找错误数据

案例资料：现有一组关于年龄与性别的数据，如图3-34所示，请找出其中异常值。

资料分析：本案例要将数据中偏离合理范围的值筛选出来，就要用到图像中的箱图功能。箱图中的每个箱子由中间的粗横线（表示中位数）、箱图的上边界和下边界（分别表示上下四分位数Q3和Q1），以及可能的外延细线和散点（表示最大值、最小值和异常值）组成，出现散点即表示找到异常值。

步骤1：首先将数据导入Spss中，如图3-34所示。

步骤2：点击"图形（G）"选择栏选择"旧对话框（L）"，再点击"箱图（X）"，如图3-35所示。

步骤3：在弹出的"箱图"对话框中，选择"简单"并点击"个案组摘要（G）"，随后点击"定义"，将所要筛查的数据变量选入，如图3-36所示。

ID	年龄	性别
1	23	1
2	43	2
3	45	1
4	67	1
5	89	2
6	88	1
7	122	1
8	33	1
9	23	2
10	45	1
11	12	1
12	76	1
13	32	2
14	233	2
15	34	2
16	22	1
17	46	1
18	57	2

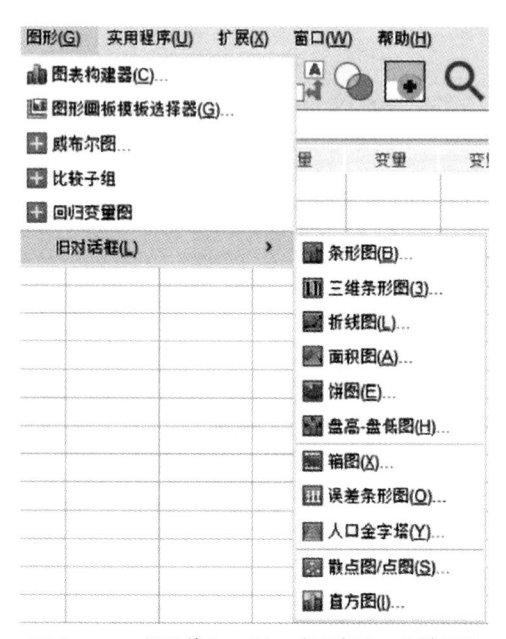

图3-34　数据导入　　　图3-35　"图像"→"旧对话框"→"箱图"

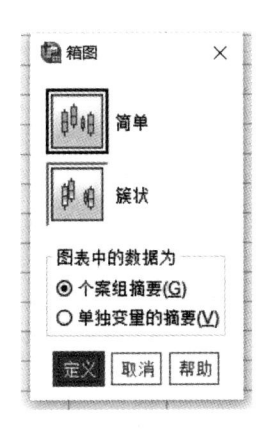

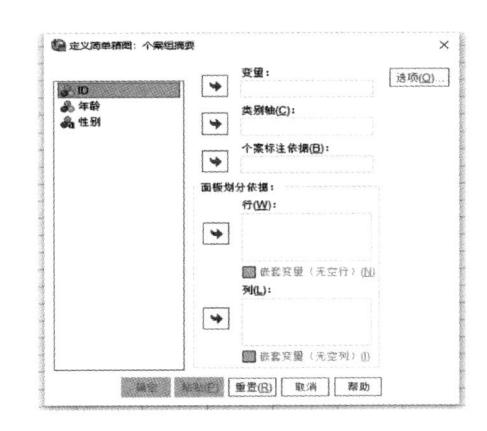

图 3-36　箱图对话框

步骤 4：在个案组摘要对话框中，将"年龄"选入"变量"，"性别"选入"类别轴(C)"，"ID"选入"个案标注依据(B)"，随后点击确定，如图 3-37 所示。

结果解释：点击"确定"后，会形成如图 3-38 所示的箱图结果图，出现的两个箱子的图像即表示两个性别的年龄区间，"箱子"中的黑粗线表示所属年龄的众数，而在性别 2 的纵列上有一个散点 14，即表示 ID14 的异常值，回看数据即表示 233 的异常值。

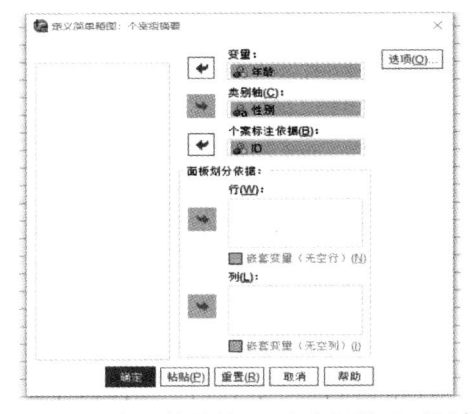

图 3-37　定义简单箱图：个案组摘要对话框

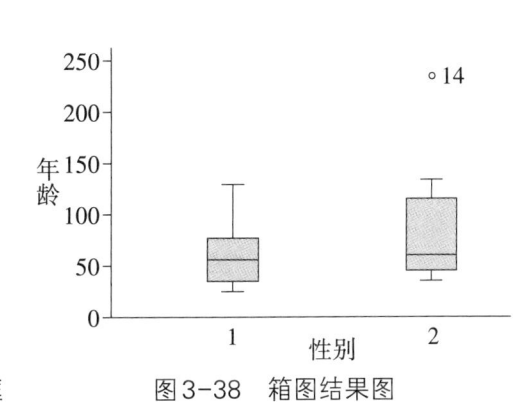

图 3-38　箱图结果图

实验 3-6　如何利用 Spss 将数据标准化

案例资料：现有一组关于考试成绩、血压与年龄的数据，如图 3-39 所示，请将各数据标准化。

资料分析：本案例中的三类数据并非同一标准，若要将数据进行统一处理就需要将三类数据处理到同一标准,将使用到Spss的描述分析功能。

步骤1:首先将数据导入Spss中,如图3-39所示。

步骤2:点击"分析(A)"菜单中的"描述统计(E)",随后点击"描述(D)…",如图3-40所示。

考试成绩	血压数据	年龄数据
80	120	25
90	130	30
70	110	35
85	115	20
95	125	28

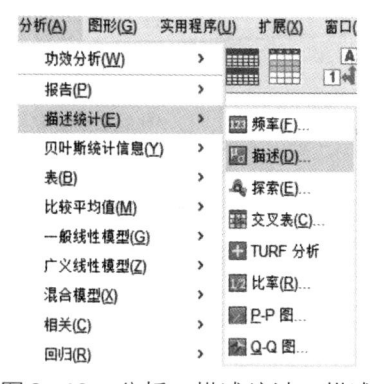

图3-39 数据导入　　　　　图3-40 分析→描述统计→描述

步骤3:在弹出的"描述"对话框中,将需要标准化的变量转入"变量(V)"对话框中,并勾选下方"将标准化值另存为变量(Z)",如图3-41所示。

结果解释:点击"确定"后,标准化的数据变量将以"Z考试成绩、Z血压数据和Z年龄数据"形式,另存为单独列中,如图3-42所示。

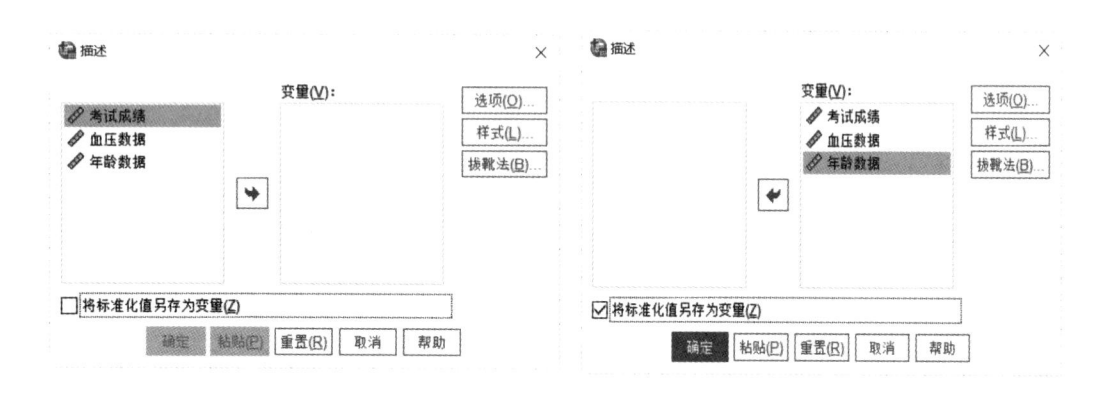

图3-41 "描述"对话框中点击示意图

考试成绩	血压数据	年龄数据	Z考试成绩	Z血压数据	Z年龄数据
80	120	25	-.41590	.00000	-.46473
90	130	30	.62385	1.26491	.42898
70	110	35	-1.45565	-1.26491	1.32269
85	115	20	.10398	-.63246	-1.35844
95	125	28	1.14373	.63246	.07150

图3-42 标准化后数据结果图

二、统计数据的整理

实验3-7 如何利用Excel和Spss制作频数分布图表

案例资料：表3-5为某班50名学生期末数学考试的成绩，请根据下列统计表来制作成绩的频数分布表与分布图。

表3-5　某班50名学生期末数学考试成绩

62	53	74	78	66	68	89	68	91	61
92	95	88	69	89	74	85	67	87	75
73	87	96	66	95	79	86	69	85	78
81	68	50	61	60	72	75	82	87	82
86	75	66	60	53	60	89	84	90	81

Excel 方法

资料分析：本案例是对已知数据画出直方图，可以用菜单"数据"→"数据分析"的直方图选项来实现。

操作步骤

步骤1：在工作表中将50名学生成绩数据排成一列，如图3-43所示。

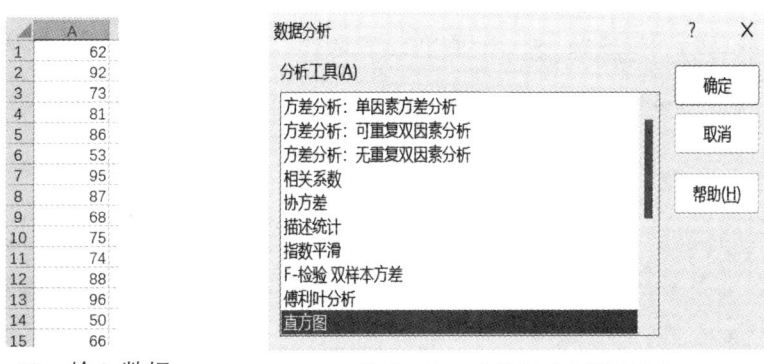

图3-43　输入数据　　　图3-44　"数据分析"对话框

步骤2：选择"数据"菜单下的"数据分析"，弹出"数据分析"对话框，如图3-44所示。

步骤3：在"数据分析"对话框中，选中"直方图"，得到"直方图"参数设置对话框。在"输入区域(I)"中选取原始数据区域"A1:A50"，输出区域中选取"D3"，选中"图表输出(C)"选项，如图3-45所示。

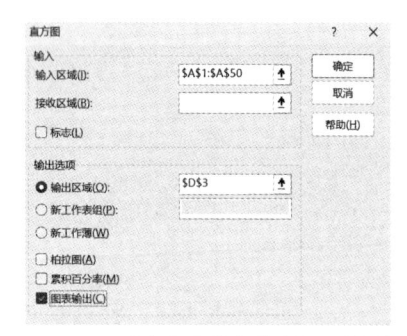

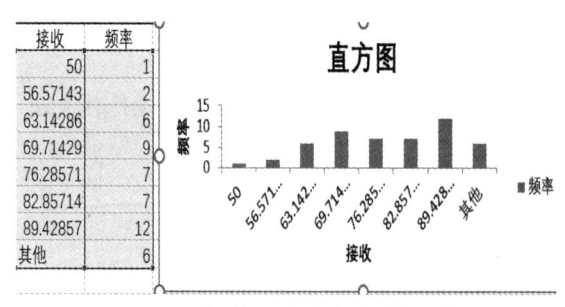

图 3-45　"直方图"参数设置对话框　　图 3-46　频数分布表与频数分布图

步骤 4：在"直方图"对话框中点击"确定"按钮，就可得到如图 3-46 所示的频数分布表与分布图。

结果解释：如图 3-45 和图 3-46 所示为该班 50 名学生期末数学考试成绩频数分布表与频数分布图。

Spss 方法

资料分析：本案例是通过"转换(T)"→"重新编码为相同的变量(S)…"实现新旧值的转换，再到"分析(A)"→"描述统计(E)"→"频率(F)…"的直方图的选项来实现。

操作步骤

步骤 1：打开 Spss，输入 50 名学生数学考试成绩，如图 3-47 所示。

步骤 2：选中"成绩"列，在菜单栏中选择"转换(T)"→"重新编码为相同的变量(S)…"，如图 3-48 所示。

图 3-47　输入数据　　图 3-48　"转换"对话框

第三章 | 统计资料的整理

步骤3：在弹出的对话框中，将"成绩"放至"数字变量"中，并选择"旧值与新值（O）…"选项进行赋值，如图3-49所示。

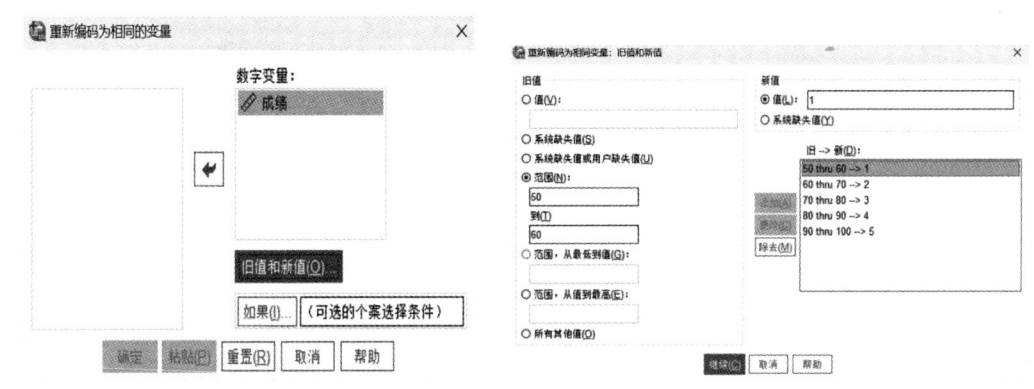

图3-49　"重新编码为相同的变量"对话框　　图3-50　"旧值与新值"对话框

步骤4：在新弹出的对话框中，在旧值部分选中"范围（N）"分别进行赋值，将"50~60赋值为1、60~70赋值为2、70~80赋值为3、80~90赋值为4、90~100赋值为5"，如图3~50所示。

步骤5：完成之后点击"继续（C）"→"确定"，"成绩"列变为新值，结果如图3-51所示。

步骤6：选中"成绩"列，在菜单栏中选择"分析（A）"→"描述统计（E）"→"频率（F）"，如图3-52所示。

步骤7：在弹出的对话框中，将"成绩"放至"变量（V）"中，点击"图表"选项，在"图表类型"中选择"条形图（B）"，图表值选择"频率（F）"，如图3-53所示。

步骤8：完成后点击"继续（C）"→"确定"，即可得到如图3-54所示的频数分布表与分布图。

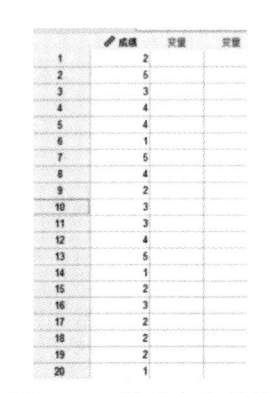

图3-51　数据变为新值　　图3-52　"分析"对话框　　图3-53　"频率:图表"对话框

085

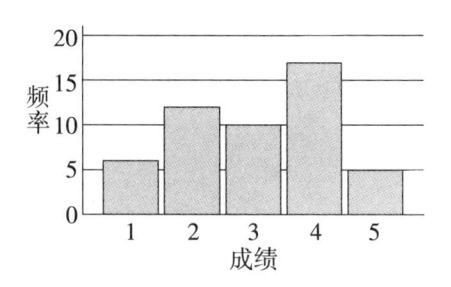

图3-54 成绩的频数分布表与分布图

结果解释如下。

表3-6为学生期末数学考试成绩的频数分布表,在频数分布表中,其中1、2、3、4、5分别代表5个分组范围50~60、61~70、71~80、81~90、91~100,以第3组71~80为例,71~80分的频率为10个,71~80分的人数占总人数的百分比为20%,有效百分比为20%,累积百分比为56%。

表3-6 成绩频数分布表

		成绩			
		频率	百分比	有效百分比	累积百分比
有效	1	6	12	12	12
	2	12	24	24	36
	3	10	20	20	56
	4	17	34	34	90
	5	5	10	10	100
	合计	50	100	100	

三、制作统计图表

实验3-8 如何利用Excel制作饼图与条形图

案例资料:为研究广告市场的状况,一家广告公司在某城市随机抽取200人就广告问题做了随机调查,其中一个问题是:"您比较关心下列哪一类广告?A.商品广告;B.服务广告;C.金融广告;D.房地产广告;E.招生招聘广告;F.其他广告。"请根据表3-7来制作调查数据人数分布的饼图与条形图。

表3-7　调查统计表

广告类型	人数(人)	比例	频率(%)
商品广告	112	0.56	56
服务广告	51	0.255	25.5
金融广告	9	0.045	4.5
房地产广告	16	0.08	8
招生招聘广告	10	0.05	5
其他广告	2	0.01	1

资料分析：因Excel统计图的制作方式大致相同，只需选取对应的数据源，插入所需图表即可生成，所以Excel统计图的制作方式以饼图和条形图进行操作。

操作步骤

步骤1：打开Excel工作表，输入调查数据，如图3-55所示。

图3-55　输入数据

步骤2：在工作表中选择数据区域"A1:B7"，在菜单栏中选择"插入"→"插入饼图或圆环图"，如图3-56所示。

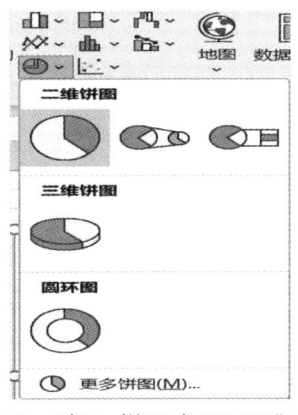

图3-56　"插入饼图或圆环图"对话框　　图3-57　人数分布饼图

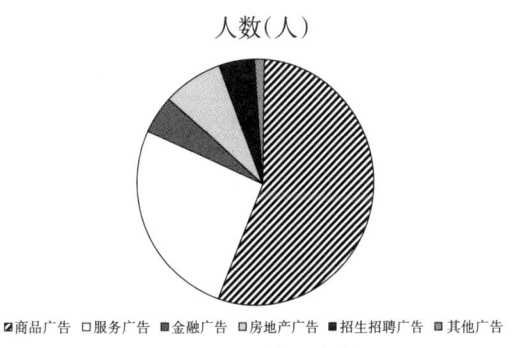

步骤3：选择"二维饼图"里面的"饼图"并确定，即可得到该调查数据人数分布的饼图，如图3-57所示。

步骤4：在工作表中选择数据区域"A1:B7"，在菜单栏中选择"插入"→"插入柱形图或条形图"，如图3-58所示。

步骤5：选择"二维条形图"里面的"簇状条形图"并确定，即可得到该调查数据人数分布的条形图，如图3-59所示。

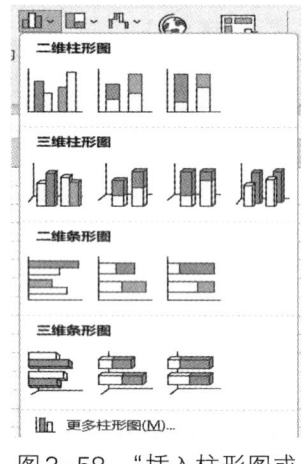

图3-58 "插入柱形图或条形图"对话框

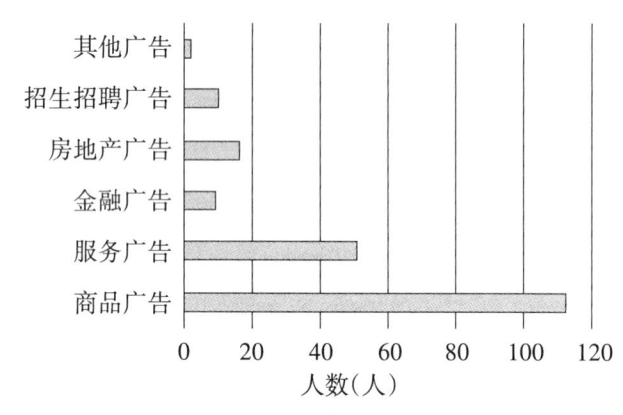

图3-59 人数分布条形图

结果解释：依据以上操作步骤，得到如图3-57和图3-59所示的饼图与条形图。

实验3-9　如何利用Spss制作统计图表

案例资料：见实验3-7的案例资料。请制作出50名学生数学成绩分布的曲线图与茎叶图。

资料分析：本题中以Spss统计图的曲线图与茎叶图为例进行介绍。在Spss软件中选择"分析"→"描述统计"按钮进行对应曲线图和茎叶图的操作。

操作步骤

步骤1：打开Spss，输入50名学生数学考试成绩，如图3-60所示。

步骤2：选中"成绩"列，在菜单栏中选择"分析(A)"→"描述统计(E)"→"频率(F)…"，如图3-61所示。

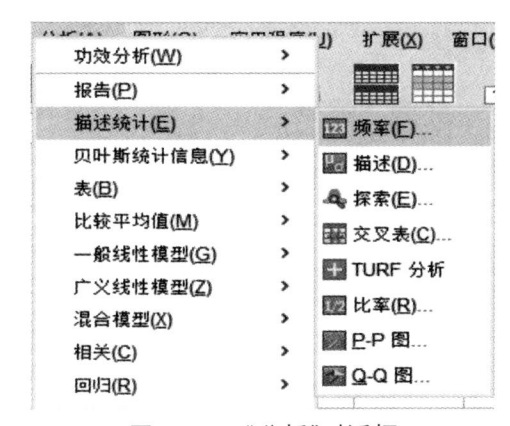

图3-60 输入数据　　图3-61 "分析"对话框

步骤3：在弹出的对话框中，将"成绩"放至"变量(V)"中，点击"图表"选项，在图表类型中选择"直方图(H)"，并在"在直方图中显示正态曲线(S)"框中打钩，如图3-62所示。

步骤4：完成后点击"继续(C)"→"确定"，即可得到如图3-63所示的频数分布曲线图与直方图。

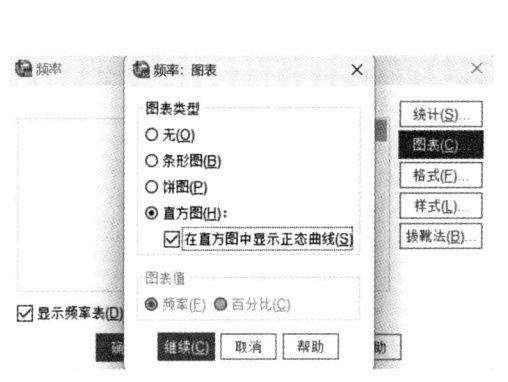

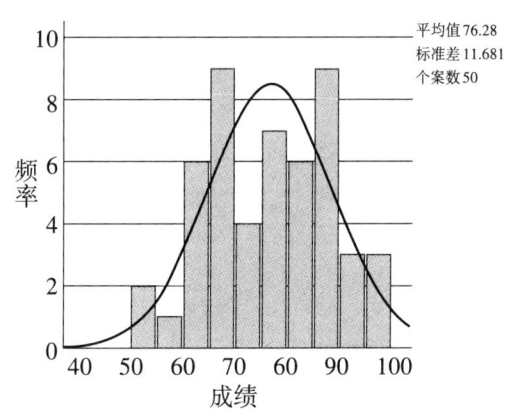

图3-62 "频率：图表"对话框　　图3-63 频数分布曲线图与直方图

步骤5：回到步骤1页面，选中"成绩"列，在菜单栏中选择"分析(A)"→"描述统计(E)"→"探索(E)…"，如图3-64所示。

步骤6：在弹出的对话框中，将"成绩"放至"因变量列表(D)"中，如图3-65所示。

图3-64 "分析"对话框　　　　图3-65 "探索"对话框

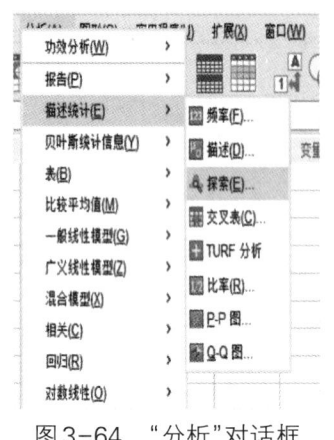

步骤7：选择"图(T)…"选项，在弹出的对话框中，在"描述图"部分选中"茎叶图(S)"，完成后点击"继续(C)"，如图3-66所示。

步骤8：完成后点击"确定"，即可得到如图3-67所示的数学考试成绩茎叶图。

成绩 茎叶图

频率	Stem & 叶
3.00	5 . 033
.00	5 .
6.00	6 . 000112
9.00	6 . 666788899
4.00	7 . 2344
6.00	7 . 555889
5.00	8 . 11224
11.00	8 . 55667778999
3.00	9 . 012
3.00	9 . 556

主干宽度：　10.00
每个叶：　　1个案

图3-66 "探索:图"对话框　　　　图3-67 成绩茎叶图

结果解释：如图3-63所示得到50名学生的数学考试成绩曲线图与直方图，以及如图3-67所示的茎叶图。

习题

1. 描述统计分组的原则、方法和它在数据分析中的作用。

2. 阐述频数分布表的结构、功能以及如何通过它分析数据。

3. 解释直方图的定义、构成元素以及它在数据可视化中的应用。

4. 说明数据标准化的概念、目的和实施方法。

5. 如何使用Excel或Spss进行数据审核和清洗？处理重复值、缺失值和异常值的步骤是什么？

6. 如何利用Excel和Spss制作频数分布表和直方图？

7. 如何使用Excel和Spss制作饼图、条形图、曲线图和茎叶图？并解释每种图表的特点和适用场景。

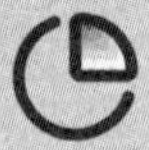

第四章
统计资料的描述

描述性统计(Descriptive Statistics)通过计算统计资料来获得基本信息和规律性特征,帮助我们快速了解数据的整体特征,为研究和决策提供依据。当我们收集到大量数据后,寻找的整体特征和规律通常是数据的集中趋势、离散程度和数据的分布。其中描述集中趋势的量有平均数、中位数、四分位数、众数、最大值、最小值等。描述离散程度的量有全距、标准差、方差、四分位间距、变异系数等。除此之外,我们还用数据的偏度来判断数据分布的偏移,用峰度来描述数据分布的尖锐性或平坦程度。本章内容包含集中位置量数、离中位置量数、偏度与峰度以及用计算机实现集中位置量数、离中位置量数、偏度与峰度的计算。

第一节 集中位置量数

集中位置量数用来描述数据的集中趋势,主要靠平均数、中位数、众数等统计指标来表示,其种类如图4-1所示。

集中趋势(Central Tendency)是指一组数据向其中心值靠拢的倾向,测量集中趋势也就是寻找数据一般水平的代表值或中心值。取得集中趋势代表值的方法通常有两种:一是从总体各单位变量值中抽象出具有一般水平的量,这个量不是各单位的具体变量值,但又要反映总体各单位的一般水平,这种平均数称为数值平均数。数值平均数有算术平均数、几何平均数等形式。二是先将总体各单位的变量值按一定顺序排列,然后取某一位置的变量值来反映总体各单位的一般水平,把这个特殊位置上的数值也看成平均数,称为位置平均数。

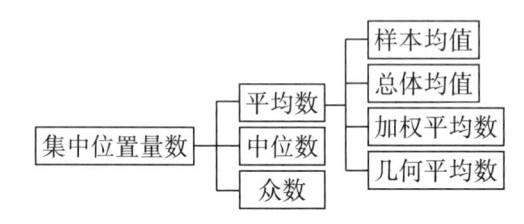

图4-1 集中位置量数的种类

一、算术平均数

算术平均数(Arithmetic Mean)是集中趋势测度中最重要的一种,它是所有平均数中应用最广泛的平均数。算术平均数适用于数值型数据,且当数据分布趋于对称分布时多使用算术平均数描述该组数据的集中趋势。它具有反应灵敏、确定严密、简明易解的特点,且较少受抽样变化的影响。但算术平均数易受极端数据的影响,这是因为平均数反应灵敏,每个数据或大或小的变化都会影响最终结果。

计算公式如下。

$$\bar{x} = \frac{x_1 + x_2 + x_3 + \cdots + x_n}{n} = \frac{\sum x}{n}$$（公式4.1）

式中，$\bar{x}$代表算术平均数；x代表各单位的标志值；n代表总体单位数即标志值的个数。

例4-1：某班有5名学生进行定点投篮测试，每人投10个，投中的个数分别为5、3、4、6、7(单位：个)。求这5名学生投中个数的平均值。

解：平均值 $= \frac{5+3+4+6+7}{5} = 5$

计算结果表明，该班5名学生投中个数的平均值为5个。

二、中位数

对于一组有序排列的观测数据，位置居中的数值即为中位数(Median)，一般用符号m_e表示。它是一种中心位置代表值，不受极端数值的影响，比较稳定。对于单峰不对称分布的数据，用中位数表示它们的集中趋势更合理。

（1）若总体单位数n为奇数，中位数

$$m_e = x_{\frac{n+1}{2}}$$（公式4.2）

求例4-1中该5名学生投中个数的中位数m_e。

解：因为是5个人，则为奇数，中位数的位置为$\frac{n+1}{2} = \frac{5+1}{2} = 3$，即第3个位置的标志值就是中位数，因此中位数是5。

（2）若总体单位数n为偶数，中位数

$$m_e = \frac{x_{\frac{n}{2}} + x_{\frac{n}{2}+1}}{2}$$（公式4.3）

若在例4-1中只选取该班4名学生的投中个数，试求前4名同学的中位数。

解：因为是4个人，则为偶数，中位数的位置为$\frac{n}{2} = \frac{4}{2} = 2$，$\frac{n}{2}+1 = 3$，即第2和3个单位标志值的算术平均数为：

$$m_e = \frac{4+5}{2} = 4.5$$

应用中位数时应注意,因中位数是根据它所处的位置确定的全体单位标志值的代表值,不受分布数列的极大值或极小值的影响,故在一定程度上提高了中位数对分布数列的代表性。但有些离散型变量的单项式数列,当频数分布偏态时,中位数的代表性会受到影响。

三、众数

众数(Mode)是一组观测数据中出现次数最多的那个数值,通常用 m_o 表示。众数也是一种较为粗略的集中量数,主要用于定类数据的集中趋势测度,也适用于定序、定距和定比数据,在大面积普查研究中使用非常广泛。

例4-2:某小学50名6岁学生身高统计情况见表4-1,求众数 m_o。

表4-1 50名6岁学生身高统计情况表

组序	组限	组中值	频率
1	107–	109	8
2	113–	116	13
3	119–	122	16
4	125–	126	8
5	131–	135	4
6	137–	139	1

解:观察频率可知, m_o = 122。

第二节 离中位置量数

离中位置量数(Departure From Center)即数据的分散程度,是衡量数据分布的另一个重要方面,它主要是通过标志变异度进行测度和描述的。它可以反映各变量具体表现离开集中趋势的状况和程度,因此,也称为离中趋势、离散程度或离散趋势。

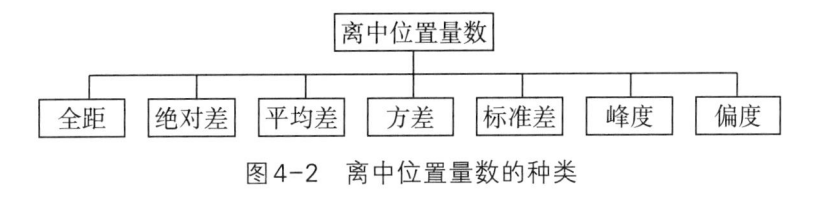

图4-2 离中位置量数的种类

任何一组数据,尽管它们属同质数据,但在量上又是由具体差异个体组成的。这些数据既是同质的又是有差异的。上一节已对集中位置量数作了介绍,但仅凭该特征难以全面反映一组数据的全貌,这是由于一组数据除了集中程度一面,还有离散程度一面。当数据中存在异常或极端值时,用集中水平反映变量特征不完全。因此,要全面反映变量的特征,除了考察变量的平均水平外,还必须看变量的离中位置量数。集中趋势指标的代表性如何还需要用离散程度指标来说明。离散程度指标愈大,集中趋势指标代表性愈差;离散程度指标愈小,集中趋势指标代表性愈好。统计学中将离中位置量数定义为表示样本数据偏离中间数值的趋势的量数,反映代表总体的样本观测值的离中位置数有多种类型,常见的包括全距、绝对差、平均差、方差、标准差。

一、全距

全距又称极差,是总体各单位标志值的最大值和最小值之差,通常用"R"表示。由于全距是一个数列中两个极端值之差,故又称极差。

$$全距(极差) R = x_{\max} - x_{\min} \quad (公式4.4)$$

例4-1投中个数的全距 $R = x_{\max} - x_{\min} = 7-3 = 4$

全距越大,说明标志值变动的范围越大,集中趋势越弱,代表集中趋势的平均指标的代表性越低。全距越小,则集中趋势越强,平均指标的代表性越高。

优点:可以大体了解数据的扩散程度。

缺点:①极端值的偶然性,会影响它的可靠性和稳定性。

②未把观察值都考虑进去,在分析资料中有很大的局限性。

二、绝对差

绝对差是指所有样本观测值与其平均数的绝对差之和。绝对差在实际中使用较少,且仅在样本含量相等时具有可比性。

$$绝对差 = \sum_{i=1}^{n}|x_i - \bar{x}| 或 \sum|x - \bar{x}| \quad (公式4.5)$$

例4-1投中个数的绝对差 $= \sum|x - \bar{x}| = |5-5| + |3-5| + \cdots\cdots + |6-5| + |7-5| = 6$

优点:能够直接、明确地表示数据间的实际差距。

缺点:①可能无法全面反映数据的真实变化或影响程度。

②对于不同量纲的数据难以直接比较。

三、平均差

平均差是总体各位标志值与平均数离差的绝对值的平均数。它表示总体各标志值与平均数的平均差异程度。求平均差之所以用离差的绝对值,是因为任何数列各标志值与算术平均数之差有正有负,而取绝对值可以不考虑离差的正负号,只考虑离差数大小。平均差能反映总体各单位所有标志值的影响,能综合反映总体标志的变异程度,平均差愈小表示标志变异愈小,分布愈集中。一般以AD表示平均差。平均差计算公式如下。

$$AD = \frac{\sum|x - \bar{x}|}{n} \quad (公式4.6)$$

式中,x代表标志值,$\bar{x}$代表平均数,n代表总体单位数。

例 4-1 投中个数的平均差 $AD = \dfrac{\sum|x-\bar{x}|}{n} = \dfrac{|5-5|+|5-3|+|5-4|+|5-6|+|5-7|}{5} = 1.2$

优点：能够反映数据集的离散程度或平均差异，有助于了解数据的分布情况。

缺点：容易受到极端值的影响，对数据整体离散程度可能误判。

四、方差

方差是总体各单位标志值与其算术平均数离差平方的算术平均数，用 S^2 表示。

其定义为

$$S^2 = \dfrac{\sum(x-\bar{x})^2}{n-1} \qquad (公式4.7)$$

式中，x 代表标志值，$\bar{x}$ 代表平均数，n 代表总体单位数。$(x-\bar{x})$ 称为离均差（每一个实测值与均数之差），$n-1$ 为自由度（能够独立自由变化的变量个数）。

例 4-1 投中个数的方差 $S^2 = \dfrac{\sum(x-\bar{x})^2}{n-1} = 2.5$

优点：能够度量数据集的离散程度，更全面地反映数据的波动性和稳定性。

缺点：①对于非正态分布的数据，方差可能无法准确反映数据的离散程度。
②容易受到极端值的影响，对数据整体离散程度可能误判。

五、标准差

由于方差的单位与原观察值的单位不一致，如身高原来的单位是 cm，而方差的单位就成了 cm²，为统一单位，方差开方便得到了标准差。标准差是总体各单位标志值与其算术平均数的离差平方的算术平均数的平方根，故也叫均方根差，用 s 表示，反映各标志值对平均指标的平均离差，能准确地反映总体的离散程度。

其定义为

$$s = \sqrt{\dfrac{\sum(x-\bar{x})^2}{n-1}} \qquad (公式4.8)$$

在体育研究中,为反映变量的离散程度,大多数情况是采用标准差(或方差)予以描述。为此下面将详细介绍标准差的计算方法。

例4-1 投中个数的标准差:

$$s = \sqrt{\frac{\sum(x-\bar{x})^2}{n-1}} = 1.58$$

优点:能够度量数据集的离散程度,以便进行进一步的统计分析和比较。

缺点:①对极端值非常敏感,容易受到数据集中极端数值的影响;

②只能反映数据的离散程度,不能反映数据的分布形状或偏态。

第三节 峰度与偏度

一、峰度与偏度

在实际的数据分析工作中,我们可以利用峰度与偏度来描述数据的特征。

(一)峰度

峰度(Kurtosis)也称尖度,是描述数据分布陡峭程度的统计量,其用来衡量数据分布的平缓或尖峭程度。

计算公式为

$$\text{Kurtosis(raw)} = \frac{1}{n}\sum_{i=1}^{n}\left(\frac{X_i - \bar{X}}{\sigma}\right)^4 \qquad (公式4.9)$$

在这种情况下,完全服从正态分布的峰度值为3,取值范围为$[1,+\infty)$。而在Excel和Spss统计软件中,公式会有所差别,并以正负为单位直观显示,如图4-3。负峰度(负值)表示分布比正态分布更缓和(平坦)。峰度为零表示分布与正态分布的峰度相同。正峰度(正值)表示分布比正态分布更尖峰(陡峭)。一般而言,峰度值越大,概率分布图越高尖,峰度值越小,越矮胖。

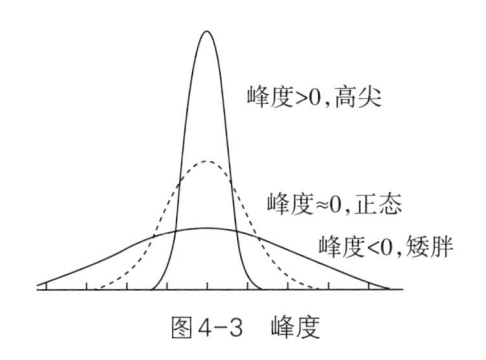

图4-3 峰度

(二)偏度

偏度(Skewness)也称歪度,是描述数据分布对称性和偏斜程度的统计量,用来衡量数据分布的对称或不对称程度。

计算公式为

$$S = \frac{1}{n}\sum_{i=1}^{n}\left[\frac{(X_i - \bar{X})}{\sigma}\right]^3 \qquad (公式4.10)$$

如图4-4,偏度为负值时,峰左偏,表示数据主峰在右侧,左侧有长尾。偏度为正值时,峰右偏,表示数据主峰在左侧,右侧有长尾。偏度为0时,完美对称正态分布。刚才给出的公式称作未修正的偏度公式,适用于较大样本量的数据,计算简单,不考虑样本大小的修正,便于理解,计算方便。但对于小样本量,结果可能会有偏差。统计学常用Fisher's偏度公式,该公式引入修正因子,考虑了样本大小的修正,能够更好地适应小样本量的情况。

偏度>0,正偏态　偏度≈0,正态　偏度<0,负偏态

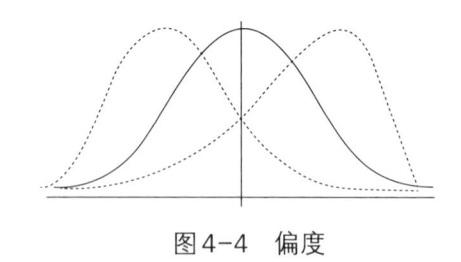

图4-4　偏度

二、算术平均数、众数和中位数的关系

算术平均数、众数和中位数三者在数量上的关系(图4-5)决定于分配数列的分布情况。

在正态分布的情况下,标志值的分布以算术平均数为中心,两边对称分配,离中心越远的标志值次数越少,愈靠近中心的标志值次数越多,形成钟形分布,这时中位数、众数和算术平均数完全相等,$m_o = m_e = \bar{x}$。

在偏态分布情况下,由于总体出现特大或特小的极端标志值使分布曲线不再对称,极端标志值对于众数、中位数和算术平均数的影响是不同的,众数不受极端值的影响,中位

数只受极端值所引起的中间位置变动的影响,而不受标志值大小的影响,极端值对算术平均数影响最大。因此当有特大的标志值出现时,算术平均数向右远离众数,中位数次之,有下列不等式关系为

$$m_o < m_e < \bar{x}$$

这种分布的偏斜称为右偏斜或正偏斜。

当有特小的标志值出现时,也是算术平均数最敏感,向左远离众数,中位数次之,有下列不等式关系为

$$m_o > m_e > \bar{x}$$

这种分布的偏斜称为左偏斜或负偏斜。

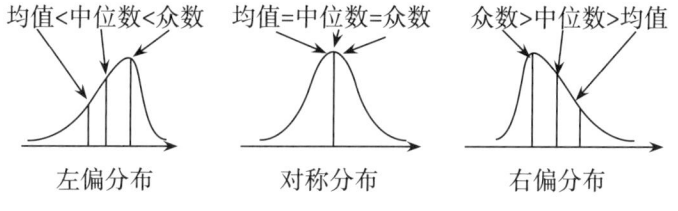

图 4-5　算术平均数、众数和中位数的关系

第四节 统计资料的描述性计算实操

一、计算样本特征数的Excel实操

(一)Excel数据透视图表计算样本特征数

实验4-1 如何利用Excel数据透视图表求各组同学各科平均分并生成柱状图

案例资料：某高一年级(16)班期中考试40名同学的三科的考试成绩如表4-2，求各组同学的语文、数学、英语的平均分，并将结果用表和柱状图显示。

表4-2 高一年级(16)班成绩登记表

姓名	组别	性别	语文	数学	英语	总分	姓名	组别	性别	语文	数学	英语	总分
张军辉	4	女	98	107	116	321	习文宇	3	女	115	105	56	276
胡杰	1	男	122	70	149	341	苟贵华	4	男	105	85	104	294
申俞波	2	女	105	136	76	317	马成照	5	男	82	144	149	375
周宁静	3	女	110	84	60	254	骆彬	6	女	140	145	121	406
陈王磊	4	男	126	131	80	337	王思一	7	男	89	96	85	270
邓庭瑶	5	女	99	79	59	237	陈洁芳	8	女	111	79	62	252
庞志	6	女	142	99	72	313	汪书轶	1	男	137	64	51	252
石志强	7	男	124	87	106	317	白茹芸	2	女	92	138	78	308
谢天华	8	男	56	144	110	310	康哲乐	3	男	131	92	85	308
梁思明	1	男	123	133	98	354	田舒	4	女	149	92	131	372
黄建雄	2	女	68	73	69	210	周梓童	5	男	101	133	144	378
张兰花	3	女	120	147	78	345	韦洁	6	女	129	98	62	289

续表

姓名	组别	性别	语文	数学	英语	总分	姓名	组别	性别	语文	数学	英语	总分
王久仁	4	女	84	134	135	353	瞿西南	7	男	109	102	71	282
夏日敏	8	女	141	64	87	292	朱平安	8	女	64	141	107	312
崔一付	5	男	115	96	103	314	彭瑄壕	1	男	131	106	111	348
胡士为	6	男	67	90	145	302	赵群华	3	男	79	72	90	241
张爱国	7	男	125	134	94	353	任国学	5	男	99	91	97	287
刘菲年	8	女	146	62	116	324	黄庆祥	6	女	130	58	141	329
黎丽莉	1	女	83	114	110	307	林桂琪	2	女	148	81	95	324
赵金华	2	男	83	75	85	243	吴迪	7	男	85	86	120	291

资料分析：用普通计算可求得考生的平均成绩，但此处须同时使用表和柱状图来显示平均值，较为便捷的处理方式是利用"数据(D)—数据透视表和数据透视图(P)"来建立交叉表。

操作步骤

步骤1：录入该原始数据后，点击菜单"插入—数据透视图—数据透视图与数据透视表(P)"，如图4-6所示，出现"创建数据透视表"对话框，如图4-7所示。

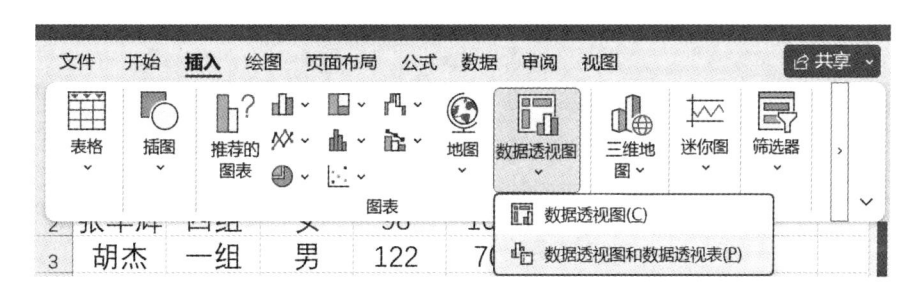

图4-6 "插入—数据透视图—数据透视图与数据透视表(P)"

步骤2：在"创建数据透视表"对话框中，在"选择一个表或区域(S)"中选取原始数据区域"\$A\$1:\$G\$41"，"选择放置数据透视表的位置"中选取"新工作表(N)"。单击"确定"按钮后，出现"数据透视图字段"对话框，如图4-8所示。

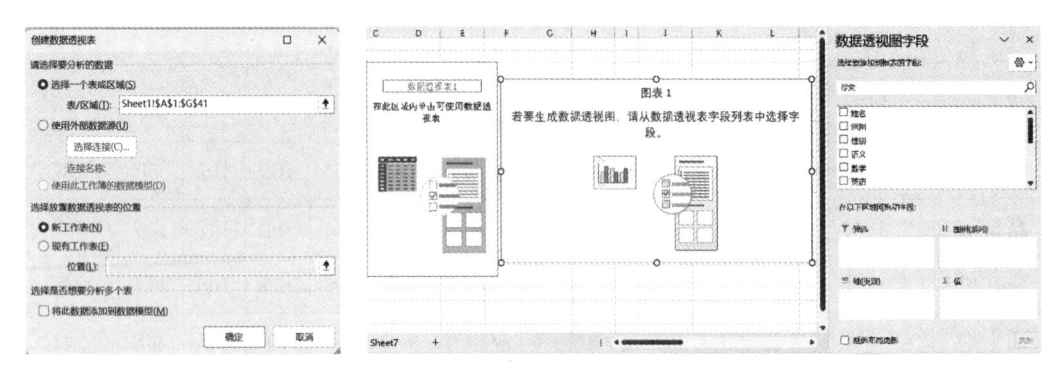

图4-7 数据透视表对话框　　　　　　　图4-8 数据透视图字段对话框

步骤3：在图4-8"数据透视表字段"对话框中，以拖牵方式安排透视表内各部位的内容（分四次拖牵），其中"组别"在"轴（类别）"处。"语文""数学""英语"在"值"处。再单击"值"中的"求和项：语文"，选择"值字段设置(N)…"，在"值字段设置"对话框中的"值字段汇总方式(S)"选择"平均值"，单击确定，如图4-9所示。"求和项：数学"与"求和项：英语"为操作复现，即可获得按小组和语文、数学、英语组成的平均值交叉分析表，如图4-10所示。

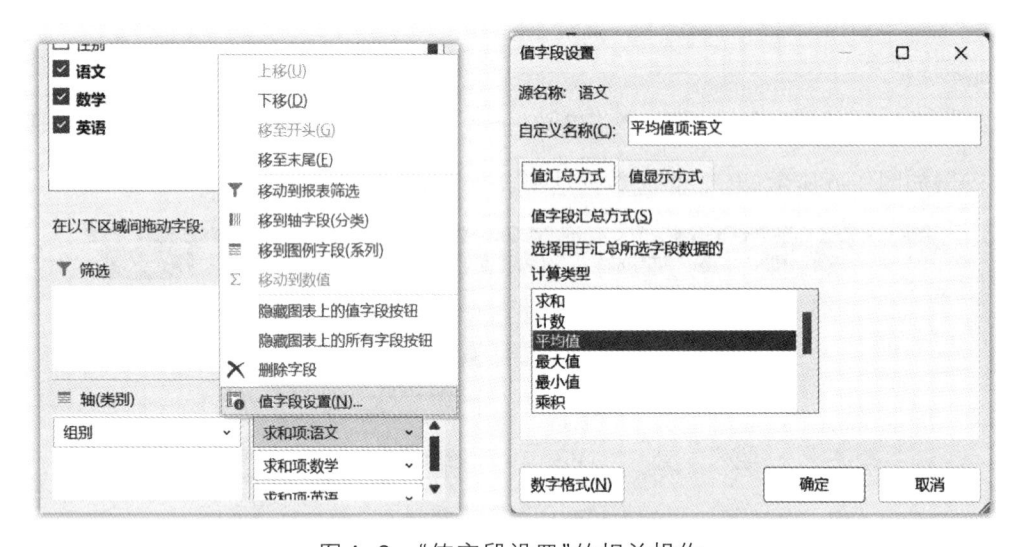

图4-9 "值字段设置"的相关操作

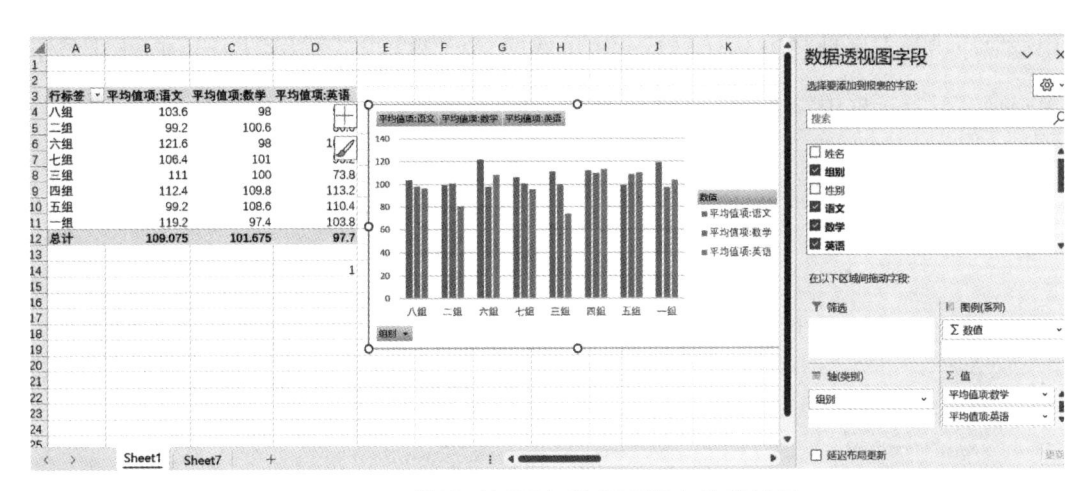

图4-10 数据透视图与数据透视表输出结果

结果解释：如图4-10所示，根据统计结果，第一组的语文平均分为119.2分，数学平均分为97.4分，英语平均分为103.8分。（其他指标同理，不再赘述）

（二）Excel加载宏计算样本特征数

实验4-2 利用Excel加载宏——数据分析求各科成绩与总分的描述性统计

案例资料：见实验4-1的案例资料，求40名同学各科成绩与总分的描述性统计。

资料分析：用"数据"菜单下的"数据分析"选项，实现描述性统计分析。

操作步骤

步骤1：如图4-11所示，录入表4-2原始数据，并点击"数据"，选择"数据分析工具"。

图4-11 输入数据（案例资料）——选择"数据分析工具"

步骤2：在"数据分析"对话框中，选择描述统计，单击"确定"按钮，弹出"描述统计"对话框，并在弹出的"描述统计"对话框中，如图4-12所示设置各参数，在"输入区域（I）"

中选取原始数据区域"$D$1:$G$41","输出选项"中选取"新工作表组(P)",在"标志位于第一行(L)"复选框中勾选,单击"确定"按钮,可以得到如表4-3所示的结果。

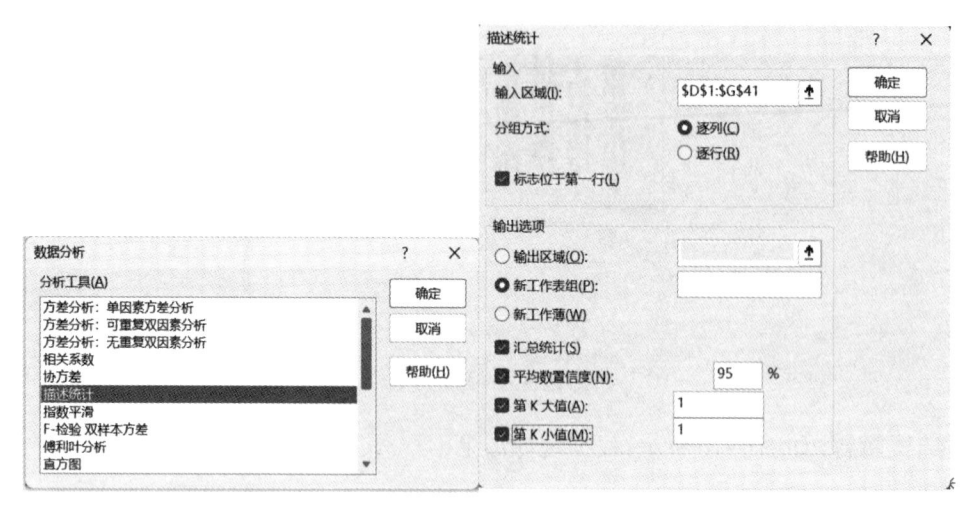

图4-12 "数据分析"与"描述统计"对话框

结果解释:表4-3是描述统计分析结果表,表中所示语文的全距为93,标准差为25.347 22等。描述性统计量计算结果在表4-3中可以体现。(其他指标同理,此处省略)

表4-3 描述统计分析结果

语文		数学		英语		总分	
平均	109.075	平均	101.675	平均	97.7	平均	308.45
标准误差	4.007 747	标准误差	4.344 815	标准误差	4.403 99	标准误差	6.830 451
中位数	110.5	中位数	96	中位数	96	中位数	311
众数	105	众数	79	众数	85	众数	317
标准差	25.347 22	标准差	27.479 02	标准差	27.853 28	标准差	43.199 57
方差	642.481 4	方差	755.096 8	方差	775.805 1	方差	1 866.203
峰度	-0.864 13	峰度	-1.214 79	峰度	-0.829 25	峰度	-0.145 96
偏度	-0.273 04	偏度	0.291 496	偏度	0.266 594	偏度	-0.097 61
全距	93	全距	89	全距	98	全距	196
最小值	56	最小值	58	最小值	51	最小值	210
最大值	149	最大值	147	最大值	149	最大值	406
求和	4 363	求和	4 067	求和	3 908	求和	12 338
观测数	40	观测数	40	观测数	40	观测数	40

续表

语文		数学		英语		总分	
最大(1)	149	最大(1)	147	最大(1)	149	最大(1)	406
最小(1)	56	最小(1)	58	最小(1)	51	最小(1)	210
置信度(95.0%)	8.106 433	置信度(95.0%)	8.788 218	置信度(95.0%)	8.907 911	置信度(95.0%)	13.815 89

二、计算样本特征数的Spss实操

实验4-3 运用Spss中"描述统计—描述",求各同学总分的峰度和偏度

案例资料：见实验4-1中的案例资料,求40名同学总分的峰度和偏度。

资料分析：

利用Spss软件求40名学生的总分的偏度和峰度,该案例可用"分析(A)"菜单中"描述统计(E)"子菜单下的"描述(D)…"选项来实现。"描述(D)…"选项具有操作简易、返回结果快等特点,但所能提供信息量较为有限,且不太适用于分类变量。

操作步骤

步骤1：在Spss数据视图窗口中输入数据,选择"分析(A)"菜单中,选择"描述统计(E)"子菜单下的"描述(D)…"选项,得到"描述"对话框,如图4-13所示。

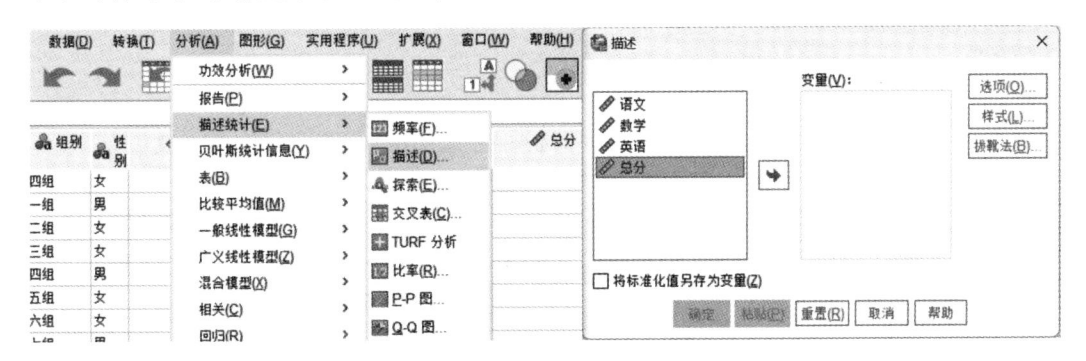

图4-13 输入数据、选择菜单与"描述"对话框

步骤2：在"描述"对话框中,把相应参数选中,单击"箭头"状按钮,使"总分"进入到"变量(V)"中。单击"选项(O)…"按钮,得到"描述：选项"对话框,选择"峰度(K)"、"偏度

(W)",如图4-14所示。尽管本示例中仅要求获得峰度和偏度的结果,但在实际操作中,我们选择勾选了所有可选项。笔者认为,在统计过程中,如果后期发现有遗漏而需要重新打开软件进行操作,过程会显得相当繁琐,因此,在首次操作时将所有可选项全部勾选,是一个更为明智的选择。否则,输出结果可能显得过于单一,相比之下远远不如Excel加载宏所输出的结果丰富。单击"继续"按钮,回到主对话框,单击主对话框中的"确定"按钮,可以得到如图4-15所示的输出结果。

图4-14 "描述"对话框与"描述:选项"对话框

描述统计*

	N 统计	范围 统计	最小值 统计	最大值 统计	总和 统计	平均值 统计	平均值 标准误差	标准差 统计	方差 统计	偏度 统计	偏度 标准误差	峰度 统计	峰度 标准误差
总分	40	196	210	406	12338	308.45	6.830	43.200	1866.203	-.098	.374	-.146	.733
有效个案数(成列)	40												

图4-15 结果输出图

*:为直观展示软件输出结果,我们抓取了原始图(小数点前的"0"省略了),但正文中为规范起见,我们补充了小数点前的"0"。其他图亦如此。

结果解释:在表4-4所示的描述统计表中,总分的偏度为-0.098,表示数据分布轻微左偏(负偏),长尾在左侧,数据的主峰在右侧,但接近对称。峰度为-0.146,表示数据分布比正态分布稍微平坦,但与正态分布非常接近。

表4-4 描述统计表

	N	范围	最小值	最大值	总和	平均值		标准差	方差	偏度		峰度	
	统计	统计	统计	统计	统计	统计	标准误差	统计	统计	统计	标准误差	统计	标准误差
总分	40	196	210	406	12 338	308.45	6.830	43.200	1 866.203	−0.098	0.374	−0.146	0.733
有效个案数(成列)	40												

实验4-4 运用Spss中"描述统计—探索",进行男女同学总分的描述性统计

案例资料:见实验4-1中的案例资料。

资料分析:对40名学生的总分做常见的描述性统计并且要求按性别分类,属于"探索性分析"。Spss探索性分析的功能比描述性统计的功能更强大,除了可以计算常见的描述性统计量外,可给出更多的检验结果并能输出图形,对连续变量和分类变量均适用,功能比"描述"更齐全。该案例要用"分析(A)"菜单中"描述统计(E)"子菜单下的"探索(E)…"选项来实现。

操作步骤

步骤1:在Spss数据视图窗口中输入数据,选择"分析(A)"菜单中,选择"描述统计(E)"子菜单下的"探索(E)…"选项,得到"探索"对话框,如图4-16所示。

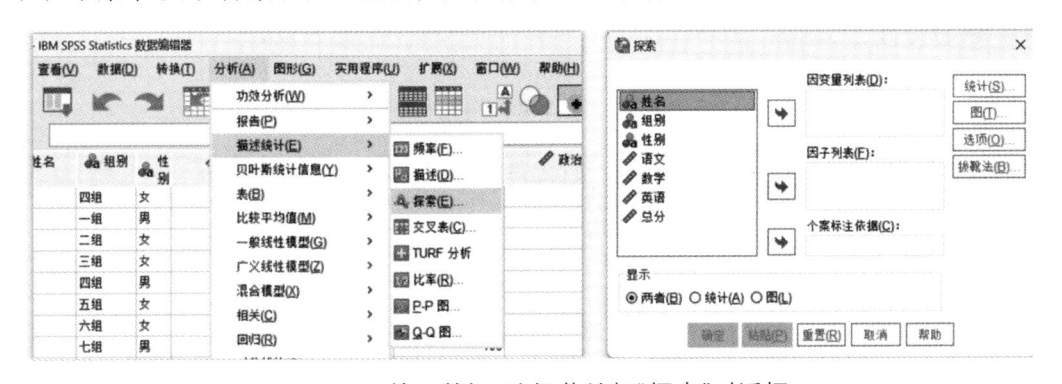

图4-16 输入数据、选择菜单与"探索"对话框

步骤2:在"探索"对话框中,把相应参数选中,单击"箭头"状按钮,使"总分"进入"因

变量列表(D)"中。使"性别"进入到"因子列表(F)"中。单击"图(T)…"按钮,得到"探索:图"对话框,选择"因子水平并置(F)""直方图(H)""含检验的正态图(O)",如图4-17所示。单击"继续"按钮,回到主对话框,单击"确定"按钮,如图4-18所示的输出结果图。

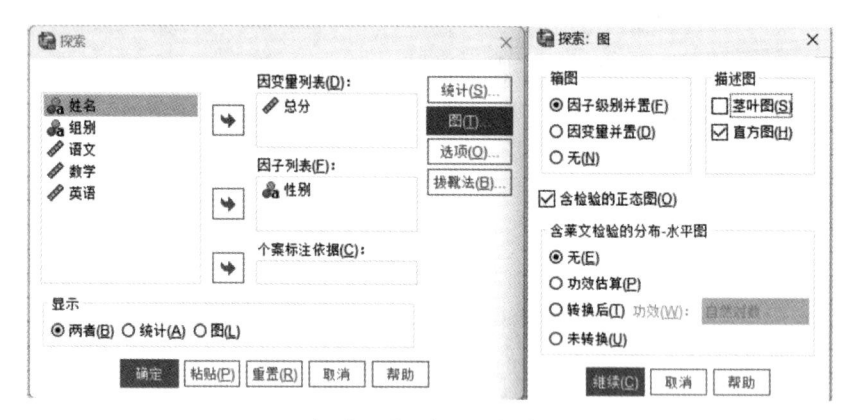

图4-17 "探索"对话框与"探索:图"对话框

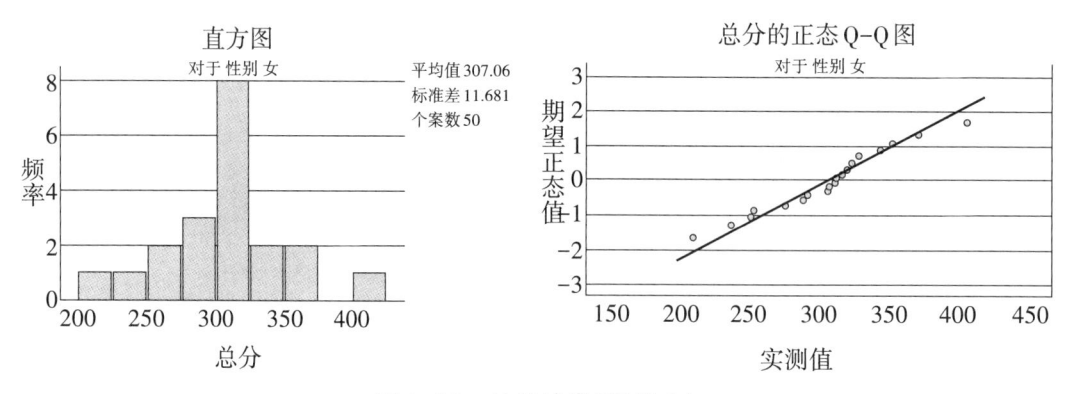

图4-18 结果输出图(部分)

结果解释:

表4-5 "总分"描述表

	性别			统计	标准 错误
总分	男	平均值		309.85	9.183
		平均值的95%置信区间	下限	290.63	
			上限	329.07	
		5%剪除后平均值		309.89	
		中位数		309	

续表

	性别			统计	标准 错误
总分	男	方差		1 686.555	
		标准 偏差		41.068	
		最小值		241	
		最大值		378	
		全距		137	
		四分位距		63	
		偏度		−0.052	0.512
		峰度		−0.804	0.992
	女	平均值		307.05	10.344
		平均值的95%置信区间	下限	285.40	
			上限	328.70	
		5%剪除后平均值		306.94	
		中位数		312.50	
		方差		2 139.945	
		标准 偏差		46.260	
		最小值		210	
		最大值		406	
		全距		196	
		四分位距		49	
		偏度		−0.115	0.512
		峰度		0.43	0.992

表4-5为"总分"的常见统计量分析结果,从表中可以看出:男生与女生平均分的统计量分别为309.85和307.05,男、女生中位数分别为309和312.50。(其他指标同理,此处不再赘述)

"正态性检验"(表4-6)为总分的正态性检验结果,以柯尔莫戈洛夫—斯米诺夫检验为例,其中男生和女生的统计量分别为0.096和0.150,自由度为20,显著性为0.200>0.05,差异不显著,可以认为男女学生的总分均呈正态分布。

表4-6 正态性检验

性别		柯尔莫戈洛夫—斯米诺夫[a]			夏皮洛—威尔克		
		统计	自由度	显著性	统计	自由度	显著性
总分	男	0.096	20	0.200*	0.965	20	0.654
	女	0.150	20	0.200*	0.976	20	0.880

*:这是真显著性的下限。
a:里利氏显著性修正。

从图4-19所示的"直方图"(性别女)可以很直观地看到每个分数段女生人数的分布情况。从"总分的正态Q-Q图"也可以看出20名女学生的总分组成的点线靠近图中的参考直线,可以认为他们的考试成绩呈正态分布。(男生指标同理,此处省略)

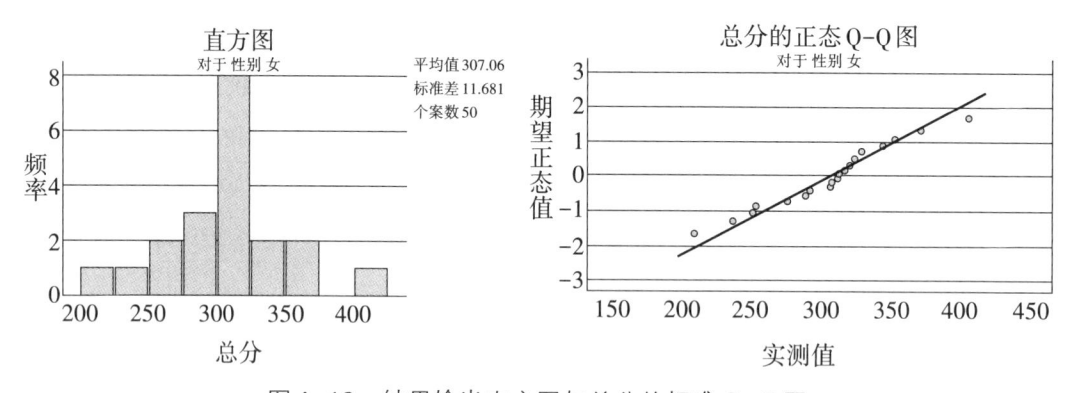

图4-19 结果输出直方图与总分的标准Q-Q图

习题

1. 解释什么是描述性统计,并说明它在数据分析中的作用。
2. 集中位置量数有哪几种常见类型?请分别简要描述其定义和特点。
3. 什么是离中位置量数?它包括哪些常见类型?请简要说明。
4. 方差和标准差有何区别?
5. 为什么绝对差在实际统计工作中较少使用?

6.将表4-2内的数据任选20条,回顾本节的实验。

7.调查发现某专卖店25种羽毛球(标价为一打12个)的价格如下:

225、185、165、140、100、180、55、300、320、340、85、370、105、275、235、215、100、225、340、360、380、405、100、125、95(单位:元)。运用所学统计软件解答以下问题。

(1)这25种羽毛球价格的算术平均数和中位数是多少?

(2)25种羽毛球价格的极值和全距是多少?

(3)用数据透视图绘制25种羽毛球价格的统计图。

(4)25种羽毛球价格的标准差和方差是多少?

(5)25种羽毛球价格的偏度和峰度是多少?

(6)比较25种羽毛球的价格是否符合正态分布。

第五章
统计资料的分布

　　统计资料的分布表示总体各单位的分布特征和结构状况，是统计分析的一种重要方法，有助于我们进一步研究数据的构成、平均水平及变动规律。离散型数据的概率分布有二项、几何、超几何、泊松等分布；连续型数据的概率分布有指数、正态、均匀、卡方（χ^2）、t、F等分布。在实际应用中我们往往在取得总体的样本后，借助样本的统计量对未知的总体分布进行推断，为此须进一步确定相应的统计量所服从的分布。本章主要介绍常见的连续型数据的正态分布、χ^2分布、t分布和F分布，以及用计算机如何对数据进行分布判断。

第一节 正态分布

正态分布（Normal Distribution）又名高斯分布（Gaussian Distribution），最早由棣莫弗（Abraham de Moivre）在求二项分布的渐近公式中得到。德国科学家高斯在研究测量误差时从另一个角度导出了它，拉普拉斯和高斯研究了它的性质。它是一个在数学、物理及工程等领域都非常重要的概率分布，在统计学的许多方面有着重要的影响力。

一、正态分布的概念与性质

正态分布也称常态分布，是连续型随机变量概率分布中最常见、最重要的一种分布。

(一)正态分布的概念

19世纪初，人们在观察自然现象的过程中发现，对原始数据的频数整理后，可制成频数分布的直方图。随着样本含量逐渐加大，分组组数逐渐增加而组距逐渐减小，曲线逐渐平滑，形成中间高、两边低、左右对称的钟形状，如图5-1所示。

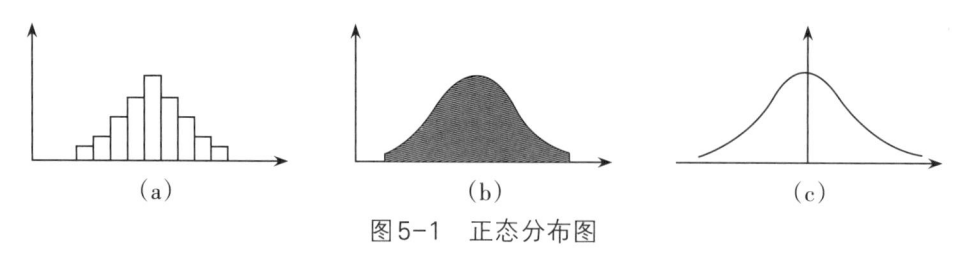

图5-1 正态分布图

正态分布也是自然界中最为常见的一种分布，如同年龄、同性别人的身高、体重、学习成绩等都服从正态分布。正态分布有严格的数学定义式，如下所示。

$$f(x)=\frac{1}{\sigma\sqrt{2\pi}}e^{-\frac{(x-\mu)^2}{2\sigma^2}}$$

(公式5.1)

(二)正态分布的性质

结合图5-1可以看到,典型的正态分布具有以下四个特点。

①曲线呈单峰型,在横轴上方,$X=\mu$处为最大值,称峰值。

②曲线$X=\mu$处左右对称,在区间$(-\infty,\mu)$范围内$f(x)$单调上升;而在$(\mu,+\infty)$区间范围内,$f(x)$单调下降,当$X\to\pm\infty$时,曲线以X轴为渐近线。

③变量X可在全横轴上$(-\infty<x<+\infty)$取值,曲线覆盖的区域里的概率为1。

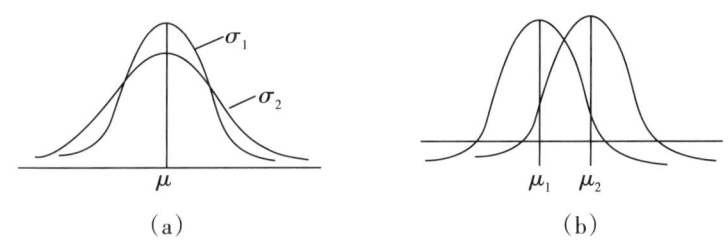

④σ和μ是正态分布的两个参数,σ的大小决定峰图的形状,μ决定曲线的位置,σ越大,曲线越"胖",σ越小,曲线越"瘦",如图5-2(a)所示。故μ决定曲线在坐标系中的位置,叫位置参数,μ越大,曲线越远离纵轴,反之越近,如图5-2(b)所示。

图5-2 正态分布图

二、标准正态分布的概念

在进行研究工作时,我们希望尽可能简洁和方便地利用正态分布理论来解决一些具体问题。但从概率密度函数来看,不同的均数和不同的标准差会使函数不同,这就意味着在不同的情况下要获取正态曲线某区间的概率会相当麻烦。为此,我们总希望在任何情况下,能以一个统一的方法来解决正态分布的问题。在统计学中我们把任何不同参数的正态分布改造成标准正态分布就可以达到这个目的。对其改造过程作一个如下变量代换:

$$u=\frac{x-\mu}{\sigma}$$ (公式5.2)

这样对于任何的正态分布都变成了均数$\mu=0$,标准差$\sigma=1$的正态分布。变量$u\sim N(0,1)$。此变换也称为标准化变换,或称u变换,以使原来各种形态的正态分布都转换为$u=0,\sigma=1$的标准正态分布(Standard Normal Distribution),亦称u分布。

由此,可使正态分布的概率密度函数改造成标准正态分布的概率密度函数,其函数式为

$$\varphi(u) = \frac{1}{\sqrt{2\pi}} e^{-\frac{u^2}{2}}$$ （公式5.3）

由于标准正态分布是一般正态分布经过数学处理获得的结果,所以横轴的计数单位变成标准差的个数,所以将变量由 $x \to u$, $f(x) \to \varphi(u)$。

$$u = \frac{x - \bar{x}}{s}$$ （公式5.4）

标准正态分布曲线下从 $-\infty$ 到 u 的面积,根据正态分布的对称性,我们可以求出任何一个区间内标准正态分布曲线下的面积,也就是 u 落在任何一个区间内的概率。

第二节　三大抽样分布—— t、χ^2（卡方）、F分布

t、χ^2、F分布是以标准正态分布为基石构造的，在实际中有广泛的应用，这是因为这三个统计量不仅有明确的背景，而且其抽样分布的密度函数有显示表达式，因此被称为统计学的三大抽样分布。皮尔逊在创立χ^2拟合优度理论的过程中发现χ^2分布，戈塞特发现t分布的过程正是小样本理论创立的过程，F分布也是在费希尔创立方差分析理论的过程中产生的。

一、t分布

（一）t分布的概念

t分布（T-Distribution）是由哥塞特于1908年在一篇署名为"学生"（Student）的论文中首次提出的，因此又称为学生氏分布。t分布是一个连续型的对称分布，其图形类似标准正态分布的图形，在抽取的样本为小样本时，t分布的离散程度比标准正态分布的大，曲线较为平坦；随着样本容量不断增大，t分布逐渐趋近标准正态分布。标准正态分布是n趋于无穷大时t分布的极限形式。因此，在大样本的情况下，我们可以用正态分布（0，1）近似替代t分布。

设随机变量X服从标准正态分布，即$X \sim N(0, 1)$，随机变量Y服从自由度为n的卡方分布，即$Y \sim \chi^2(n)$，且X与Y相互独立，而随机变量$t = \dfrac{X}{\sqrt{Y/n}}$的密度函数为

$$f(t) = \frac{\Gamma(\frac{n+1}{2})}{\sqrt{n\pi}\,\Gamma\left(\dfrac{n}{2}\right)}\left(1 + \frac{t_2}{n}\right)^{-\frac{n+1}{2}}, -\infty < t < \infty \qquad （公式5.5）$$

则称随机变量t服从自由度为n的t分布,记作t~t(n)。

t分布曲线如图5-3所示。

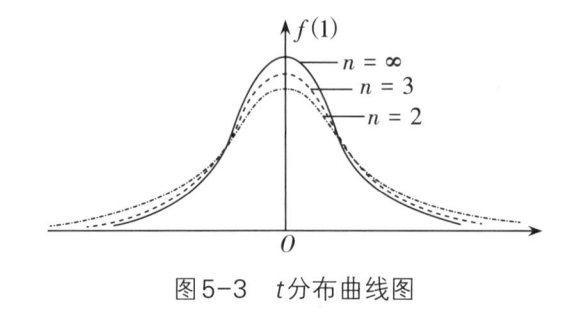

图5-3　t分布曲线图

(二)t分布的性质

①分布曲线对称于直线t=0,曲线单峰,在t=0处达最大值,向两侧逐渐下降。

②t的取值区间为$(-\infty, +\infty)$,曲线在横轴上方,但永不与横轴相接。

③t分布有一簇曲线,其形状由自由度n决定,不同的自由度有不同的分布曲线。自由度较小时,t分布的中心部分较低,两个尾部较高,曲线呈矮宽型;随着自由度的增大,t分布越来越趋近于标准正态分布;当自由度趋于+∞时,t分布曲线与标准正态分布曲线重合。

④t分布的平均数为$\mu=0$。

⑤t分布的方差为$\sigma^2=\dfrac{n}{n-2}$。

二、χ^2分布

(一)χ^2分布的概念

χ^2(Chi-square Distribution)分布是由海尔墨特和卡·皮尔逊分别于1875年和1900年导出的,是从正态分布派生出来的一个分布,在统计学中占有重要的地位,有许多实际分布都与χ^2分布近似。

χ^2分布是由n个相互独立的标准正态分布的平方和所确定的分布,即χ^2分布记作χ^2~$\chi^2(n)$,卡方分布的概率密度函数如下。

$$f(\chi^2)=\begin{cases} \dfrac{1}{2^{\frac{n}{2}}\Gamma(\frac{n}{2})}(\chi^2)^{\frac{n}{2}-1}e^{-\frac{\chi^2}{2}}, & \chi^2>0 \\ 0, & \chi^2\leq 0 \end{cases} \quad \text{(公式5.6)}$$

χ^2分布曲线如图5-4所示。

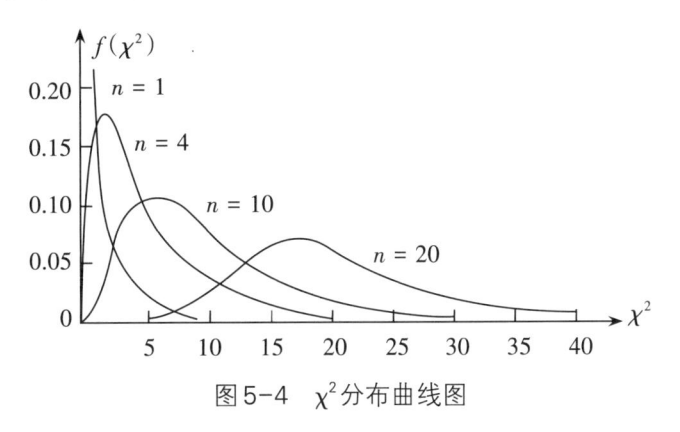

图5-4　χ^2分布曲线图

(二)χ^2分布的性质

①χ^2值都是正值,分布曲线在纵轴的右侧。

②χ^2分布是一个正偏态分布,存在一簇曲线,其形状随着自由度n取不同数值而不同。自由度越小,曲线越偏斜;随着自由度的增大,曲线逐渐趋于对称。当自由度趋于$+\infty$时,χ^2分布曲线与正态分布曲线重合。因此,当自由度足够大时,很多属于χ^2分布的问题也可以近似采用正态分布来解决。

③χ^2分布的平均数为$\mu=n$。

④χ^2分布的方差为$\sigma^2=2n$。

三、F分布

(一)F分布的概念

设随机变量X服从自由度为n_1的卡方分布,即$X\sim\chi^2(n_1)$,随机变量Y服从自由度为n_2的卡方分布,即$Y\sim\chi^2(n_2)$,且X与Y相互独立,而随机变量$F=\dfrac{X/n_1}{Y/n_2}$的密度函数为

$$F \leqslant 0, \quad f(F) = \begin{cases} \dfrac{\Gamma\left(\dfrac{n_1+n_2}{2}\right)}{\Gamma\left(\dfrac{n_1}{2}\right)\Gamma\left(\dfrac{n_2}{2}\right)}\left(\dfrac{n_1}{n_2}\right)^{\frac{n_1}{2}} F^{\frac{n_1}{2}-1}\left(1+\dfrac{n_1}{n_2}F\right)^{-\frac{n_1+n_2}{2}}, & F>0 \\ 0, & F \leqslant 0 \end{cases} \quad \text{(公式5.7)}$$

则称随机变量 F 服从第一自由度为 n_1、第二自由度为 n_2 的 F 分布，记作 $F \sim F(n_1, n_2)$。F 分布的曲线如图 5-5 所示。

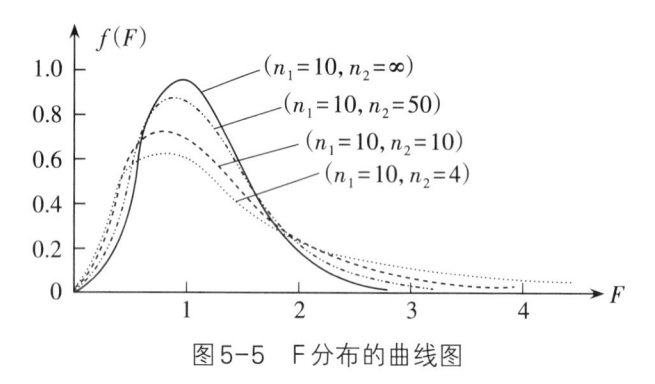

图 5-5 F 分布的曲线图

(二)F 分布的性质

① F 值都是正值，分布曲线在纵轴的右侧。

② F 分布有两个自由度，第一自由度为 n_1、第二自由度为 n_2。

③ F 分布是一个正偏态分布，有一簇曲线，其形状随自由度 n_1、n_2 取不同值而不同。随着自由度 n_1、n_2 的增大，曲线的偏斜度虽有所减缓，但仍保持偏态。

④ F 分布的平均数为 $\mu = \dfrac{n_2}{n_2-2}$，其中 $n_2 > 2$。

⑤ F 分布的方差为 $\sigma^2 = \dfrac{2n_2^2(n_1+n_2-2)}{n_1(n_1-2)^2(n_2-4)}$，其中 $n_2 > 4$。

四、四大分布(正态、χ^2、t 和 F)之间的关系

(一)联系

四大分布都是概率论与数理统计中的重要分布，它们之间存在着密切的联系。正态分布、χ^2 分布、t 分布、F 分布是统计学最基本的四种分布，而 χ^2 分布、t 分布和 F 分布又都

收敛于正态分布,可见正态分布在统计学中的地位,则当样本容量很大时,就可以用正态分布来近似替代三大抽样分布,F分布是两个独立的卡方分布除以各自的自由度得到的;卡方分布在一定条件下可以转化为t分布;在某些情况下,正态分布的平方和可以转化为F分布。

(二)区别

四大分布具有不同的概率密度函数和分布特性,三大分布关系如图5-6所示。正态分布是对称分布,χ^2分布、t分布和F分布则是非对称分布。

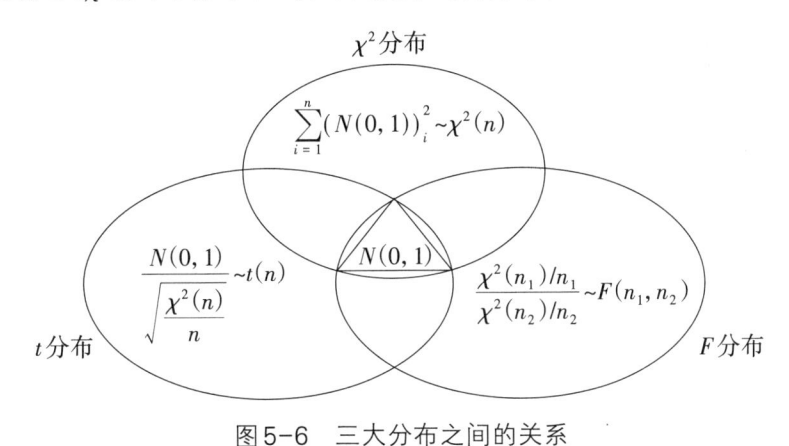

χ^2分布
$$\sum_{i=1}^{n}(N(0,1))_i^2 \sim \chi^2(n)$$

$$\frac{N(0,1)}{\sqrt{\frac{\chi^2(n)}{n}}} \sim t(n)$$

$N(0,1)$

$$\frac{\chi^2(n_1)/n_1}{\chi^2(n_2)/n_2} \sim F(n_1, n_2)$$

t分布 F分布

图5-6 三大分布之间的关系

第三节 分布表图的制作、应用与数据的分布判断实操

一、制作正态分布、t、χ^2、F分布的图和表的Excel与Spss实操

实验5-1 如何利用Excel制作正态分布表

案例资料：在日常工作中，怎样利用身边的电脑制作一个正态分布表？

资料分析：利用Excel中的函数NORMDIST与填充柄实现。

操作步骤

步骤1：打开一个空白的工作簿，在工作表A列从"A2"单元格起输入数值0.0~3.0，在工作表B行从"B1"单元格起输入数值0.00~0.09。如图5-7所示，进行正态分布表的布局。

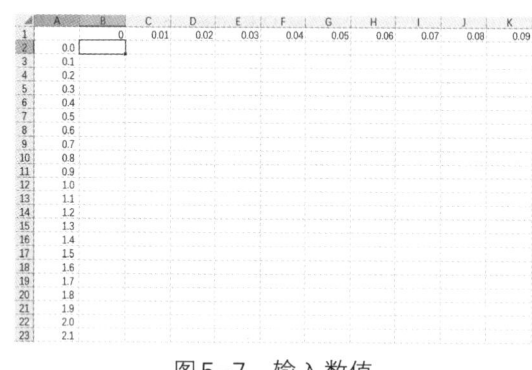

图5-7 输入数值 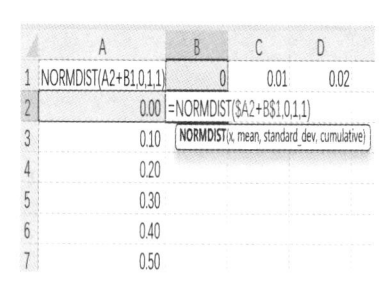　　图5-8 输入函数

步骤2：在B2单元格输入"=NORMSDIST（$A2+B$1,0,1,1）"，点击回车，如图5-8所示。

步骤3：得到B2数值后，将鼠标放在B2单元格的右下角，待光标变成实心的"+"字

后,往下拖即产生B列数据。再选中B2~B32,将鼠标放在B32单元格的右下角,待光标变成实心的"+"字后,往右拖即产生所有数据,得到正态分布表,如图5-9所示。

	A	B	C	D	E	F	G	H	I	J	K
1		0	0.01	0.02	0.03	0.04	0.05	0.06	0.07	0.08	0.09
2	0.00	0.5000000	0.5039894	0.5079783	0.5119665	0.5159534	0.5199388	0.5239222	0.5279032	0.5318814	0.5358564
3	0.10	0.5398278	0.5437953	0.5477584	0.5517168	0.5556700	0.5596177	0.5635595	0.5674949	0.5714237	0.5753454
4	0.20	0.5792597	0.5831662	0.5870644	0.5909541	0.5948349	0.5987063	0.6025681	0.6064199	0.6102612	0.6140919
5	0.30	0.6179114	0.6217195	0.6255158	0.6293000	0.6330717	0.6368307	0.6405764	0.6443088	0.6480273	0.6517317
6	0.40	0.6554217	0.6590970	0.6627573	0.6664022	0.6700314	0.6736448	0.6772419	0.6808225	0.6843863	0.6879331
7	0.50	0.6914625	0.6949743	0.6984682	0.7019440	0.7054015	0.7088403	0.7122603	0.7156612	0.7190427	0.7224047
8	0.60	0.7257469	0.7290691	0.7323711	0.7356527	0.7389137	0.7421539	0.7453731	0.7485711	0.7517478	0.7549029
9	0.70	0.7580363	0.7611479	0.7642375	0.7673049	0.7703500	0.7733726	0.7763727	0.7793501	0.7823046	0.7852361
10	0.80	0.7881446	0.7910299	0.7938919	0.7967306	0.7995458	0.8023375	0.8051055	0.8078498	0.8105703	0.8132671
11	0.90	0.8159399	0.8185887	0.8212136	0.8238145	0.8263912	0.8289439	0.8314724	0.8339768	0.8364569	0.8389129
12	1.00	0.8413447	0.8437524	0.8461358	0.8484950	0.8508300	0.8531409	0.8554277	0.8576903	0.8599289	0.8621434
13	1.10	0.8643339	0.8665005	0.8686431	0.8707619	0.8728568	0.8749281	0.8769756	0.8789995	0.8809999	0.8829768
14	1.20	0.8849303	0.8868606	0.8887676	0.8906514	0.8925123	0.8943502	0.8961653	0.8979577	0.8997274	0.9014747
15	1.30	0.9031995	0.9049021	0.9065825	0.9082409	0.9098773	0.9114920	0.9130850	0.9146565	0.9162067	0.9177356
16	1.40	0.9192433	0.9207302	0.9221962	0.9236415	0.9250663	0.9264707	0.9278550	0.9292191	0.9305634	0.9318879
17	1.50	0.9331928	0.9344783	0.9357445	0.9369916	0.9382198	0.9394292	0.9406201	0.9417924	0.9429466	0.9440826
18	1.60	0.9452007	0.9463011	0.9473839	0.9484493	0.9494974	0.9505285	0.9515428	0.9525403	0.9535213	0.9544860
19	1.70	0.9554345	0.9563671	0.9572838	0.9581849	0.9590705	0.9599408	0.9607961	0.9616364	0.9624620	0.9632730
20	1.80	0.9640697	0.9648521	0.9656205	0.9663750	0.9671159	0.9678432	0.9685572	0.9692581	0.9699460	0.9706210
21	1.90	0.9712834	0.9719334	0.9725711	0.9731966	0.9738102	0.9744119	0.9750021	0.9755808	0.9761482	0.9767045
22	2.00	0.9772499	0.9777844	0.9783083	0.9788217	0.9793248	0.9798178	0.9803007	0.9807738	0.9812372	0.9816911
23	2.10	0.9821356	0.9825708	0.9829970	0.9834142	0.9838225	0.9842224	0.9846137	0.9849966	0.9853713	0.9857379
24	2.20	0.9860966	0.9864474	0.9867906	0.9871263	0.9874545	0.9877755	0.9880894	0.9883962	0.9886962	0.9889893
25	2.30	0.9892759	0.9895559	0.9898296	0.9900969	0.9903581	0.9906133	0.9908625	0.9911060	0.9913437	0.9915758
26	2.40	0.9918025	0.9920237	0.9922397	0.9924506	0.9926564	0.9928572	0.9930531	0.9932443	0.9934309	0.9936128
27	2.50	0.9937903	0.9939634	0.9941323	0.9942969	0.9944574	0.9946139	0.9947664	0.9949151	0.9950600	0.9952012

图5-9 形成正态分布图

结果解释:正态分布表在我们身边可能不容易找到,但电脑是我们工作的工具,一般电脑都装有Excel,只要我们知道这个方法,需要用时都可以做出正态分布表,即可省去查标准正态分布表的麻烦。

实验5-2 如何利用Excel制作标准正态分布图

案例资料:如何利用Excel制作标准正态分布图和表

资料分析:制作标准正态分布图有利于读者更加清晰地看到数据的分布规律,便于进行解题和分析,用Excel进行标准正态分布图的制作需要利用函数NORMDIST与图表向导实现。

操作步骤

步骤1:首先打开一个空白的Excel工作表,并在工作表的A1单元格中输入"Z"代表标准正态随机变量,然后在B1单元格中输入"标准正态分布",A2单元格中键入"-3",如图5-10所示。

步骤2:在Excel顶部的选项中选择"开始",然后选择"填充",最后选择"序列(S)"并点击,如图5-11所示。

步骤3:点击"序列(S)"后便可弹出"序列"窗口,然后在窗口中选择"列(C)",再选择"等差序列(L)",最后在"步长值(S)"中输入0.1,"终止值(O)"中输入3后单击"确定",如图5-12所示。

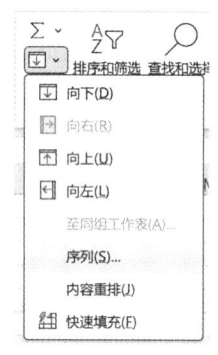

图5-10 输入数据　　图5-11 填充序列　　图5-12 序列对话框

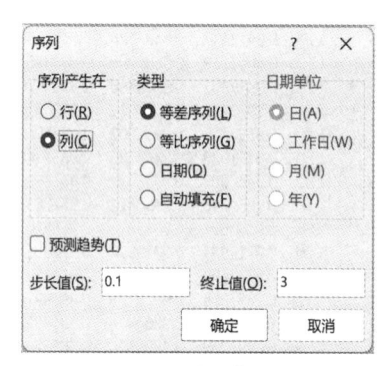

步骤4:点击"确定"后,会在"A2-A62"单元格中自动生成对应的数据,然后点击"fx"函数选项,便可弹出"插入函数"窗口,如图5-13所示。

步骤5:然后在"搜索函数(S)"中输入"NORMDIST"后再点击"转到(G)",最后点击"确定",会弹出"函数参数"窗口,接着在其中插入对应的数据,最后点击"确定",如图5-14所示。

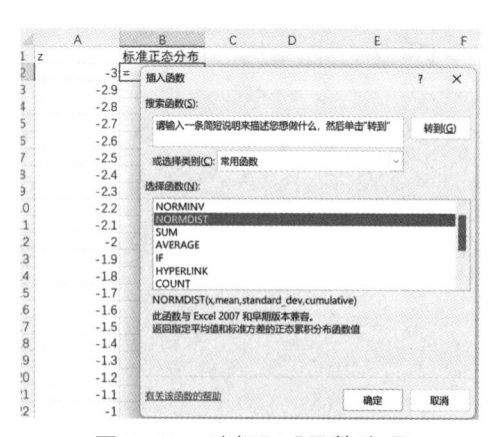

图5-13 选择"fx"函数选项　　图5-14 输入函数参数

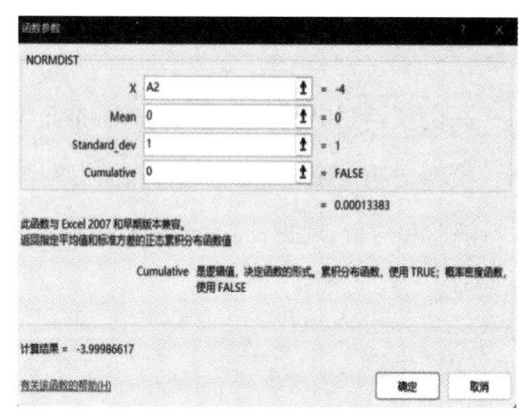

步骤6：点击"确定"便可得到B2的数据，接着选中"B2-B62"单元格，在键盘上按"Ctrl+D"便可快速填充所有选中的单元格，如图5-15所示。

步骤7：在Excel顶部选项中选择"插入"，然后选择"散点图"，最后选择"带平滑线的散点图"，如图5-16所示，最后便可得到如图5-17所示的结果。

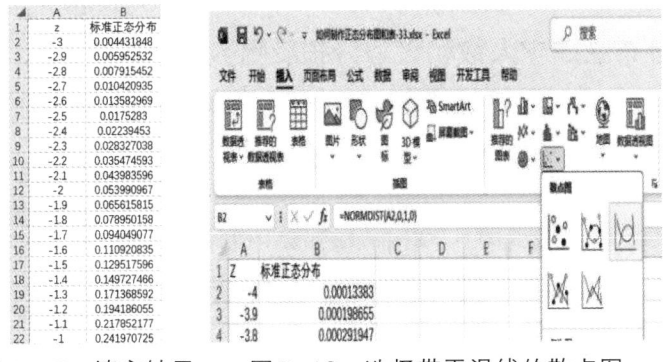

图5-15 填充结果　　图5-16 选择带平滑线的散点图　　图5-17 标准正态分布图

结果解释：图5-17所示为标准正态分布曲线图，它与正态分布曲线图的区别在于X轴上间距为1（标准差为1），且关于Y轴对称（平均值为0）。

实验5-3　如何利用Excel制作t、χ^2、F分布表和图

案例资料：如何利用Excel制作t、χ^2、F分布图和表

资料分析：制作正态分布临界表和图，需用NORMDIST函数，函数格式为：NORMDIST（变量x，算术平均数mean，标准差standard-dev，逻辑值cumulative）。制作t、χ^2、F分布的表和图大致步骤同制作正态分布表和图的制作步骤。

①制作t分布临界值表时，需用TINV函数，函数格式为：TINV（probability双尾t分布的概率，自由度degrees-freedom）。制作t分布概率密度曲线图，需用T.DIST函数，函数格式为：T.DIST（变量x，自由度degrees-freedom，逻辑值cumulative）。

②制作χ^2分布上侧临界值表时，需利用CHIINV函数。CHIINV的函数格式为：CHIINV（信度Probability，自由度Degrees-freedom）。制作χ^2分布概率密度曲线图，需用CHISQ.DIST函数，函数格式为：CHISQ.DIST（变量x，自由度degrees-freedom，逻辑值cumulative）。

③制作 F 分布临界值表,直接用 FINV 函数制作 F 检验临界值表。制作 F 分布概率密度曲线图,需用 F.DIST 函数,函数格式为:F.DIST(变量 x,自由度 degrees-freedom,自由度 2degrees-freedom,逻辑值 cumulative)。得到各临界值表后,则按实验 5-2 的操作步骤即可以得到各分布的图表,限于篇幅,不再赘述。

二、利用 Excel 正态分布函数求人数和正态分布反函数求分数实操

实验 5-4 如何利用 Excel 中的正态分布估计人数

案例资料:设参加某次考试的考生共有 3 000 人,已知总体分数的分布接近正态分布,且已知算术平均数为 360,标准差为 40 分,请估计总分在 400 分以上的人数。

资料分析:该案例中考试总体分数的分布接近正态分布,且已知考生总分的平均数和标准差,该案例可以利用正态分布函数 NORMIDST 估计人数,函数格式:NORMDIST(变量 x,平均数 mean,标准差 standard-dev,逻辑值 cumulative)。设 X 表示学生成绩的总分,根据题意,算术平均数=360,标准差=40。成绩高于 400 分者占总人数的概率为:$P(X>400)=1-P(X\leqslant 400)$。

操作步骤

步骤 1:打开 Excel 表格,并选中"A1"单元格后,再点击 C 单元格上方的"fx"函数选项,如图 5-18 所示。

图 5-18 选择"fx"函数选项

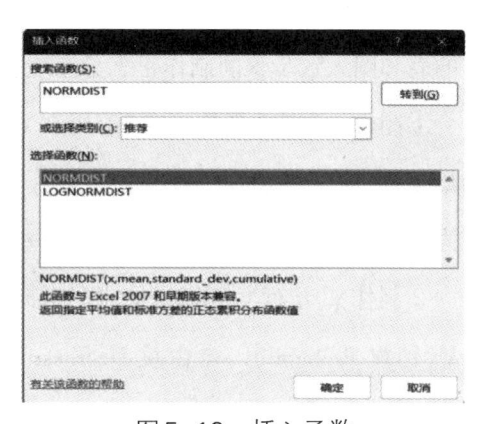

图 5-19 插入函数

步骤2：点击"fx"函数选项后，便可弹出"插入函数"窗口，在"搜索函数"中输入"NORMDIST"后点击"转到(G)"，最后点击"确定"，如图5-19所示。

步骤3：点击"确定"后，便可弹出"函数参数"窗口，接着在窗口中插入对应的数据，最后点击"确定"，如图5-20所示。

步骤4：点击"确定"后便可出现如图5-21所示的结果。

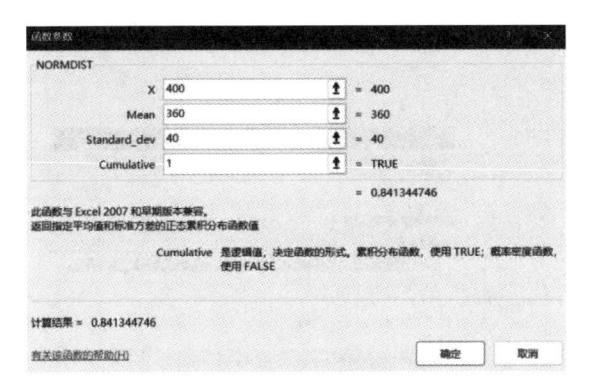

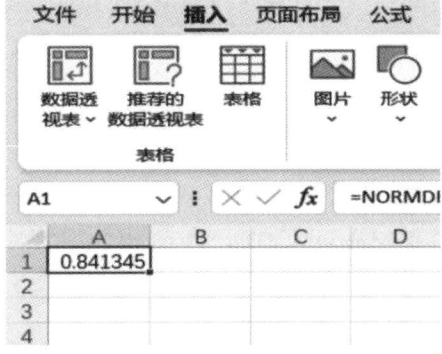

图5-20　输入函数参数　　　　图5-21　结果展示

结果解释：结果为1-0.841 345≈0.158 7，表示总分高于400分者占总人数的15.87%，计算结果为476人，表示成绩高于400分者有476人。正态分布函数NORMDIST格式中，变量(x)为要计算的x值，平均数(M)为算术平均数，标准差(standard-dev)为总体的标准差。逻辑值如果为TRUE（或1），则是累积分布函数；如果为FALSE（或0）则是概率密度函数。

实验5-5　如何利用Excel中的正态分布计算分数

案例资料：某校近几年来的高考，考生的成绩呈现正态分布，平均成绩为360分，标准差为50分。就录取率而言，某考生要考上大学，则成绩必须为前10%才有希望，那么某考生在此次高考中必须考多少分才能上大学呢？

资料分析：该题目需利用正态分布函数的反函数NORMINV估计分数，函数格式为：NORMINV（正态分布的概率值probability，正态分布的平均值mean，正态分布的标准差standard-dev）。正态分布函数NORMIST的反函数NORMINV能够根据已知参数确定正态分布随机变量的值。

操作步骤

步骤1：打开Excel，并在单元格"B5:B8"中分别输入"平均数""标准差""概率""考上大学的成绩"，最后在单元格"C5:C7"中输入对应的数据，如图5-22所示。

步骤2：选中"C8"单元格，并点击单元格B上方的"fx"函数选项，便可弹出"插入函数"窗口，然后在搜索函数中输入"NORMINV"后点击"转到(G)"，最后点击"确定"，如图5-23所示。

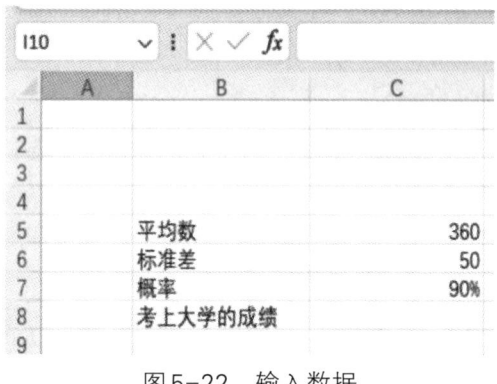

图5-22　输入数据

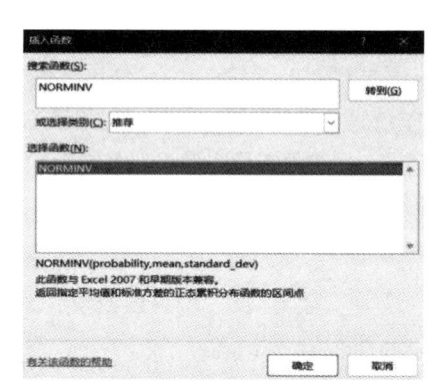

图5-23　输入函数

步骤3：点击"确定"后，在弹出的"函数参数"窗口中插入对应的数据后再点击"确定"，如图5-24所示，最后便可得到如图5-25所示的结果。

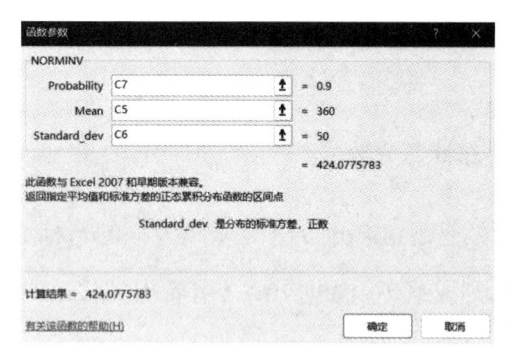

图5-24　输入函数参数

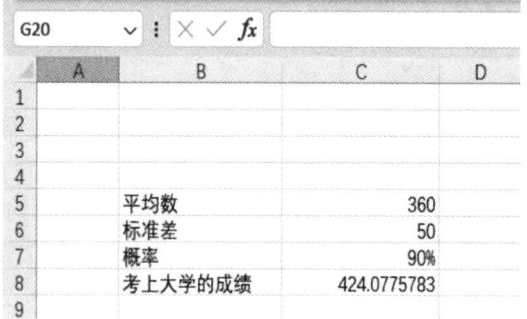

图5-25　结果展示

结果解释：计算结果约为424.08，因此考生必须达到424.08分才能上大学。

三、数据分布检验的Excel与Spss实操

实验5-6 如何利用Excel检验数据是否服从正态分布

案例资料：某学校六年级跳高平均成绩为1.25 m，标准差为0.12 m，现随机抽取一个实验班的成绩数据，如表5-1中"成绩"列所示，实验班成绩数据是否为正态分布？

表5-1 实验班成绩数据

序列	成绩	序列	成绩
1	1.3	19	1.2
2	1.25	20	1.45
3	1.35	21	1.3
4	1.2	22	1.35
5	1.2	23	1.4
6	1.4	24	1.1
7	1.3	25	1.35
8	1.5	26	1.2
9	1.35	27	1.3
10	1.25	28	1.25
11	1.3	29	1.25
12	1.35	30	1.4
13	1.25	31	1.3
14	1.35	32	1.3
15	1.25	33	1.3
16	1.35	34	1.4
17	1.25	35	1.3
18	1.25	36	1.15

资料分析：该例是检验数据的分布类型是否为正态分布，利用Excel中的数据分析工具对数据进行描述统计。利用计算结果中的偏度、峰度进行判断，如果结果均趋近于0，判断为正态。还可以利用平均数、中位数和众数进行判断，如果平均数=中位数，中位数=众数，则分布为正态分布。

操作步骤

步骤1：打开Excel工作表并输入表5-1中的原始数据，如图5-26所示。

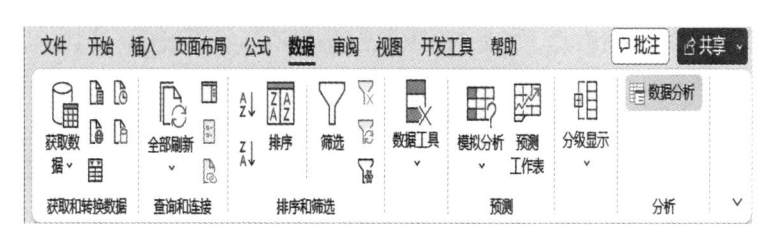

图5-26　输入原始数据　　　图5-27　选择"数据分析"工具

步骤2：在Excel上方选项中单击"数据"选项卡，接着单击如图5-27中右侧所示的"数据分析"工具。接着在弹出的"数据分析"对话框中，单击"描述统计"后再单击"确定"，如图5-28所示。

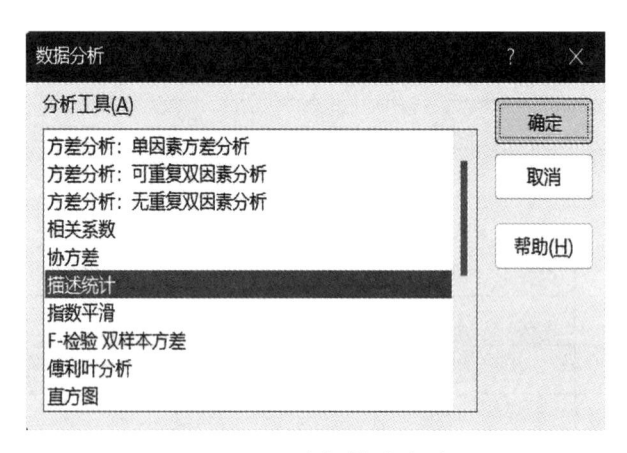

图5-28　选择描述统计

步骤4：在"描述统计"对话框中的"输入区域(I)"中输入"$B$2:$B$37"，并勾选下方的"汇总统计(S)"，如图5-29左图所示，最后单击"确定"，出现如图5-29右图所示的结果。

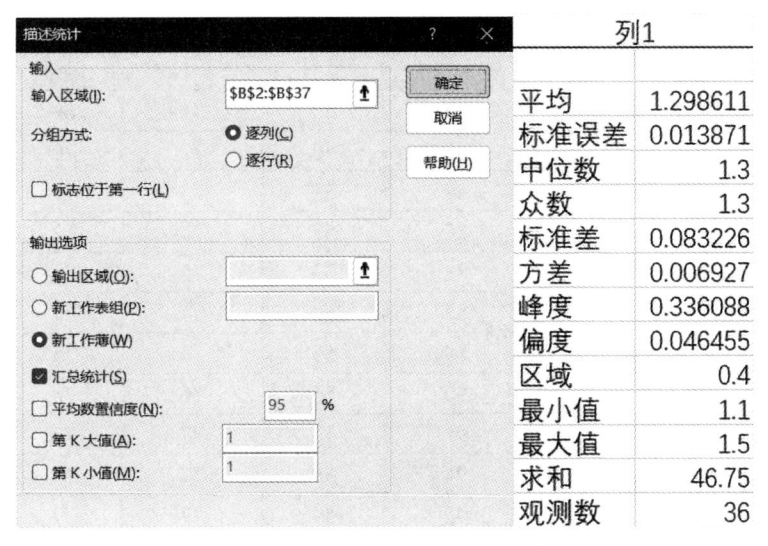

图5-29 描述统计对话框与计算结果

结果解释：从如图5-29右图所示的计算结果可以看到偏度为0.464 55，接近于0，峰度为0.336 088，可以认为成绩的分布为正态分布。此外平均值为1.298 611，中位数为1.3，众数为1.3，单峰对称分布≌中位数，中位数=众数，也可以认为成绩数据的分布近似正态分布。

实验5-7 如何利用Spss中的P-P图检验体重是否符合正态分布

案例资料：某大学在一次体测中统计的80名学生的体重（单位：kg）数据如表5-2所示，如何能直观地看出这80名学生的体重是否呈正态分布？

表5-2 80名学生的体重统计表

编号	体重(kg)	编号	体重(kg)	编号	体重(kg)	编号	体重(kg)	编号	体重(kg)
1	46	21	79	41	62	61	81		
2	57	22	82	42	63	62	82		
3	62	23	83	43	64	63	83		
4	63	24	83	44	66	64	84		
5	64	25	83	45	66	65	84		
6	66	26	84	46	67	66	84		
7	67	27	84	47	68	67	85		
8	69	28	84	48	68	68	85		

续表

编号	体重(kg)	编号	体重(kg)	编号	体重(kg)	编号	体重(kg)
9	72	29	85	49	71	69	86
10	73	30	86	50	72	70	87
11	73	31	87	51	73	71	88
12	74	32	87	52	74	72	88
13	76	33	88	53	75	73	89
14	77	34	88	54	75	74	89
15	78	35	88	55	76	75	90
16	78	36	90	56	76	76	92
17	78	37	91	57	77	77	94
18	79	38	94	58	77	78	96
19	79	39	96	59	77	79	99
20	81	40	98	60	79	80	53

资料分析：能直观地看出80名学生的体重是否是正态分布，可以用P-P图来实现。P-P图利用实际观测值和期望值之间的拟合，通过实际观测值组成的点线和一条参考直线来对比，就能检验出成绩的正态分布情况。该例用到"分析(A)"菜单中的"描述统计"子菜单下的"P-P图"选项。

操作步骤

步骤1：启动Spss，单击窗口下方的"变量视图"，输入"序号"和"体重kg"两个变量，并将两个变量的"小数位数"修改为0，如图5-30所示。随后单击Spss窗口下方的"数据视图"，在单元格中输入表5-2中的原始数据，如图5-31所示。

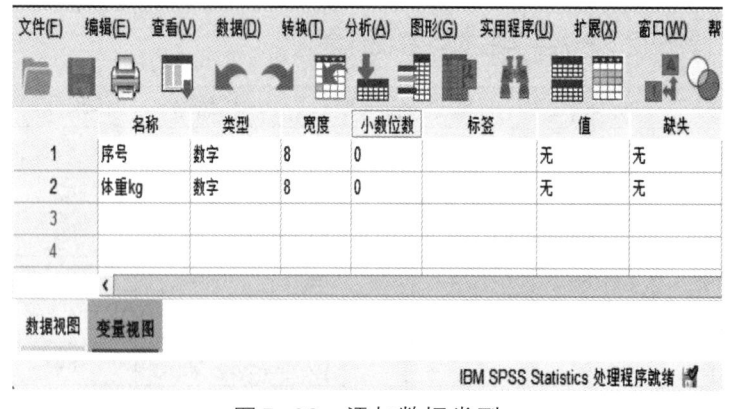

图5-30 添加数据类型　　图5-31 输入数据

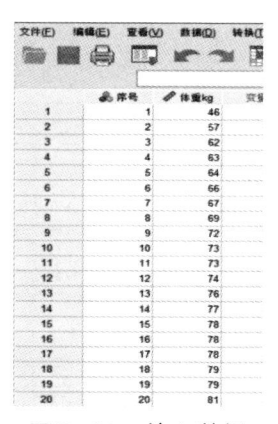

步骤2:将鼠标移动到Spss窗口上方的"分析(A)"选项上,接着依次选择"描述统计(E)"→"P-P图…",最后单击"P-P图",如图5-32所示。

图5-32 "分析—描述统计—P-P图"

步骤4:在弹出的"P-P图"对话框中,单击选中左侧方框中的"体重kg"后再单击中间的箭头符号,将其移动到右边的方框中,如图5-33所示。最后单击下方的"确定",出现如图5-34所示的结果。

图5-33 移动变量

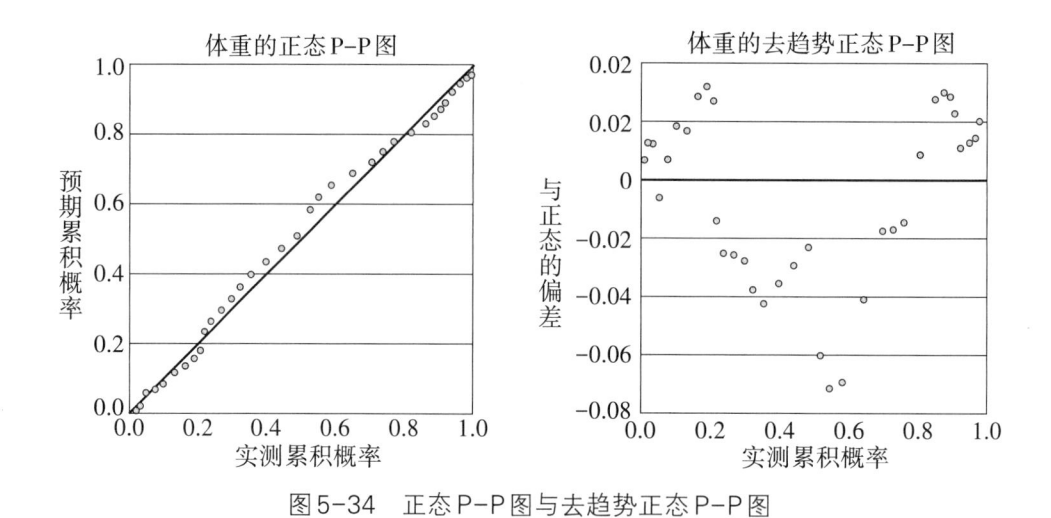

图 5-34　正态 P-P 图与去趋势正态 P-P 图

结果解释：从如图5-34左图所示的"体重的正态P-P图"可以看出,80名学生的体重组成的点都很接近于图中的参考直线,故可以认为这些体重数据的分布符合正态分布。从如图5-34右图所示的"体重的趋势正态P-P图"中可以看出体重组成的点不规则分布在直线的两侧,不存在一定的趋势,所以也认为这些体重数据的分布是正态分布。

实验5-8　如何利用Spss中的Q-Q图检验体重是否符合正态分布

案例资料：见实验5-7的案例资料。

资料分析：要直观地看出80名学生的体重(kg)是不是正态分布,除了可以用P-P图来实现外,还可以用Q-Q图来实现。Q-Q图的原理和P-P图的原理是一样的,不同的是Q-Q图采用的是概率单位。该例用到"分析(A)"菜单中的"描述统计(E)"子菜单下的"Q-Q图"选项。

操作步骤

步骤1：在"变量视图"中添加"序号"和"体重kg"两个变量,并在"数据视图"中录入表5-2中的原始数据,具体操作与实验与"如何用P-P图检验体重是否服从正态分布"中的步骤1相同。

步骤2：将鼠标移动到Spss窗口上方的"分析(A)"选项卡上,接着依次选择"描述统计(E)"→"Q-Q图",如图5-35所示。

图 5-35 "分析—描述统计—Q-Q 图"

步骤 3：在弹出的 Q-Q 图对话框中，单击选中左侧方框中的"体重 kg"，再单击中间的箭头符号，将它移动到右边的变量方框中，如图 5-36 所示，最后单击下方的"确定"，出现如图 5-37 所示的结果。

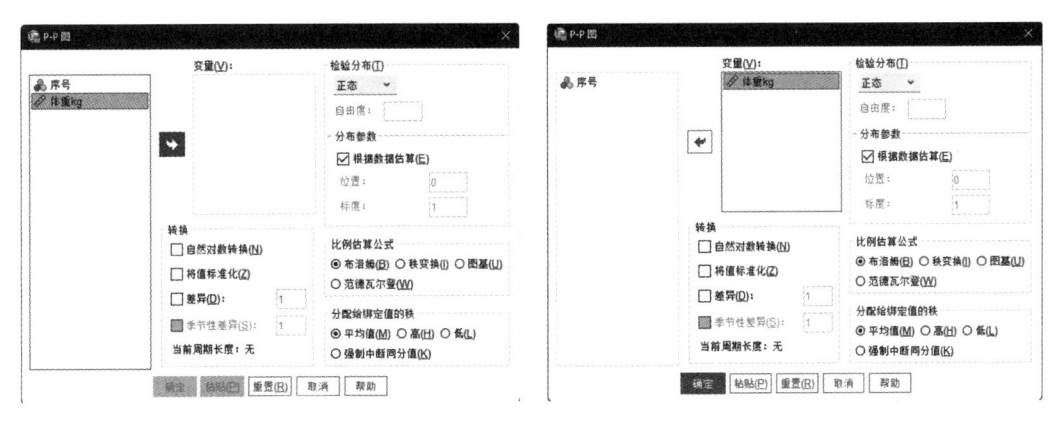

图 5-36 移动变量

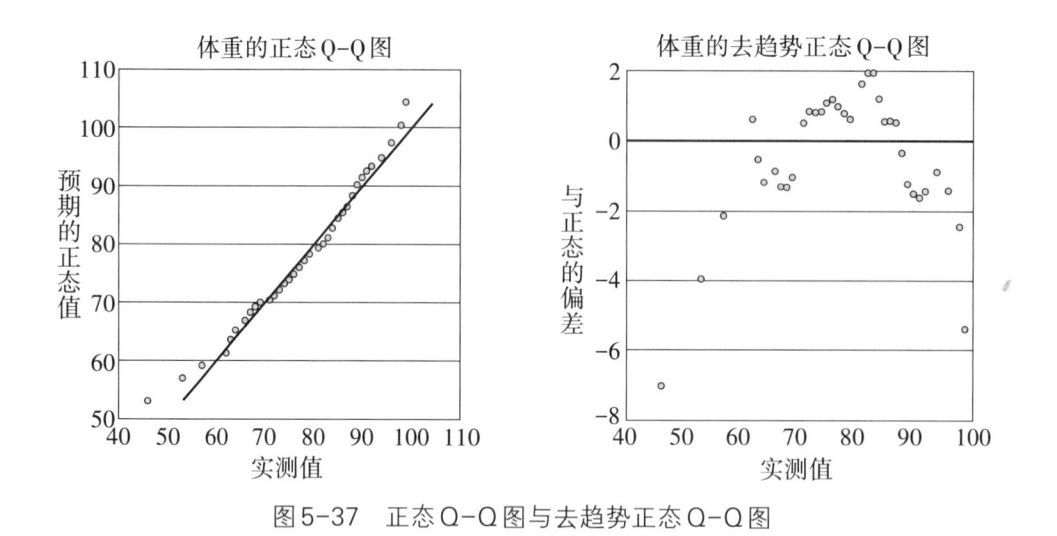

图 5-37　正态 Q-Q 图与去趋势正态 Q-Q 图

结果解释：从如图 5-37 左图所示的"体重的正态 Q-Q 图"可以看出，80 名学生的体重组成的点都很接近于图中的参考直线，故可以认为这些体重的分布符合正态分布。从图 5-37 右图所示的"体重的趋势正态 Q-Q 图"中可以看出体重组成的点不规则地分布在直线的两侧，不存在一定的趋势，所以也认为这些体重的分布是正态分布。

实验 5-9　如何利用 Spss 对数据分布进行检验

案例资料：抽取某市 20 名同学的物理高考成绩如下（单位：分）：73,62,81,93,93,96,58,74,92,63,67,59,59,64,64,58,69,71,80,72，该组成绩是否符合正态分布、均匀分布、泊松分布和指数分布？

资料分析：为了检验单个样本变量是否服从某一个指定分布的检验，本检验可以将一个变量的实际频数分布与正态分布、均匀分布、泊松分布、指数分布进行比较。泊松分布是一种离散型的概率分布，正态分布也是一种连续性的概率分布。本案例使用要"分析（A）"菜单中"非参数检验（N）"子菜单下的"单样本 K-S 检验（S）"等选项来实现。

操作步骤

步骤 1：启动 Spss 后，单击窗口下方的"变量视图"，输入"编号"和"物理成绩"两个变量，并将两个变量的"小数位数"修改为 0，如图 5-38 所示。

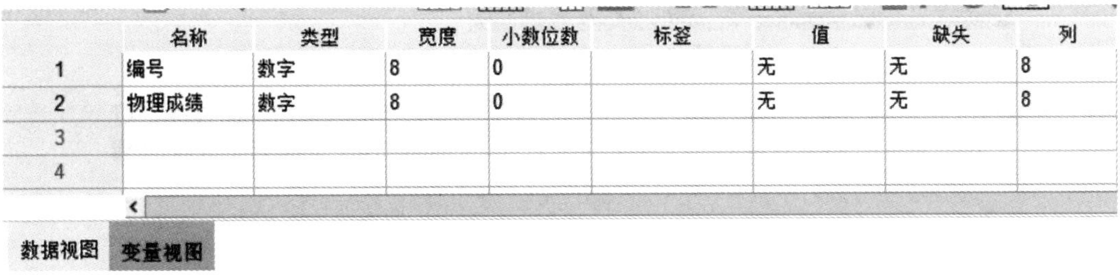

第五章 | 统计资料的分布

图5-38 添加变量类型

步骤2：点击窗口下方的"数据视图"，将案例资料中的原始数据输入到Spss中，如图5-39所示。随后将鼠标移动到窗口上方的"分析(A)"选项卡上，依次选择"非参数检验(N)"→"旧对话框(L)"→"单样本K-S(I)…"，最后单击"单样本K-S"，如图5-40所示。

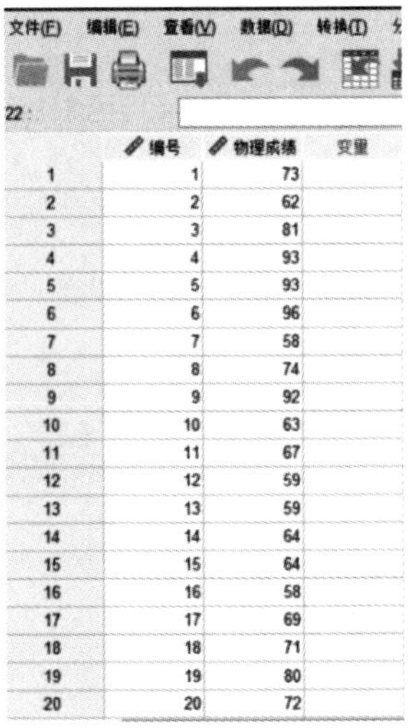

图5-39 添加数据 　　图5-40 "分析—非参数检验—旧对话框—单样本K-S"

步骤3：在弹出的窗口中，选中"物理成绩"后点击中间的箭头将其移动到右边的方框中，再将"正态(L)""均匀(F)""泊松(G)""指数(T)"全部勾选上，如图5-41左图所示，最后点击"选项(O)…"，出现如图5-41右图所示的"单样本K-S:选项"对话框后，勾选上"描述(D)"，单击"继续(C)"。

图5-41 单样本检验K-S对话框和选项对话框

步骤4：单击如图5-41左图所示对话框中的"确定"按钮，得到如图5-42所示的结果。

图5-42 数据检验结果图

结果解释：

表5-3是对20名学生的高考物理成绩的描述性分析，从图中可以看出，N（样本量）为20；平均值为72.40；标准差为12.730；最小值为58；最大值为96。

表5-3 描述统计表

	N	平均值	标准差	最小值	最大值
物理成绩	20	72.40	12.730	58	96

表5-4是学生高考物理成绩的正态分布检验图，从图中可以看出：N（样本量）为20；正态参数中平均值为72.40；标准差为12.730；最极端差值中绝对值为0.150；最大正极差值为0.150；最大负极差值为0.138；检验统计值为0.150；渐近显著性（双尾）[c]值为0.200；蒙特卡洛显著性（双尾）[c]值为0.274>0.05，说明数据服从正态分布。

表5-4 正态分布检验图

N			20
正态参数[a,b]	平均值		72.40
	标准差		12.730
最极端差值	绝对值		0.150
	最大正极差值		0.150
	最大负极差值		0.138
检验统计值	—		0.150
渐近显著性（双尾）[c]值	—		0.200[d]
蒙特卡洛显著性（双尾）[c]值	显著性		0.274
	99%置信区间	下限	0.262
		上限	0.285

a.检查分布为正态分布。
b.根据数据计算。
c.里利氏里著修正。
d.这是真显著性的下限。
e.基于10 000蒙特卡治样本是起始种子为2000 000的里利氏法。

表5-5是学生高考物理成绩的K-S分布检验图，从图中可以看出：N（样本量）为20；均匀参数中最小值为58，最大值为96，最极端差值中绝对值为0.279；最大正极差值为0.279；

最大负极差为0.095；检验统计值为0.279；蒙特卡洛显著性（双尾）值为0.69>0.05，说明数据服从均匀分布。

表5-5 K-S分布检验图

N		20
均匀参数[a,b]	最小值	58
	最大值	96
最极端差值	绝对值	0.279
	最大正极差值	0.279
	最大负极差值	0.095
检验统计值	—	0.279
蒙特卡洛显著性（双尾）[c]	显著性	0.069
	99%置信区间 下限	0.062
	99%置信区间 上限	0.075

a.检验分布为均匀分布。
b.根据数据计算。
c.基于1 000蒙特卡洛样本且起始种子为2 000 000的里利氏法。

表5-6是学生高考物理成绩的泊松分布检验图，从图中可以看出：N（样本量）为20；泊松参数的平均值为1；最极端差值中绝对值为1.000。

表5-6 泊松分布检验图

N		20
泊松参数[a,b]	平均值	1
最极端差值	绝对值	1.000
	正	0.000
	负	−1.000
柯尔莫戈洛夫-思米诺夫 Z	—	4.472
渐近显著性（双尾）[c]	显著性	0.000

a.检验分布为泊松分布。
b.由用户指定。

表5-7是学生高考物理成绩的指数分布检验图，从图中可以看出：N（样本量）为20；

指数参数中,均值为72.40,最极端差值中绝对值为0.266,最大正极差值为0.511;最大负极差值为0.551;检验统计值为0.551,蒙特卡洛显著性值为0.000<0.05,说明数据不服从指数分布。

表5-7 指数分布检验图

N			20
指数参数[a,b]	平均值		72.40
最极端差值	绝对值		0.266
	最大正极差值		0.551
	最大负极差值		0.551
检验统计	—		0.000
蒙特卡洛显著性（双尾）[c]	显著性		0.000
	99%置信区间	下限	0.000
		上限	0.000

a. 检验分布为指数分布。
b. 根据数据计算。
c. 基于1 000蒙特卡洛样本且起始种子为2 000 000的里利氏法。

综上所述,20名学生的高考物理成绩服从正态分布,不服从指数分布。

习题

1. 什么是正态分布?

2. 正态分布的性质是什么?

3. 离散型数据的概率分布有哪几种?

4. 连续型数据的概率分布有哪几种?

5. 现有一组男子200 m跑的成绩,$\bar{x}=26$ s,$s=0.4$ s,原始变量基本服从正态分布,若规定12%为优秀,20%为良好,30%为中等,30%为及格,8%为不及格,试求各等级的标准。

第六章
统计推断

　　为了节约人力、物力和财力,在实际统计工作中,统计研究的根本目的在于用样本特征来推断总体的情况。统计推断的任务有两点:一是用样本统计量来估计总体参数,即参数估计;二是通过样本的统计指标来判定总体参数是否相等,即假设检验。因此本章内容包含参数估计、假设检验和利用计算机如何实现参数估计、假设检验。

第一节 参数估计

参数估计(Parameter Estimation)是通过样本信息(统计量)推断未知的总体信息(参数)。例如根据样本均数$\bar{x}$、方差s^2,去估计总体参数μ和σ^2的具体取值,由此得出总体参数的具体估计值等,估计的方法分为点估计和区间估计。

一、点估计

点估计(Point Estimation)是用样本的统计量直接代表总体参数的估计。例如用样本均数$\bar{x}$、样本方差s^2和样本率P,分别作为总体均数μ、总体方差σ^2和总体率π的估计量。点估计简单明确,但是没有考虑抽样误差的存在和推断的可信程度,估计效果较差,如$\bar{x}$和μ之间的估计误差值是得不到的,而且也给不出这种估计的可靠程度,这就是点估计的缺点。因此,更多时候采用区间估计。

二、区间估计

区间估计(Interval Estimation)是指以样本的统计量来确定未知参数值的可能范围。这个范围大小的估计是在预先给定的概率下,根据抽样误差的大小来估计未知参数所在的可能范围。这个范围被称为总体参数的可信区间或置信区间,预先给定的概率称为可信度或置信度,表示为1-α。其中α称为置信区间的显著性水平,α通常取0.10、0.05或0.01,即可信度取值为90%、95%(或99%)。按此确定的置信区间分别称为90%、95%(或99%)的置信区间。

(一)误差

误差(Error)在统计学中泛指测得值与真值之差。常见的误差有四种。

1.随机误差(Random Error)

在同一条件下重复测量同一量时,误差的绝对值和符号的变化时大时小、时正时负,没有确定的规律,这主要是由一系列偶然因素造成的。在测量中,此种误差是不可避免的,且无法消除。

2.系统误差(Systematic Error)

其也称条件误差。它是由实验对象本身的条件,或者仪器不准、场地器材出故障、训练方法手段不同所造成的,可使测试结果成倾向性的偏大或偏小。系统误差不能随样本的扩大而减小,通常情况下,它是一个常量。

3.抽样误差(Sampling Error)

其是抽出的样本与总体间的误差,主要由于个体间的差异所造成。即使采用随机抽样的方法,抽样误差仍不能避免,但在样本含量增大时,抽样误差相对减小。

4.过失误差(Gross Error)

在测试中,由于人为过失造成的误差称过失误差,常产生于笔误、读错、听错、看错等。这类误差有时造成的影响要比其他几种误差对测试结果造成的影响大得多。因此,对测试人员一定要严格要求,测试过程中要精益求精,力求避免过失误差。

上述四种形式的误差在统计工作中经常遇到。对任何一个随机变量来说随机误差是永远存在、无法消除的,因此在实际研究中,常假设这种误差不存在,即可以忽略不计。而过失误差可以消除,因此随机误差和过失误差在统计处理中一般不予考虑,但系统误差和抽样误差在统计分析中不可忽视。

(二)标准误

1.标准误的概念

标准误(Standard Error)是用来量度抽样误差大小的指标,常把样本统计量的标准差称为标准误差。均数的标准误用符号$S_{\bar{x}}$表示,率的标准误用符号S_p表示。

2.标准误与标准差的联系

(1)均数的标准误表示样本均数与总体均数间偏差程度的标准差,用$S_{\bar{x}}$表示,计算公式为

$$S_{\bar{x}} = \frac{S}{\sqrt{n}} \qquad (公式6.1)$$

式中S为样本的标准差,n为样本含量。

(2)率的标准误表示样本率与总体率之间偏差程度的标准差,用S_p表示,计算公式为

$$S_p = \sqrt{\frac{P(1-P)}{n}} \qquad (公式6.2)$$

式中P为样本率,n为观察例数。

3.标准误与标准差的区别

标准误与标准差在符号、描述对象、意义和用途上有很大区别,见表6-1所示。

表6-1 标准差与标准误的区别

项目	符号	描述对象	意义	用途
标准差	S	各个体值	反映个体值间的变异	表示个体值间的波动大小,反映观察值的离散程度
标准误	$S_{\bar{x}}$	样本均数	反映均数的抽样误差	表示样本均数在推断、估计时的可靠程度
	S_p	样本率	反映率的抽样误差	表示样本率在推断、估计时的可靠程度

(三)区间估计(又叫置信区间)

参数估计的区间大小与可信区间抽样误差的范围和概率保证值有关。其计算公式如表6-2、表6-3和表6-4所示。

表6-2 总体均数置信区间的估计与表达($n \geq 45$,大样本)

置信概率($1-\alpha$)	置信限(CL)	置信区间(L_1、L_2)
0.95	$\bar{x} \pm 1.96 S_{\bar{x}}$	$(\bar{x} - 1.96 S_{\bar{x}}, \bar{x} + 1.96 S_{\bar{x}})$
0.99	$\bar{x} \pm 2.58 S_{\bar{x}}$	$(\bar{x} - 2.58 S_{\bar{x}}, \bar{x} + 2.58 S_{\bar{x}})$

表6-3 总体均数置信区间的估计与表达（$n<45$，小样本）

置信概率（$1-\alpha$）	置信限（CL）	置信区间（L_1、L_2）
0.95	$\bar{x} \pm t_{0.05/2}(n')S_{\bar{x}}$	$(\bar{x} - t_{0.05/2}(n')S_{\bar{x}}, \bar{x} + t_{0.05/2}(n')S_{\bar{x}})$
0.99	$\bar{x} \pm t_{0.01/2}(n')S_{\bar{x}}$	$(\bar{x} - t_{0.01/2}(n')S_{\bar{x}}, \bar{x} + t_{0.01/2}(n')S_{\bar{x}})$

注：$t_{0.05/2}(n')$和$t_{0.01/2}(n')$为自由度$n'=n-1$的t值

表6-4 总体率置信区间的估计与表达（$n \geq 45$）

置信概率（$1-\alpha$）	置信限（CL）	置信区间（L_1、L_2）
0.95	$P \pm 1.96S_P$	$(P - 1.96S_P, P + 1.96S_P)$
0.99	$P \pm 2.58S_P$	$(P - 2.58S_P, P + 2.58S_P)$

第二节 假设检验

一、假设检验的概述

在实际检验过程中,需要判定被检验的统计量之间的偏差是由抽样误差造成的,还是由于总体参数不同造成的。要做出判断就需要对总体先建立某种假设,然后通过统计量的计算及概率判断,对所建立的假设是否成立进行检验。这类方法称为假设检验(Hypothesis Testing)。

根据假设检验的参数不同,可将检验方法分为两大类。

第一类:参数检验(Parametric Test)。它主要用于对统计量为参数(平均值、标准差……)的量的差异检验。该类方法只有在已知变量的分布形式时,才能应用。如 u、t、F 检验等。

第二类:非参数检验(Non-parametric Test)。它主要应用于除参数以外(率、分布函数……)的量的差异检验。该类方法在未知变量分布的情况下也能使用,如 χ^2 检验、秩和检验、符号检验等。

二、假设检验的基本思想

假设检验的基本思想是带有概率性质的反证法思想,其依据是小概率事件的原理,即在一定的实际条件下,若某事件出现的概率很小($P \leq 0.05, 0.01$),则可以认为在一次实验中,该事件是不会发生的。"小概率原则"是指小概率事件在一次观测或试验中一般是不会发生的。如果在一次实验中,小概率事件居然发生了,我们就有理由认为这个现象是不合适的。若该偏差由抽样误差造成的可能性很小,就可以认为该偏差是由总体参数不同造成的;反之,则可认为该偏差是由抽样误差引起的。

三、假设检验的步骤

假设检验的种类很多,但它们的检验步骤是相同的。假设检验的步骤如下。

①提出假设:根据问题的实际情况,提出原假设 H_0(两个统计量没有差异)和备择假设 H_A(两个统计量有差异)。原假设和备择假设是相互对立的,检验结果二者必取其一。接受 H_0 则必须拒绝 H_A;反之,拒绝 H_0 则必须接受 H_A。

②根据检验的统计量性质与分布,选择和计算检验统计量值(u、t、χ^2、F)。

③确定临界值:在给定的水平 α 下,一是人工查表得到统计量的临界值;二是在 Excel 中,可以由相关函数计算统计量的临界值。t 分布的函数格式为:TINV(probability 双尾 t 分布的概率,degrees-freedom 自由度)。χ^2 分布的函数格式为:CHIDIST(数值 χ^2,自由度 $d \cdot f$)。F 分布的函数格式为:FDIST(F,自由度1,自由度2)。

④结论:统计量值小于临界值,$P > 0.05$ 差异不显著,就接受 H_0;

统计量值大于临界值,$P < 0.05$ 差异显著,拒绝 H_0;

统计量值大于临界值,$P < 0.01$ 差异非常显著,拒绝 H_0。

四、双侧检验和单侧检验

(一)双侧检验

如图6-1所示,两侧曲线下阴影部分的面积各为 $\dfrac{\alpha}{2}$,合起来为 α。当所要比较的两样本统计量的总体参数事先无法肯定哪个大于哪个时,就要采用双侧检验的手段进行检验。

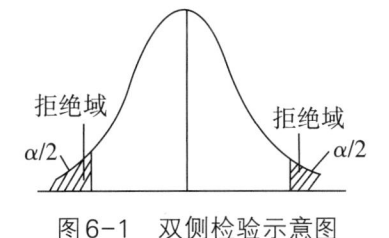

图6-1 双侧检验示意图

(二)单侧检验

如图6-2和图6-3,在很多情况下,对样本均值比较时,事先预知某样本所属的总体均数只能大于另一个样本所属的总体均数时,就可采用单侧检验的手段进行检验。

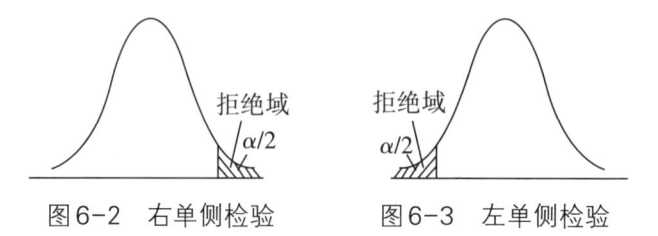

图6-2 右单侧检验　　图6-3 左单侧检验

五、假设检验中的两类错误

小概率事件在一次实验中不发生,并不等于绝对不发生。由于样本的随机性,在推断时就不可能绝对不犯错误。因此,当拒绝或接受一个假设时,就可能犯下述两类错误。

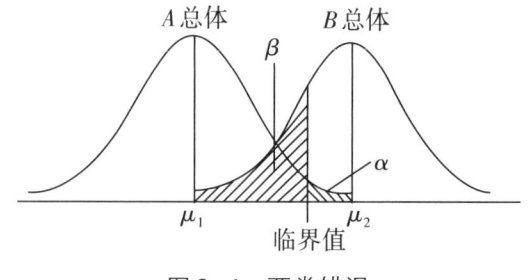

图6-4 两类错误

错否定,即"原假设"实际上是正确的,而检验结论是否定H_0,此时犯下"弃真"错误,统计上称为第Ⅰ类错误。

错接受,即"原假设"实际上是不正确的,而结论却接受了H_0,此时犯了"取伪"错误,统计上称为第Ⅱ类错误。

在实际工作中,当样本含量固定时,要使犯两类错误的概率同时减小,是不可能的,如图6-4所示,当样本含量一定时,弃真概率α和取伪概率β不可能同时减小,一个减小另一个就会增大。要使它们同时减小,只有增加样本含量,减小抽样误差。

第三节 t检验与χ^2检验

在统计检测中,我们根据原始数据的分布(第五章统计分布,已介绍其检验方法)与要检验的统计量的性质,确定我们要选择的检验方法。我们常用的几种检验方法有:u、t、χ^2与F检验,限于篇幅,本节只介绍t与χ^2检验。

一、t检验

(一)单样本t检验

单样本t检验(Single Sample T-test)又称样本均数与总体均数比较的t检验,即对已知样本均值(代表未知总体均值u)与已知总体均值u_0(一般为标志值或经过大量观察所得到的稳定值等)的差异比较。其目的是比较样本均值所代表的未知总体均值u和已知总体均值μ_0。

单样本t检验的适用条件:
①已知一个总体均值;
②可得到一个样本均值及该样本标准误;
③样本来自正态或近似正态总体。
单样本t检验的统计量公式为

$$t = \frac{|\bar{x} - u_0|}{S_{\bar{x}}} \qquad (公式6.3)$$

(二)独立样本t检验

独立样本指的是两个样本是从两个总体中独立抽取的。独立样本t检验(Independent Samples T-test)又称两样本均数的差异显著性检验,指的是用于检验两样本均值所代表的两未知总体均值差异是否具有显著性。两样本均数的检验可视样本含量的大小,采用不同的检验方法。

独立样本 t 检验的适用条件:

①两独立样本来自正态或近似正态总体;

②可得到两个样本均值及其标准差,两样本含量不要求相同;

③统计量 t 是建立在均数差值的抽样分布理论上的;

④要根据两总体方差是否相等(方差齐性)来进行独立样本 t 检验。

独立样本 t 检验的统计量公式如下。

①小样本情况

$$t = \frac{|\bar{x}_1 - \bar{x}_2|}{\sqrt{\frac{(n_1-1)S_1^2 + (n_2-1)S_2^2}{n_1+n_2-2}\left(\frac{1}{n_1}+\frac{1}{n_2}\right)}} \quad (公式6.4)$$

t 服从自由度 n' 的 t 分布,自由度 $n' = (n_1-1)+(n_2-1)=(n_1+n_2-2)$

②大样本情况

$$t = \frac{|\bar{x}_1 - \bar{x}_2|}{\sqrt{\frac{S_1^2}{n_2}+\frac{S_2^2}{n_2}}} \quad (公式6.5)$$

计算过程同小样本情况,只是没有方差齐性检验。

(三)配对样本 t 检验

配对样本 t 检验又称配对试验数据的差异显著性检验。在日常科研中,特别是实验类数据,经常将研究对象设置成实验组和对照组,检验这两组的测试数据有无显著差异,或者是对同一批研究对象实验前后的情况进行差异显著性检验。这两种样本数据的比较,往往样本含量小,须采用配对数据的 t 检验。

配对设计指的是将受试对象按照某些特征配成对子,再将每对中两个受试对象随机分配到两组。配对样本 t 检验的目的是比较两个配对样本或成对样本均值。

配对设计主要包含3种。

①观察同一受试对象接受一种处理前后的差异；

②观察两同质受试对象接受两种不同处理的差异；

③观察同一受试对象接受两种不同处理的差异。

配对样本 t 检验的适用条件：

①两样本应该是配对的（两样本的观察值数目相同，两样本的观察值的顺序不能随意更改）；

②样本的两个总体应该服从正态分布。

配对样本 t 检验的统计量公式为

$$t=\frac{|\bar{d}|}{S_{\bar{d}}}=\frac{\sum|d_i|/\sqrt{n}}{S_d/\sqrt{n}}=\frac{\sum|x_1-x_2|/n}{S_d/\sqrt{n}} \quad \text{（公式6.6）}$$

式中，$\bar{d}$ 表示均值差异的平均值，d_i 表示均值的差异，$S_{\bar{d}}$ 表示均值的标准误，S_d 表示均值的标准差，n 表示样本含量。

t 服从自由度为 $(n-1)$ 的 t 分布。

二、χ^2（卡方）检验

χ^2 检验属于率的检验，其针对的数据类型为原始计量值。χ^2 检验即比较样本率的实际观测值与理论推断值之间的吻合程度来探讨不同样本是否来源于同一个总体。

χ^2 统计量的计算公式为

$$\chi^2=\sum\frac{(A-T)^2}{T} \quad \text{（公式6.7）}$$

式中，A 表示实际频数，T 表示理论频数。

χ^2 统计量的分布是 χ^2 分布。实验次数和样本容量 n 越大，这种近似程度越好。χ^2 分布与自由度有关，当自由度较大时，χ^2 分布也会趋于正态分布。

第四节 参数估计与假设检验实操

一、t检验的Excel与Spss实操

(一)单样本t检验的Spss操作

实验6-1 如何利用Spss检验抽取学生的成绩与平均成绩是否有差异

案例资料：已知某年级的平均语文成绩为105分,且成绩呈正态分布。现随机抽取20名同学的语文成绩如下(单位:分)：105、103、112、96、123、125、93、106、125、112、108、109、131、118、104、119、132、112、108、97,该20名同学的语文成绩与全年级的语文成绩有无差异？

资料分析：该题比较的是20名同学的平均语文成绩与整个班的语文成绩之间的差异,故该题属于均数的差异检验,总体成绩呈正态分布,选择参数中的t检验,又只有一个样本,所以选择单样本t检验。

操作步骤

步骤1：在Spss软件中输入原始数据,如图6-5。

步骤2：如图6-6,在"分析(A)"菜单中,选择"比较平均值(M)"子菜单下的"单样本T检验(S)…"。

图6-5 输入数据　　图6-6 选择菜单

步骤3：在弹出的"单样本T检验"对话框中，选中"成绩"选项，单击箭头状按钮，使"成绩"进入"检验变量(T)"框，在"检验值(V)"中输入"105"，如图6-7。

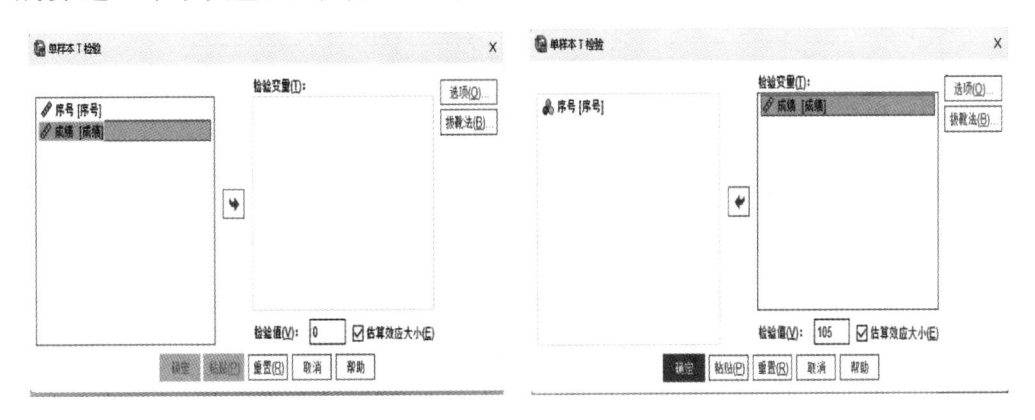

图6-7 "单样本T检验"对话框

步骤4：在"单样本T检验"对话框中，单击"选项(O)…"，得到"单样本T检验：选项"对话框，在其中选择置信区间百分比填"95"，缺失值选择"按具体分析排除个案(A)"选项，单击"继续(C)"按钮，如图6-8。

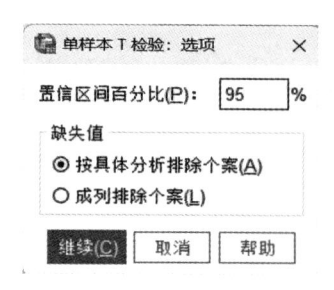

图 6-8 "单样本T检验:选项"对话框

步骤5:在回到的"单样本T检验"对话框中单击"确定"按钮,得到图6-9所示的输出结果。

图 6-9 结果输出

结果解释

表6-5为随机抽取20名同学的语文成绩的描述分析,由表可知:个案数为20,样本的平均值为111.9分,样本的标准差为11.280 63,样本的标准误为2.522 43,样本平均值与总体均值105相比略高。

表6-5 单样本统计

	个案数	平均值	标准差	标准误差平均值
成绩	20	111.9	11.280 63	2.522 43

表6-6为单样本t检验结果,如表所示:t为2.735,自由度为19,显著性(双尾)为

0.013，均数与检验值之间的差值为6.9，95%置信区间为(1.620 5, 12.179 5)，显著性为0.013<0.05，说明抽取的20名同学的语文成绩显著高于全班的语文成绩。

表6-6 单样本检验

	\multicolumn{5}{c}{检验值 = 105}	
	t	自由度	显著性（双尾）	平均值差值	95% 置信区间	
					下限	上限
成绩	2.735	19	0.013	6.9	1.620 5	12.179 5

(二)独立样本 t 检验的Excel与Spss操作

实验6-2 如何利用Excel与Spss检验两个样本的成绩之间是否存在差异

案例资料：在A、B大学中随机调查10名大一学生高考语文成绩，进行记录，如表6-7所示（单位：分），求两所高校大一学生的高考语文成绩之间是否存在差异。

表6-7 A、B大学10名大一学生高考语文成绩

学校	\multicolumn{10}{c}{语文成绩}
A	101	94	128	82	115	78	131	79	96	87
B	113	103	85	127	75	98	68	118	81	93

Excel 方法

资料分析：该题分析的是两所高校中随机调查的10名大一学生的高考语文成绩之间是否存在差异，故该题属于两个均数的差异检验，选择参数检验中的 t 检验。又因为此题中的样本是两个独立的样本，因此选用独立样本 t 检验。在Excel软件操作中需要先对其进行方差齐性检验，随后根据检验结果选"t-检验:双样本等方差假设"或"t-检验:双样本异方差假设"进行检验。

操作步骤

步骤1：在Excel软件输入案例资料的原始数据，如图6-10所示。

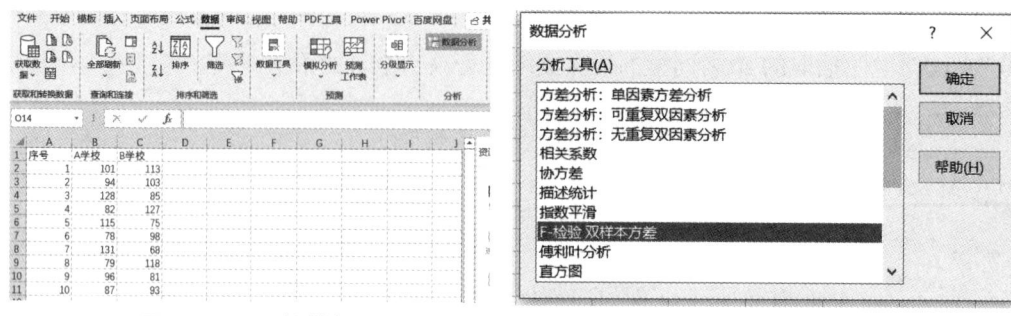

图6-10　原始数据

图6-11　"数据分析"选项

步骤2：在"数据分析"对话框中选择"F-检验 双样本方差"选项，单击确定，如图6-11所示。

步骤3：在跳转的"F-检验 双样本方差"对话框中，选择"变量1的区域(1)"为"\$B\$1：\$B\$11"，"变量2的区域(2)"为"\$C\$1：\$C\$11"，勾选"标志(L)"选项，选择"输出区域(O)"为"\$E\$2"，如图6-12所示，单击确定，得到如图6-13的结果。

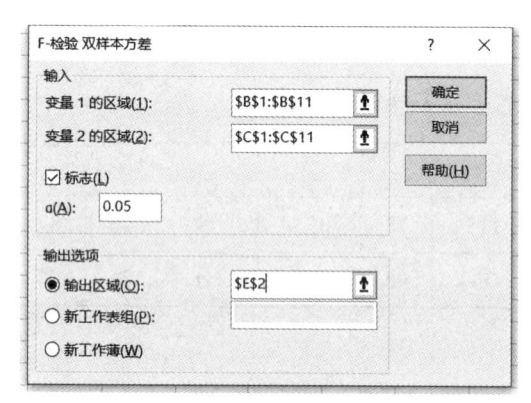

图6-12　"F-检验　双样本方差"对话框

F-检验 双样本方差分析		
	A学校	B学校
平均	99.1	96.1
方差	381.4333	374.1
观测值	10	10
df	9	9
F	1.019603	
P(F<=f) 单尾	0.488702	
F 单尾临界	3.178893	

图6-13　输出结果

结果解释：由方差齐性检验结果图6-13可以看出，观测值为10，自由度为9，F=1.019 603<3.178 893（F临界值），且P=0.488 702>0.05，差异不显著，因此选择"t-检验：双样本等方差假设"进行检验。

步骤4：重新在"数据分析"对话框中选择"t-检验：双样本等方差假设"选项，单击"确定"，如图6-14。

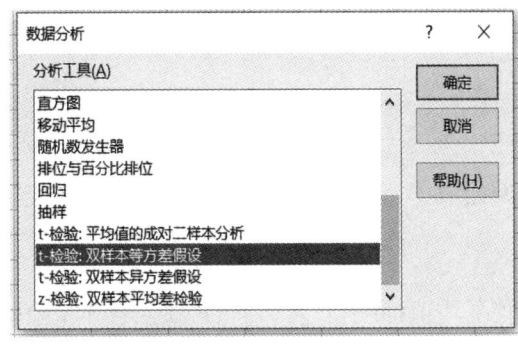

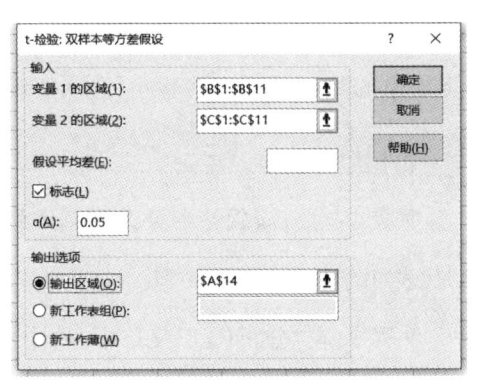

图6-14 "数据分析"对话框　　图6-15 "t-检验:双样本等方差检验"对话框

步骤5：在跳转出的"t-检验：双样本等方差假设"对话框中，选择"变量1的区域(1)"为"$B$1:$B$11"，"变量2的区域(2)"为"$C$1:$C$11"，勾选"标志(L)"，选择"输出区域(O)"为"$A$14"，如图6-15，单击"确定"按钮得到输出结果，如图6-16。

图6-16 输出结果

结果解释：图6-16为结果输出图，由图可知，A学校的平均值为99.1，方差为381.433，观测值为10；B学校的平均值为96.1，方差为374.1，观测值为10；A、B的合并方差为377.766 7，自由度为18，t=0.345 139<t单尾临界=1.734 064，P=0.366 995>0.05；且t=0.345 139<2.100 922，P=0.733 99>0.05，因此差异不显著。

Spss方法

资料分析：该题分析的是两所高校中随机调查的10名大一学生的高考语文成绩之间是否存在差异，故该题属于两个均数的差异检验，选择参数检验中的t检验。且涉及两个独立的样本,因此选用独立样本 t 检验。本实验要用"分析(A)"菜单中"比较平均值(M)"子菜单下的"独立样本T检验…"选项实现。

操作步骤

步骤1:在Spss软件中录入案例资料的原始数据,为便于操作,以"1"代表"A学校","2"代表"B学校"。如图6-17。

步骤2:在"分析(A)"菜单中,选中"比较平均值(M)"子菜单下的"独立样本T检验…"选项,如图6-18所示。

图6-17　输入数据　　　　图6-18　选择菜单

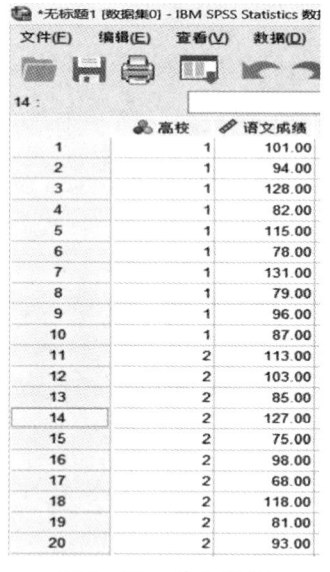

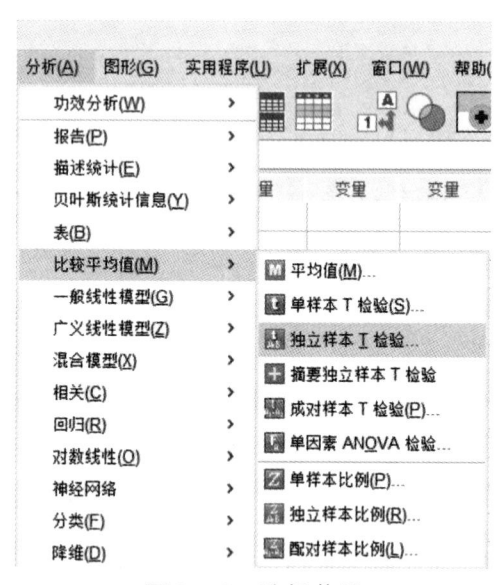

步骤3:在跳转的"独立样本T检验"对话框中,选中"语文成绩"与"高校"选项,分别单击旁边箭头标志,将两者分别选入"检验变量"与"分组变量"中,随后单击"选项(O)…"按钮,如图6-19所示。

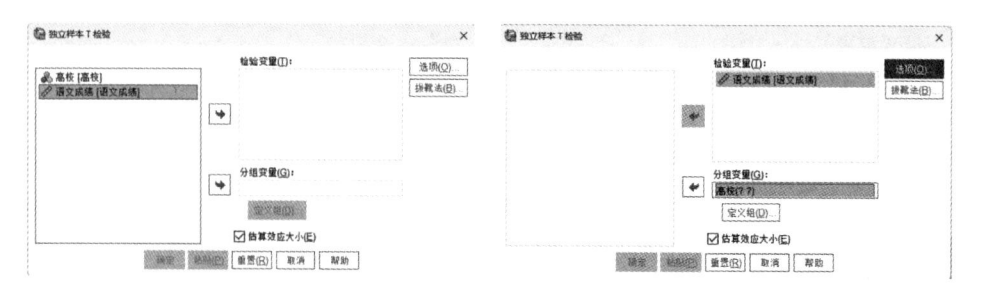

图6-19　"独立样本T检验"对话框

步骤4:在跳转出的"独立样本T检验:选项"对话框中,选择"置信区间百分比(P)"为95%,缺失值选择"按具体分析排除个案(A)",单击"继续(C)"按钮,如图6-20。

步骤5:在回到的"独立样本T检验"对话框中单击"定义组(D)"按钮,跳转到"定义组"对话框,在"组1"中输入"1",在"组2"中输入"2"(其中"1"、"2"分别代表A、B高校),单击"继续(C)"按钮,如图6-21。

图6-20 "独立样本T检验:选项"对话框　　图6-21 "选项"对话框

步骤6:在"独立样本T检验"对话框中单击"确定"按钮,得到输出结果,如图6-22。

图6-22 输出结果图

结果解释

表6-8为A高校组与B高校组独立样本的描述统计数据,由表可知,平均值:A、B高校组均为99.1;样本的标准差:A高校组为19.530 32,B高校组为19.341 66;标准误差平均值:A高校组为9.176 03,B高校组为6.116 37。

表6-8　组统计量

	高校	个案数	平均值	标准差	标准误差平均值
语文成绩	1	10	99.1	19.530 32	6.176 03
	2	10	96.1	19.341 66	6.116 37

表6-9为独立样本 t 检验结果，由表可知：当假定等方差时，双尾检验显著性为0.734>0.05，95%的置信区间为(-15.261 5,21.261 51)，说明两所高校大一学生高考语文成绩之间无差异；当不假定等方差时，双尾显著性为0.734>0.05,95%置信区间为(-15.261 6,21.261 64)，说明两所高校大一学生高考语文成绩之间也无差异。由于莱文方差等同性检验的显著性0.997>0.05，所以选择"假定等方差"行的数据解读。

表6-9　独立样本 t 检验

		莱文方差等同性检验		平均值等同性 t 检验					差值95% 置信区间	
		F	显著性	t	自由度	显著性（双尾）	平均值差值	标准误差差值	下限	上限
语文成绩	假定等方差	0.000	0.997	0.345	18	0.734	3	8.692 14	-15.261 5	21.261 51
	不假定等方差	—	—	0.345	17.998	0.734	3	8.692 14	-15.261 6	21.261 64

(三)配对样本 t 检验的Excel与Spss实操

实验6-3 如何利用Excel与Spss检验实验组与对照组的成绩是否存在差异

案例资料：随机抽取20名健康男大学生，采用随机的方式分成肌酸组和安慰剂组，采用双盲法进行无氧功率自行车实验。实验前两组对象无氧能力无显著差异，实验后无氧能力的变化值为以下数据：单位(J/kg)，求实验前后肌酸组和安慰剂组有无差异。

肌酸组：232.757 9、284.224 3、267.694 5、291.406 1、254.746 8、294.763 7、252.196 0、256.682 4、253.199 9、256.692 2；

安慰剂组：214.540 0、268.642 0、258.616 6、256.529 2、255.306 0、263.355 5、250.288 7、213.556 7、229.606 3、259.720 8。

Excel方法

资料分析：该题要比较的是安慰剂组和肌酸组的男大学生无氧能力是否具有差异。这是两个配对好的样本，故选择配对样本 t 检验。配对的个体之间有相比性的数据，通常用于检验实验组和对照组、实验前和实验后数据的比较。利用"数据分析"中的"T检验：平均值的成对二样本分析"选项进行计算。

操作步骤

步骤1：输入原始数据，并在"数据"菜单栏中选择"数据分析"选项，如图6-23。

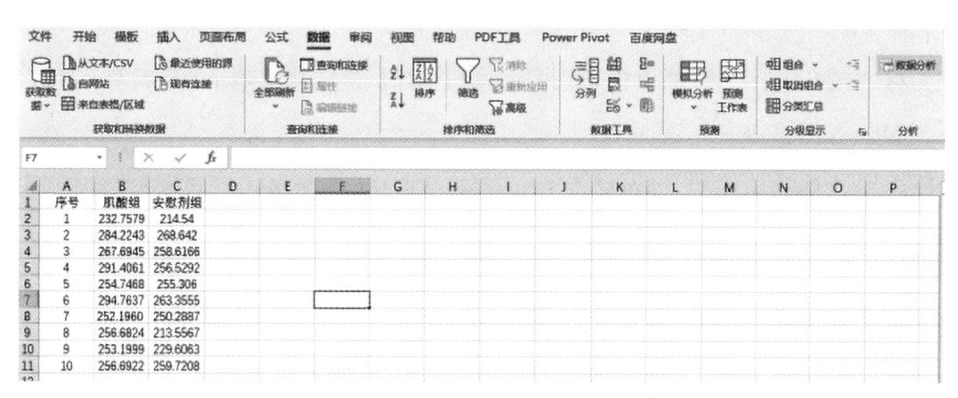

图6-23 原始数据与菜单选项

步骤2：在跳转出的"数据分析"对话框中选择"t-检验：平均值的成对二样本分析"选项，单击"确定"按钮，如图6-24。

步骤3：在跳转出的"t-检验：平均值的平均二样本分析"对话框中选择输入如图6-25所示的两变量区域的输入区域，并选择任一输出区域。单击"确定"按钮，得到输出结果如图6-26。

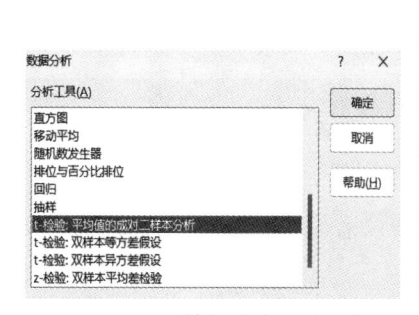

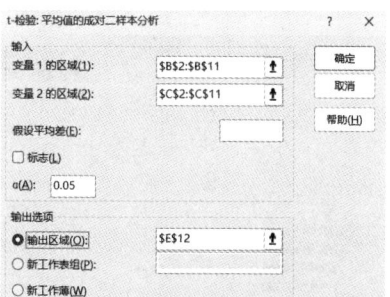

图6-24 "数据分析"对话框　　图6-25 "t-检验：平均值的平均二样本分析"对话框　　图6-26 结果输出图

结果解释:由图6-26所示,$P=0.006\,936$(双尾)<0.01,故认为补充肌酸组和安慰剂组的无氧能力有非常显著的差异,肌酸组要高于安慰剂组。

Spss 方法

资料分析:该题要比较的是安慰剂组和肌酸组的男大学生无氧能力是否具有差异。这是两个配对好的样本,故选择配对样本t检验。本例中用"分析(A)"菜单中"比较平均值(M)"子菜单下的"成对样本T检验(P)…"选项来实现。

操作步骤

步骤1:在Spss软件中输入原始数据,如图6-27。

步骤2:在"分析(A)"菜单中,选择"比较平均值(M)"子菜单下的"成对样本T检验(P)…"选项,如图6-28。

步骤3:在跳转出来的"成对样本T检验"对话框中,将"肌酸组"与"安慰剂组"同时选中,通过单击箭头按钮使其同时进入"配对变量(V)"方框中,如图6-29。

图6-27 输入数据   图6-28 选择菜单

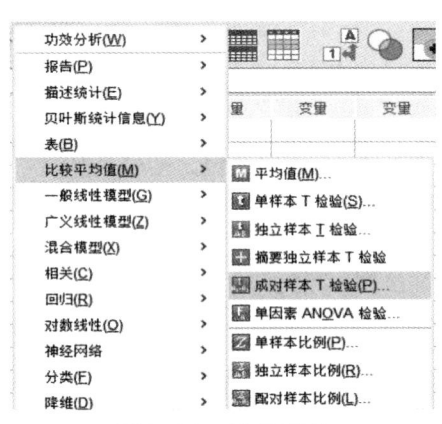

图6-29 "成对样本T检验"对话框

步骤4:点击"选项(O)…"按钮得到"成对样本T检验:选项"对话框,在其中选择"置信区间百分比(P)"为"95",缺失值"按具体分析排除个案(A)",单击"继续(C)"按钮,如图6-30。

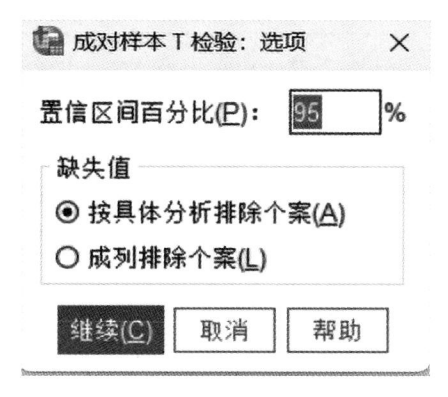

图6-30 "成对样本T检验:选项"对话框

步骤5:在返回的"成对样本T检验"对话框中点击"确定"按钮,得到输出结果,如图6-31。

T-检验

配对样本统计

		平均值	个案数	标准差	标准误差平均值
配对1	肌酸组	264.436380	10	19.8407136	6.2741845
	安慰剂组	247.016180	10	20.2152243	6.3926152

配对样本相关性

		个案数	相关性	显著性
配对1	肌酸组 & 安慰剂组	10	.688	.028

配对样本检验

		配对差值					t	自由度	显著性（双尾）
		平均值	标准差	标准误差平均值	差值95%置信区间下限	上限			
配对1	肌酸组 - 安慰剂组	17.4202000	15.8287874	5.0055021	6.0969676	28.7434324	3.480	9	.007

图6-31 结果输出

结果解释

表6-10为肌酸组与安慰剂组配对样本的描述统计数据,由表可知,平均值:肌酸组为264.436 380,安慰剂组为247.016 180;两组个案数均为10;样本的标准差:肌酸组为

19.840 713 6,安慰剂组为20.215 224 3;样本的标准误:肌酸组为6.274 184 5,安慰剂组为6.392 615 2。肌酸组与安慰剂组的平均值相比,肌酸组高于安慰剂组。

表6-10　描述统计数据

		平均值	个案数	标准差	标准误差平均值
配对1	肌酸组	264.436 380	10	19.840 713 6	6.274 184 5
	安慰剂组	247.016 180	10	20.215 224 3	6.392 615 2

表6-11　配对样本相关性表

		个案数	相关性	显著性
配对1	肌酸组 & 安慰剂组	10	0.688	0.028

表6-11为肌酸组与安慰剂组配对样本的检验,由表可知,相关系数为0.688,显著性为0.028<0.05,可认为两个样本的相关性显著。若显著性>0.05,则不显著,就需要运用独立样本t检验。

表6-12　配对样本t检验结果表

		配对差值					t	自由度	显著性（双尾）
		平均值	标准差	标准误差平均值	差值95%置信区间				
					下限	上限			
配对1	肌酸组－安慰剂组	17.420 2	15.828 79	5.005 502 1	6.096 967 6	28.743 43	3.48	9	0.007

表6-12为配对样本t检验结果表,由表可知,两组均值差的平均值为17.420 2;差值的标准差为15.828 79;差值均值的标准误为5.005 502 1;差值的95%置信区间为(6.096 967 6,28.743 43);t值为3.48;自由度为9;显著性（双尾）为0.007<0.01,说明补充肌酸和补充安慰剂的无氧能力有显著差异,肌酸组要高于安慰剂组。

配对样本t检验的结果是否有效可用,前提条件是成对样本前后数据必须具有相关显著性,即输出窗口的"成对样本相关系数"第二表的相关系数所对应的概率(sig.)必须≤0.05,否则就要把配对样本t检验转化成独立样本t检验,即前测数据和后测数据各作为一个样本进行独立样本差异检验。

二、x^2检验的Spss实操

实验6-4 如何利用Spss检验骰子掷出6个点数的结果是否有差异

案例资料：小明用一个骰子进行掷骰子游戏，共掷了902次，其结果如表6-13所示。小明投掷出6个点数的结果是否有差异？

表6-13 掷出点数与出现次数统计

点数	1	2	3	4	5	6
出现次数	242	56	89	64	253	198

资料分析：卡方检验最常用的是检验两个率是否一致，对照上述例子，要检验结果是否有差异，我们会先假设每次出现的总体概率相等，通过相等的总体率，再反推理论发生的频数，然后计算实际的出现次数与理论频数的卡方值来判断差距是否足够大，从而检验结果是否有差异。

操作步骤

步骤1：在Spss软件中输入案例的原始数据，如图6-32。

步骤2：在"数据（D）"菜单中选择"个案加权（W）…"，如图6-33。

图6-32 数据录入

图6-33 个案加权

步骤3：在弹出的"个案加权"对话框中，选中"点数"单击箭头使其进入"频率变量(F)"对话框，随后单击"确定"按钮，如图6-34。

步骤4：在返回的初始界面中，在"分析(A)"菜单中选择"非参数检验(N)"子菜单下的"旧对话框(L)"中的"卡方(C)…"选项，如图6-35。

图6-34　"个案加权"对话框 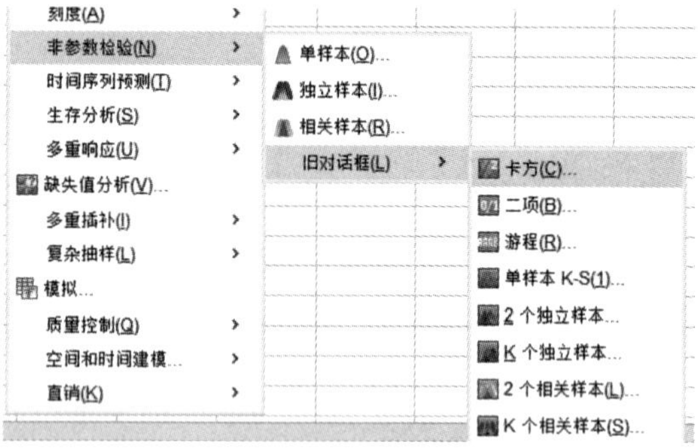　　　　图6-35　选择菜单

步骤5：在跳转的"卡方检验"对话框中，将"次数"与"点数"同时选中，通过箭头选入"检验变量列表(I)"对话框中，单击"精确(X)…"选项，如图6-36。

步骤6：跳转的"精确检验"对话框中选择"仅渐进法(A)"选项，单击确定，如图6-37。

步骤7：在跳转回的"卡方检验"对话框中单击"选项(O)…"，跳转到"卡方检验：选项"对话框，在该对话框中单击"描述(D)"选项，单击"继续(C)"，如图6-38。

步骤8：在返回的"方差检验"对话框中单击"确定"选项，得到结果如图6-39所示。

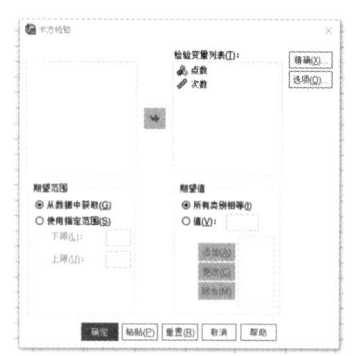

图6-36　"卡方检验"对话框 　　图6-37　"精确检验"对话框 　　图6-38　"方差检验：选项"对话框

第六章 | 统计推断

描述统计					
	N	平均值	标准差	最小值	最大值
点数	902	3.69	1.957	1	6
次数	902	196.1530	71.19198	56.00	253.00

点数

	实测个案数	期望个案数	残差
1	242	150.3	91.7
2	56	150.3	-94.3
3	89	150.3	-61.3
4	64	150.3	-86.3
5	253	150.3	102.7
6	198	150.3	47.7
总计	902		

次数

	实测个案数	期望个案数	残差
56.00	56	150.3	-94.3
64.00	64	150.3	-86.3
89.00	89	150.3	-61.3
198.00	198	150.3	47.7
242.00	242	150.3	91.7
253.00	253	150.3	102.7
总计	902		

检验统计

	点数	次数
卡方	274.918ª	274.918ª
自由度	5	5
渐近显著性	<.001	<.001

a. 0 个单元格 (0.0%) 的期望频率低于 5。期望的最低单元格频率为 150.3。

图 6-39　结果显示

结果解释

表 6-14 为描述统计表，由表可知，总的掷骰子次数为 902 次，点数的平均值为 3.69，标准差 1.957，最小值为 1，最大值为 6；次数的平均值为 196.153，标准差为 71.191 98，最大值为 56，最小值为 253。

表 6-14　描述统计表

	N	平均值	标准差	最小值	最大值
点数	902	3.69	1.957	1	6
次数	902	196.153	71.191 98	56	253

表 6-15 是点数卡方检验频率表，由表可知，点数 1 的实测个案数为 242 次，其期望个案数为 150.3 次，残差为 91.7。同理可以得到其他点数的实测个案数、期望个案数与残差。

表 6-15　点数频率表

	实测个案数	期望个案数	残差
1	242	150.3	91.7
2	56	150.3	-94.3
3	89	150.3	-61.3
4	64	150.3	-86.3
5	253	150.3	102.7
6	198	150.3	47.7
总计	902	—	—

表6-16为卡方检验表,由表可知,其卡方值为274.918;自由度为5;P<0.01,差异十分显著。

表6-16 卡方检验表

	点数	次数
卡方	274.918[a]	274.918[a]
自由度	5	5
渐近显著性	<0.001	<0.001

a:0个单元格(0.0%)的期望频率低于5。期望的最低单元格频率为150.3。

实验6-5 如何利用Spss检验两个样本成绩的达标率是否存在差异

案例资料:某次联考中统计甲、乙两所学校高二年级男生化学成绩达标情况,甲学校达标人数为296人,未达标人数为54人;乙学校达标人数为208人,未达标人数为70人。此次联考中甲、乙两校高二年级男生化学成绩达标率是否相同?

资料分析:比较两所学校中高二年级男生化学成绩达标情况,要看这两所学校高二年级男生化学成绩达标率的差异是否显著,属于卡方检验,用"分析(A)"菜单中的"描述统计(E)"子菜单下的"交叉表(C)…"选项来实现。

操作步骤

步骤1:在Spss软件中输入案例的原始数据,为便于操作,以"1"代表"达标","2"代表"未达标",如图6-40。

步骤2:在"数据(D)"菜单中选择"个案加权(W)…"子菜单,如图6-41。

图6-40　输入数据　　　　　　　　图6-41　选择菜单

步骤3：在弹出的"个案加权"对话框中，选中"人数"单击箭头使其进入"频率变量(F)"对话框，随后单击"确定"按钮，如图6-42。

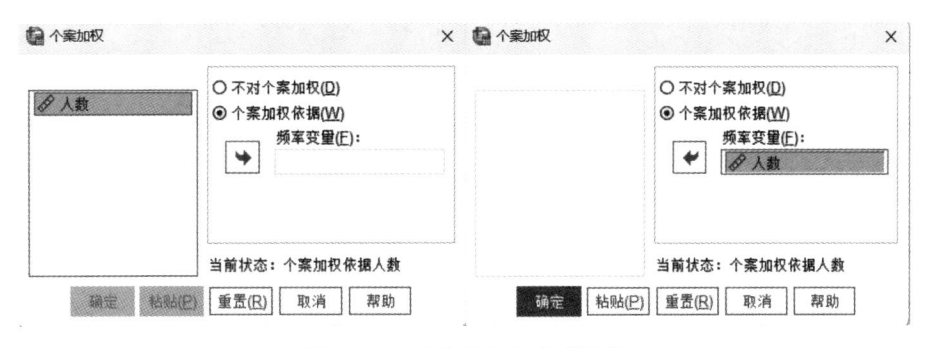

图6-42　"个案加权"对话框

步骤4：在返回的初始界面中，在"分析(A)"菜单中选择"描述统计(E)"子菜单下的"交叉表(C)…"选项，如图6-43。

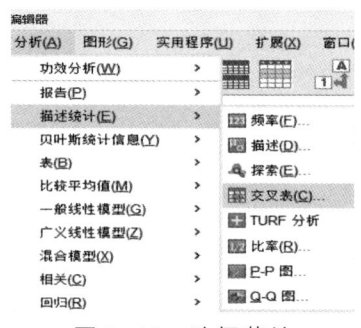

图 6-43 选择菜单

步骤5:在跳转出的"交叉表"对话框中,选中"学校",单击"箭头"按钮,使其进入"行(O)"框内,选中"达标情况",单击"箭头"按钮,使其进入"列(C)"框内,再单击"统计(S)…"选项,如图6-44。

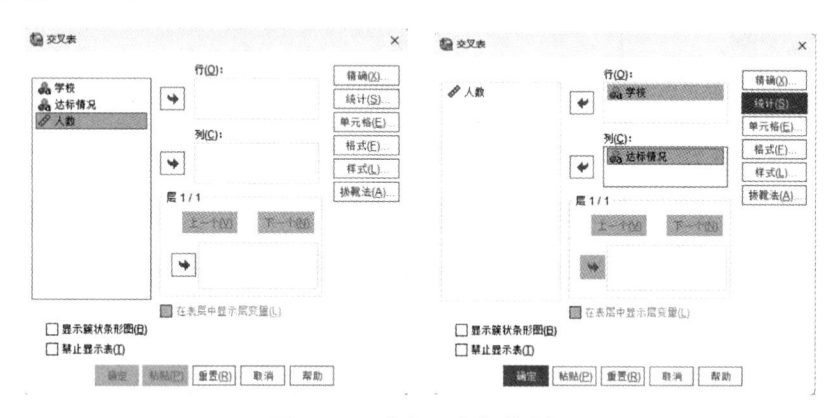

图 6-44 "交叉表"对话框

步骤6:跳转出的"交叉表:统计"对话框内选择"卡方(H)"选项,单击"继续(C)"选项,如图6-45;在返回的"交叉表"对话框中选择"单元格(E)…"选项,跳转到"交叉表:单元格显示"对话框,在对话框中选中"实例(O)""期望(E)""总计(T)"以及"单元格计数四舍五入(N)",随后单击"继续(C)"按钮,如图6-46。

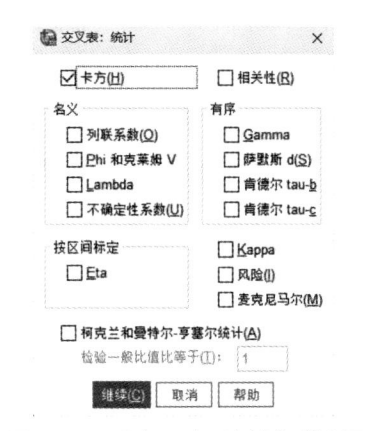

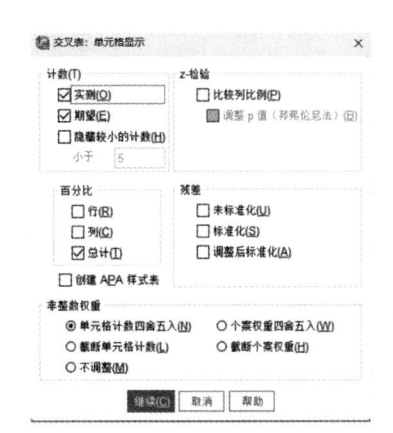

图6-45 "交叉表:统计"对话框　　　图6-46 "交叉表:单元格显示"对话框

步骤7：在跳转回的"交叉表"对话框中，单击"确认"按钮，得到输出结果，如图6-47。

个案处理摘要

	有效		缺失		总计	
	N	百分比	N	百分比	N	百分比
学校 * 达标情况	628	100.0%	0	0.0%	628	100.0%

学校 * 达标情况 交叉表

			达标情况		总计
			1	2	
学校	甲	计数	296	54	350
		期望计数	280.9	69.1	350.0
		占总计的百分比	47.1%	8.6%	55.7%
	乙	计数	208	70	278
		期望计数	223.1	54.9	278.0
		占总计的百分比	33.1%	11.1%	44.3%
总计		计数	504	124	628
		期望计数	504.0	124.0	628.0
		占总计的百分比	80.3%	19.7%	100.0%

卡方检验

	值	自由度	渐进显著性（双侧）	精确显著性（双侧）	精确显著性（单侧）
皮尔逊卡方	9.297[a]	1	.002		
连续性修正[b]	8.692	1	.003		
似然比	9.241	1	.002		
费希尔精确检验				.002	.002
有效个案数	628				

a. 0 个单元格 (0.0%) 的期望计数小于 5。最小期望计数为 54.89。
b. 仅针对 2x2 表进行计算

图6-47　结果输出图

结果解释

表6-17为记录缺失值报告，由表可知，在本案例中的样本量为628，均为有效值。

表6-17 个案处理摘要

	个案					
	有效		缺失		总计	
	N	百分比	N	百分比	N	百分比
学校 * 达标情况	628	100.0%	0	0.0%	628	100.0%

表6-18为学校*达标情况交叉表,由表可知:甲、乙两校中男生的化学成绩达标与未达标,以及总计的期望计数、占总计的百分比;总计的达标期望计数为504,占总计的百分比,即理论分布率为80.3%,总计的未达标期望计数为124,占总计的百分比,即理论分布率为19.7%。

表6-18 学校*达标情况交叉表

			达标情况		总计
			1	2	
学校	甲	计数	296	54	350
		期望计数	280.9	69.1	350
		占总计的百分比	47.1%	8.6%	55.7%
	乙	计数	208	70	278
		期望计数	223.1	54.9	278
		占总计的百分比	33.1%	11.1%	44.3%
总计		计数	504	124	628
		期望计数	504	124	628
		占总计的百分比	80.3%	19.7%	100.0%

表6-19为卡方检验显示结果。表中"皮尔逊卡方"用于样本量$n>40$,理论值$T \geq 5$的普通χ^2检验;"连续性修正"只用于样本量$n \geq 40$,$1 \leq$理论值$T<5$的四格表资料;"费希尔精确检验"只用于$n<40$,理论值$T<1$的四格表资料。因此本题选择第一行,$\chi^2=9.297$,渐近显著性(双侧)=0.002<0.01,即甲、乙两校高二年级男生的化学成绩达标率有非常显著的差异。

表6-19 卡方检验

	值	自由度	渐近显著性（双侧）	精确显著性（双侧）	精确显著性（单侧）
皮尔逊卡方	9.297[a]	1	0.002	—	—
连续性修正[b]	8.692	1	0.003	—	—
似然比	9.241	1	0.002	—	—
费希尔精确检验	—	—	—	0.002	0.002
有效个案数	628	—	—	—	—

a. 0个单元格（0.0%）的期望计数小于5。最小期望计数为54.89。
b. 仅针对2×2表进行计算。

习题

1. 什么是假设检验？假设检验的目的是什么？

2. 如何理解假设检验中的显著性水平？

3. 单样本t检验描述的是什么？它与独立样本t检验有何不同？

4. 简述为何进行独立样本t检验之前要先进行方差齐性分析？

5. 简述t检验与卡方检验的适用条件。

6. 糖厂用自动打包机打包，每包重量是100 kg。每天开工后需要检验一次打包机工作是否正常，某日开工后测得9包重量如下：

99.3 98.7 100.5 101.2 98.3 99.7 99.5 102.1 100.5

已知包重服从正态分布，试检验该日打包机工作是否正常，请用Spss进行操作。（$\alpha = 0.05$）

7. 某班共有男生与女生各20名，一次考试之后，全班的历史成绩如下（单位：分）：

男生：87 75 65 67 84 73 74 62 68 59 72 71 68 69 79 82 90 88 70 73；
女生：80 73 75 76 82 94 75 69 85 72 76 71 86 89 88 82 70 90 95 87。

试比较全班男生和女生的历史成绩是否有差异，请分别用Excel与Spss进行操作。

第七章
方差分析

方差分析（Analysis of Variance,简称ANOVA）也叫F检验,为数据分析中常见的统计模型,主要探讨连续型数据因变量与类别型数据自变量的关系。t检验是检验两个总体均值是否相等,F检验是检验多个总体均值是否相等;根据类别型自变量的个数对连续型因变量的影响,分单因素（一个分类的自变量）方差分析和多因素（多个分类的自变量）方差分析。本章主要内容包含方差分析概述、几种常见的方差分析以及如何利用计算机实现常见的单因素方差分析和双因素方差分析。

第一节 方差分析概述

一、基本概念

指标是指被研究或测量的主要变量或观察指标,通常是用来评估不同处理组之间差异的指标,在方差分析中为因变量。由于试验目的不同,选择的试验指标也不相同。

因素也叫条件或处理,试验中所研究的影响试验指标的因素叫试验因素,在方差分析中为自变量。可以是药物剂量、环境条件、教学方法等,具体取决于研究的目的和问题。当试验中考察的因素只有一个时,称为单因素试验;若同时研究两个或两个以上的因素对试验指标的影响时,则称为双因素或多因素试验。试验因素常用大写字母 A、B、C⋯表示。

因素水平在方差分析中,是指自变量(因素)的不同取值或水平。这些不同的水平用于划分研究对象或试验单位到不同的处理组中,以便比较它们之间的差异。例如教育实验研究了不同的学习方法对学生考试成绩的影响。在这个实验中,学习方法是一个因素,可能包括传统课堂教学、在线学习和小组讨论等不同水平。试验因素所处的某种特定状态或数量等级称为因素水平,简称水平。因素水平用代表该因素的字母加脚标 $1,2,\cdots$ 来表示。如 A_1、A_2、⋯、B_1、B_2、⋯。

无重复实验中,每个处理条件或组别下只进行了一次观察或测量。每个处理条件仅有一个观察值或测量值,没有多个独立的观察数据。无重复实验通常在资源有限或实验设计不允许多次观察的情况下使用。重复实验设计更常见并更可靠,因为它能够降低由于随机误差引起的变异性,提高对处理效应的检测能力。然而,如果资源有限或者实验设计不允许多次观察,那么无重复实验也是一种可行的选择,虽然它的可信度和稳定性可能会较低。

有重复实验时,每个处理条件或组别下进行了多次观察或测量。即每个处理条件都有多个独立的观察数据,通常是2次或3次,但并不限于此。例如不同药物对患者血压的影响研究。为了进行有重复实验,研究者可能会选择同一组患者,并在不同时间点下对他们的血压进行多次测量,以获得每个患者在不同药物条件下的平均血压值。重复实验的目的是减少由于随机误差引起的变异性,提高实验结果的可信度和稳定性。重复实验设计有助于提高实验的效率和统计功效,更容易检测到处理效应的存在,通过对同一组试验单位进行多次观察,研究者可以更好地估计处理效应的大小,并减弱由于随机误差引起的不确定性。

有重复实验和无重复实验,是两种实验设计的区别,涉及每个处理条件下观察或测量的次数。

二、试验误差与条件误差

在方差分析的试验中,即使各水平的试验条件完全相同,但由于随机抽样或试验过程中随机因素的影响,其试验结果(指标)仍然会存在偏差,我们称这种偏差为试验误差(Experimental Error)或随机误差。例如为了探讨不同的训练方法对提高100 m成绩的效果,现将年龄、身体形态和运动素质基本相同的64名初一男生,随机分成4组,每组16人,进行4种不同方法的训练。即使4个实验组均采用同一方法训练,其结果(各组的100 m成绩均值)也不一定完全相同,这种差异就是随机误差。如果是试验条件的不同引起试验结果的不相同,我们称这种差异为条件误差(Conditional Error)。4个实验组采用4种不同的方法训练,其结果(各组的100 m成绩均值)不相同,这种差异若经检验有显著性,就可认为是由条件不同引起的,故称为条件误差。方差分析的目的就是要把影响指标的条件误差和随机误差区别开来,从而判断条件误差对指标影响的显著程度。

三、方差分析

方差分析(Analysis of Variance)是把实验数据的总变异分解为若干不同来源的分量。用离差平方和反映样本数据的变异,将离差平方和分解为组间与组内两部分。组间变异反映不同因子对样本波动的系统影响,而组内变异则不考虑组间变异的随机性影响。

在观测变量总变异中,如果组间离差平方和所占比例较大,则说明观测变量的变动主要由控制变量引起,可以主要由控制变量来解释,控制变量对实验有显著性影响;反之,如果组间变异所占比例小,则说明控制变量对试验不具有显著性影响,不可以主要由控制变量来解释,观测变量值的变动是由随机变量因素引起的。

此外,使用方差分析时,还应满足如下条件:

①来自每个总体的样本都是随机样本;

②不同总体的样本是相互独立的;

③每个样本都取自正态总体;

④每个总体的方差都相等,即 $\sigma_1^2 = \sigma_2^2 = \cdots = \sigma_k^2$(方差齐性)。

条件①②可由制定的抽样方案来满足;条件③在许多研究指标中基本满足,如人的身体形态、机能、部分素质指标都是服从正态分布的;关于条件④,因为方差本身是反映随机性影响大小的统计量,在方差分析中的各个总体的差别,仅是由条件的改变而引起的,它们所受的随机影响基本相同。因此多数情况下,各总体方差是相等的,当然若有必要,可作方差齐性检验。

第二节 几种常见的方差分析

一、单因素方差分析

观察的因素只有一个的实验叫单因素实验,对此种实验结果进行方差分析的方法叫单因素方差分析(One-way Analysis of Variance)。单因素方差分析所讨论的是在 k 个总体标准差皆相等的条件下,解决 k 个总体平均数是否相等的问题。

单因素方差分析的解题步骤如下。

①计算各组内的 $\sum x, \sum x^2, \bar{x}_i, n$。

②然后计算 $\sum\sum x, \sum\sum x^2, \sum n$,并令:

$$\sum X = \sum\sum x, \sum X^2 = \sum\sum x^2, N = \sum n$$

③计算离差平方和

$$总离差平方和 L_总 = \sum X^2 - \frac{\left(\sum X\right)^2}{N} \qquad (公式7.1)$$

$$组间离差平方和 L_间 = \sum \frac{\left(\sum x\right)^2}{n} - \frac{\left(\sum X\right)^2}{N} \qquad (公式7.2)$$

$$组内离差平方和 L_内 = L_总 - L_间 \qquad (公式7.3)$$

④计算方差

$$组间方差 S_间^2 = \frac{L_间}{k-1} \qquad (公式7.4)$$

$$组内方差 S_内^2 = \frac{L_内}{n-k} \qquad (公式7.5)$$

⑤计算 F 值

$$F=\frac{S_{间}^2}{S_{内}^2}=\frac{\dfrac{L_{间}}{k-1}}{\dfrac{L_{内}}{n-k}}$$（公式7.6）

公式中,S 表示离差平方和,S^2 表示方差,k 表示试验分组数,n 表示样本总数。

根据计算所得到 F 值检验假设 H_0,对于给定的显著水平 α,如果 $F \geq F_\alpha(n_1', n_2')$,则 $P \leq \alpha$,差异显著,此时需要进行因素水平均数的多重比较;如果 $F < F_\alpha(n_1', n_2')$,则 $P > \alpha$,结论为差异不显著。

为了计算方便,往往列计算表进行方差分析。$F_\alpha(n_1', n_2')$ 可根据组间自由度和组内自由度查表(见附表中方差分析 F 值表)得到。

表7-1 方差分析表

来源	离差平方和	自由度	方差	F	F_α	P
组间	$L_{间}$	$k-1$	$S_{间}^2$	F	F_α	—
组内	$L_{内}$	$N-k$	$S_{内}^2$	—	—	—
总	$L_{总}$	$N-1$	—	—	—	—

第一自由度为:$n_1' = k-1$,第二自由度为:$n_2' = N-k$。

求出 $F_\alpha(k-1, N-k)$ 的值。

方差分析分各组样本含量相等和各组样本含量不相等两种情况,计算时要区别对待。两者的不同之处在于组间离差平方和 $L_{间}$ 的计算。

当样本含量相等时:

$$L_{间}=\frac{\left(\sum x_1\right)^2+\left(\sum x_2\right)^2+\cdots+\left(\sum x_k\right)^2}{n}-\frac{\left(\sum X\right)^2}{N}$$（公式7.7）

当样本含量不等时:

$$L_{间}=\frac{\left(\sum x_1\right)^2}{n_1}+\frac{\left(\sum x_2\right)^2}{n_2}+\cdots+\frac{\left(\sum x_k\right)^2}{n_k}-\frac{\left(\sum X\right)^2}{N}$$（公式7.8）

二、平均数的多重比较

方差分析是一种整体性分析,当进行方差分析后,如果发现处理组之间存在显著差异,只是说明接下来可能需要进行平均数的多重比较(Multiple Comparisons),以确定哪些处理组之间的差异是显著的。多重比较的目的是对处理组之间进行比较,以确定哪些比较之间存在显著的差异。常见的多重比较方法包括以下五种。

Tukey's Honestly Significant Difference (HSD):这是一种经典的多重比较方法,用于比较所有可能的处理组对之间的平均差异,并根据Tukey的HSD标准差确定是否存在显著差异。

Bonferroni校正:这是一种严格的多重比较方法,通过将显著性水平(如α)除以比较的总数来调整每个比较的显著性水平。

Sidak校正:与Bonferroni校正类似,但是考虑了比较的总数和显著性水平的相关性,因此可能比Bonferroni方法更具统计功效。

Duncan's Multiple Range Test:这是一种多重比较方法,将处理组按照其均值的大小进行排序,然后比较相邻处理组之间的差异,以确定是否显著。

Fisher's Least Significant Difference(LSD):这是一种简单的多重比较方法,仅在检测到方差分析结果显著时使用,比较处理组的所有可能对之间的差异。

在选择多重比较方法时,需要考虑实验设计、数据特性和研究问题的需求。不同的方法可能会在控制错误率、统计功效和解释性之间有所不同。

三、双因素方差分析

在科研中,常常会遇到两个或两个以上的因素同时影响试验结果的情况,通过双因素方差分析(Two-way Analysis of Variance),能确定两个因素分别对试验结果有无影响,并能对两个因素的联合影响(交互作用)做出估计,是一种比较好的分析方法,特别是对于试验费用昂贵的试验来说更值得大力提倡。

(一)无重复无交互作用时的方差分析

设有两个因素 A 和 B,因素 A 有 n 个水平为 $A_i(i=1,\cdots,n)$,因素 B 有 m 个水平为 $B_j(j=1,\cdots,m)$。对每一种情况 A_i*B_j 进行一次试验,共得 nm 个试验结果 X_{ij},如表7-2。

设表中的 X_{ij} 是相互独立的,且是服从正态总体的随机变量,A 和 B 之间不存在交互作用,这时可利用计算表7-3进行方差分析。

表7-2 原始数据表

X_{ij} \ 因素B 因素A	B_1	B_2	$\cdots$	B_m
A_1	X_{11}	X_{12}	$\cdots$	X_{1m}
A_2	X_{21}	X_{22}	$\cdots$	X_{2m}
$\vdots$	$\vdots$	$\vdots$	$\vdots$	$\vdots$
A_n	X_{n1}	X_{n2}	$\cdots$	X_{nm}

$$P = \frac{1}{mn}\left(\sum_{j=1}^{m} T_{B_j}\right)^2, \quad R = \sum_{i=1}^{n}\sum_{j=1}^{m} X_{ij}^2 \qquad \text{(公式7.9)}$$

因素 A 之间的平方和

$$S_A = \frac{1}{m}\sum_{i=1}^{n} T_{A_i}^2 - P, \text{自由度} n_A = n-1 \qquad \text{(公式7.10)}$$

因素 B 之间的平方和

$$S_B = \frac{1}{n}\sum_{j=1}^{m} T_{B_j}^2 - P, \text{自由度} n_B = m-1 \qquad \text{(公式7.11)}$$

总平方和

$$S_T = R - P, \text{自由度} n_T = mn-1 \qquad \text{(公式7.12)}$$

误差平方和

$$S_e = S_T - S_A - S_B, \text{自由度} n_e = (n-1)(m-1) \qquad \text{(公式7.13)}$$

表7-3 方差分析表

误差来源	平方和	自由度	均方	F值	临界值	显著性
因素A	S_A	$n-1$	$\bar{S}_A = \dfrac{S_A}{n-1}$	$F_A = \dfrac{\bar{S}_A}{\bar{S}_e}$	$F_{0.05}$	
因素B	S_B	$m-1$	$\bar{S}_B = \dfrac{S_B}{m-1}$	$F_B = \dfrac{\bar{S}_B}{\bar{S}_e}$	$F_{0.05}$	
误差	S_e	$(n-1)(m-1)$	$\bar{S}_e = \dfrac{S_e}{(m-1)(n-1)}$			
总和	S_T	$mn-1$				

若 $F_A > F_{0.05}(n-1,(m-1)(n-1))$,则因素A影响显著;$F_B > F_{0.05}(m-1,(m-1)(n-1))$,则因素B影响显著。

(二)有重复有交互作用时的方差分析

设有两个因素A和B,因素A有n个水平为$A_i(i=1,\cdots,n)$,因素B有m个水平为B_j($j=1,\cdots,m$)。对每一种情况A_i*B_j进行r次试验,共得nmr个试验结果$X_{ijk}(k=1,\cdots,r)$,如表7-4。

设表中的X_{ijk}是相互独立的,且是服从正态总体的随机变量,A和B之间存在交互作用,这时可利用计算表7-5进行方差分析。

表7-4 原始数据表

X_{ijk} \ 因素B 因素A	B_1	B_2	$\cdots$	B_m
A_1	$X_{111},\cdots,X_{11r}$	$X_{121},\cdots,X_{12r}$	$\cdots$	$X_{1m1},\cdots,X_{1mr}$
A_2	$X_{211},\cdots,X_{21r}$	$X_{221},\cdots,X_{22r}$	$\vdots$	$X_{2m1},\cdots,X_{2mr}$
$\vdots$	$\vdots$	$\vdots$	$\vdots$	$\vdots$
A_n	$X_{n11},\cdots,X_{n1r}$	$X_{n21},\cdots,X_{n2r}$	$\cdots$	$X_{nm1},\cdots,X_{nmr}$

表7-5 方差分析表

误差来源	平方和	自由度	均方	F值	临界值	显著性
因素A	S_A	$n-1$	$\bar{S}_A=\dfrac{S_A}{n-1}$	$F_A=\dfrac{\bar{S}_A}{\bar{S}_e}$	$F_{0.05}(n-1,nm(r-1))$	
因素B	S_B	$m-1$	$\bar{S}_B=\dfrac{S_B}{m-1}$	$F_B=\dfrac{\bar{S}_B}{\bar{S}_e}$	$F_{0.05}(n-1,nm(r-1))$	
交互A*B	S_{AB}	$(n-1)(m-1)$	$\bar{S}_{AB}=\dfrac{S_{AB}}{(n-1)(m-1)}$	$F_{AB}=\dfrac{\bar{S}_{AB}}{\bar{S}_e}$	$F_{0.05}((n-1)(m-1),nm(r-1))$	
误差	S_e	$nm(r-1)$	$\bar{S}_e=\dfrac{S_e}{nm(r-1)}$			
总和	S_T	$mnr-1$				

(1)若$F_A>F_{0.05}(n-1,nm(r-1))$,则因素A影响显著;

(2)若$F_B>F_{0.05}(n-1,nm(r-1))$,则因素B影响显著;

(3)若$F_A>F_{0.05}((n-1)(m-1),nm(r-1))$,则交互作用A*B影响显著。

第三节 方差分析实操

一、单因素方差分析的Excel和Spss实操

实验7-1 如何利用Excel和Spss比较不同教学方法的优劣

案例资料:为了研究不同生物教学教法之间的差异,将某年级二班18名同学分为三组,分别按照三种不同的教法进行教学,一个学期后测得各组成绩如表7-6所示,试比较不同的教法间是否有差异。

表7-6 生物成绩统计表

单位:分

编号	1组	2组	3组
1	65	84	50
2	87	83	63
3	65	82	51
4	60	89	64
5	77	78	51
6	72	69	55

Excel 方法

资料分析:对于三种教法差异的比较实际上就是对三组平均成绩的比较(是否有差异)。两组以上平均值的比较,需要用到单因素方差分析。即 z 与 t 检验是用于两组数据比较平均值差异的,而比较两组以上的平均值是否相等时,应用方差分析。本例利用"数据分析"中的"方差分析:单因素方差分析"进行计算并分析。

操作步骤

步骤1：在Excel工作表中输入原始数据，并在"数据"菜单中选择"数据分析"选项，如图7-1。

步骤2：在跳转的"数据分析"对话框中，选择"方差分析：单因素方差分析"选项，单击"确定"按钮，如图7-2。

步骤3：在"方差分析：单因素方差分析"对话框中，在"输入区域（I）"输入"$B$2:$D$7"的数值范围，"分组方式"选择"列（C）"，α(A)设置为0.05，选择输出区域"$A$10"，如图7-3。

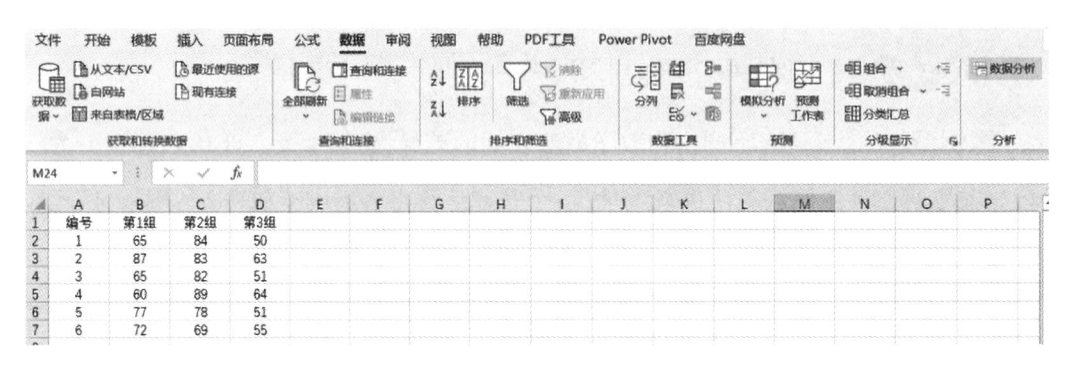

图7-1　原始数据与选择菜单

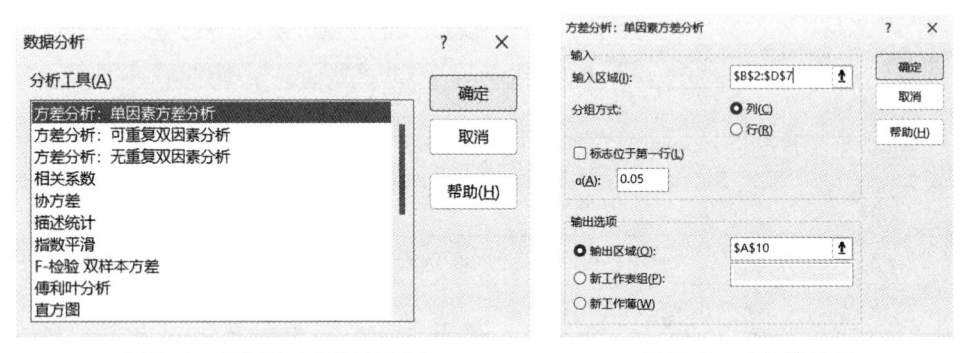

图7-2　"数据分析"对话框

图7-3　"方差分析：单因素方差分析"对话框

步骤4：单击"确定"按钮，得到输出结果，如图7-4。

10	方差分析：单因素方差分析						
11							
12	SUMMARY						
13	组	观测数	求和	平均	方差		
14	列1	6	426	71	97.2		
15	列2	6	485	80.83333	46.16667		
16	列3	6	334	55.66667	39.86667		
17							
18							
19	方差分析						
20	差异源	SS	df	MS	F	P-value	F crit
21	组间	1930.333	2	965.1667	15.80226	0.000203	3.68232
22	组内	916.1667	15	61.07778			
23							
24	总计	2846.5	17				

图7-4　结果输出图

结果解释：由图7-4，自由度为(2,15)，F值为15.802 26，P=0.000 203<α=0.01，因此可以得出三种教法之间存在显著差异。

Spss方法

资料分析：对于三种教法差异的比较实际上就是对三组平均成绩的比较（是否有差异）。两组以上平均值的比较，需要用到单因素方差分析方法。本案例需要用"分析(A)"菜单中"比较平均值(M)"子菜单下的"单因素ANOVA检验…"选项来实现。

操作步骤

步骤1：在Spss软件中输入案例的原始数据，如图7-5。

步骤2：在"分析(A)"菜单中，选择"比较平均值(M)"子菜单下的"单因素ANOVA检验…"选项，如图7-6。

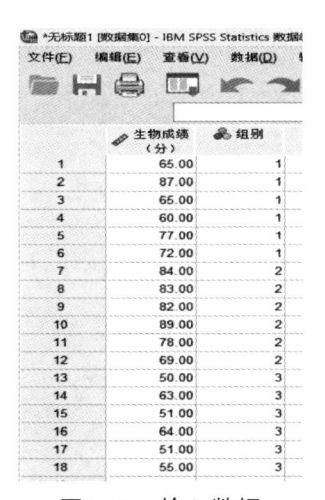

图7-5　输入数据 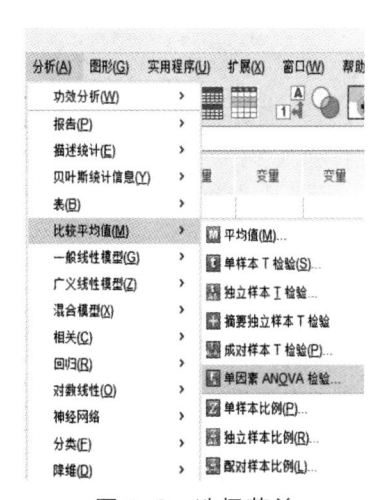　　　图7-6　选择菜单

步骤3：在跳转的"单因素ANOVA检验"对话框中，将"生物成绩（分）"与"组别"选中，单击箭头按钮，使两者分别进入"因变量列表(E)"与"因子(F)"框中，并选中"事后比较(H)…"按钮，如图7-7所示。

图7-7 "单因素ANOVA检验"对话框

步骤4：在跳转出的"单因素ANOVA检验：事后多重比较"对话框中，选中"假定等方差"下的"LSD""R-E-G-W Q"，以及选择"原假设检验"下的"指定用于事后检验的显著性水平〔Alpha〕"，再单击"继续(C)"按钮，如图7-8所示。

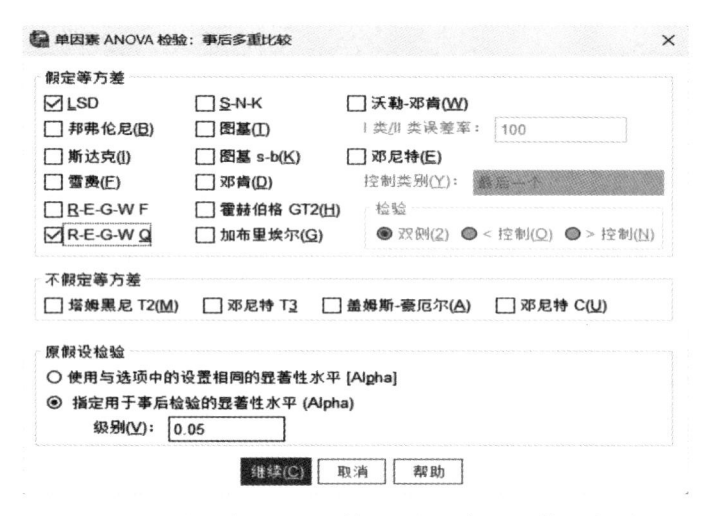

图7-8 "单因素ANOVA检验：事后多重比较"对话框

步骤5：在返回的"单因素ANOVA检验"对话框中单击"确定"按钮，得到输出结果如图7-9所示。

ANOVA

生物成绩（分）

	平方和	自由度	均方	F	显著性
组间	1930.333	2	965.167	15.802	<.001
组内	916.167	15	61.078		
总计	2846.500	17			

事后检验

多重比较

因变量：生物成绩（分）

	(I) 组别	(J) 组别	平均值差值(I-J)	标准误差	显著性	95% 置信区间 下限	上限
LSD	1	2	-9.83333*	4.51212	.046	-19.4507	-.2160
		3	15.33333*	4.51212	.004	5.7160	24.9507
	2	1	9.83333*	4.51212	.046	.2160	19.4507
		3	25.16667*	4.51212	<.001	15.5493	34.7840
	3	1	-15.33333*	4.51212	.004	-24.9507	-5.7160
		2	-25.16667*	4.51212	<.001	-34.7840	-15.5493

*. 平均值差值的显著性水平为0.05。

图7-9　结果输出图

结果解释：

表7-7为单因素方差分析结果，由表可知：组间离差平方和为1 930.333，组内离差平方和为916.167，总的离差平方和为2 846.500；组间自由度为2，组内自由度为15，总的自由度为17；组间方差为965.167，组内方差为61.078；F值为15.802，显著性<0.01，即差异非常显著，证明三种教学方法之间存在非常显著的差异。

表7-7　单因素分析结果

生物成绩(分)

	平方和	自由度	均方	F	显著性
组间	1 930.333	2	965.167	15.802	<0.001
组内	916.167	15	61.078	—	—
总计	2 846.500	17	—	—	—

表7-8为各组的多重比较表，由表可知，1组与2组比较时，均值差为-9.833 33，标准误为4.512 12，显著性为0.046，95%置信区间为(-19.450 7，-0.216)。从显著性可以看出，1组和2组之间存在显著性差异，以此类推，1组与其他组也存在显著性差异，2组和3组也与其他各组存在显著性差异。

表7-8 多重比较

因变量：生物成绩（分）

(I)组别	(J)组别	平均值差值（I-J）	标准误差	显著性	95% 置信区间 下限	95% 置信区间 上限
1	2	−9.833 33*	4.512 12	0.046	−19.450 7	−0.216
1	3	15.333 33*	4.512 12	0.004	5.716	24.950 7
2	1	9.833 33*	4.512 12	0.046	0.216	19.450 7
2	3	25.166 67*	4.512 12	<0.001	15.549 3	34.784
3	1	−15.333 33*	4.512 12	0.004	−24.950 7	−5.716
3	2	−25.166 67*	4.512 12	<.001	−34.784	−15.549 3

* 平均值差值的显著性水平为 0.05。

二、双因素方差分析的Excel和Spss实操

(一)无重复的双因素方差分析的Excel与Spss实操

实验7-2　如何利用Excel和Spss检验不同季度不同方式对销售额的影响

案例资料：为研究不同季度和不同方式对某产品销售额的影响，现有数据如表7-9所示，试分析销售方式和季度两因素对产品销售额的影响。

表7-9 某产品销售额

单位：万元

销售方式	1季度	2季度	3季度	4季度
A	176	179	193	260
B	165	170	180	250
C	152	160	184	240

Excel 方法

资料分析：比较不同方式和不同季度对产品销售额的影响，要看这两个因素作用下产生结果的差异是否显著，属于双因素方差分析，由于两个因素相互独立地作用于实验结果，分别判断行因素和列因素对实验数据的影响，这时的双因素方差分析称为无交互作用的方差分析或无重复的（非交互）双因素方差分析，在Excel中要用"数据分析"中的"方差分析：无重复双因素分析"选项实现。

操作步骤

步骤1：在Excel工作表中输入原始数据，并在"数据"菜单中选择"数据分析"选项，如图7-10。

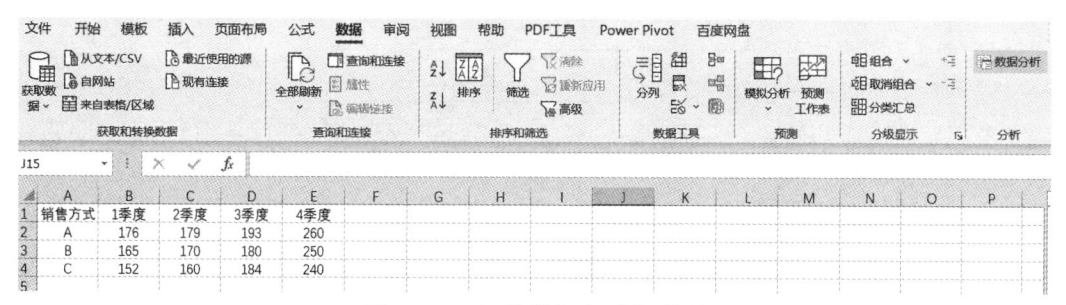

图7-10　原始数据与选择菜单

步骤2：在跳转的"数据分析"对话框中，选择"方差分析：无重复双因素分析"，单击"确定"按钮，如图7-11。

步骤3：在跳转的"方差分析：无重复双因素分析"对话框中，选择"输入区域(I)"中的"\$A\$1:\$E\$4"，勾选"标志(L)"选项，选择"α(A)"为0.05，选择"输出区域(O)"中的"\$A\$7"，如图7-12。

步骤4：单击"确定"按钮，得到输出结果，如图7-13。

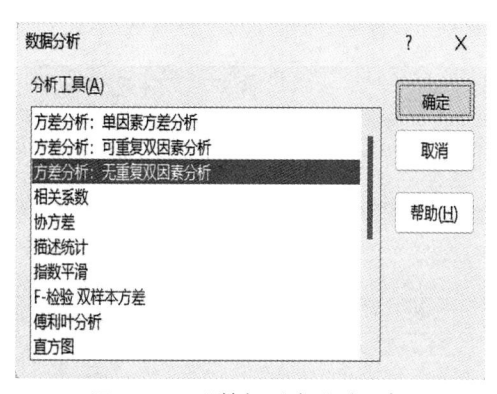

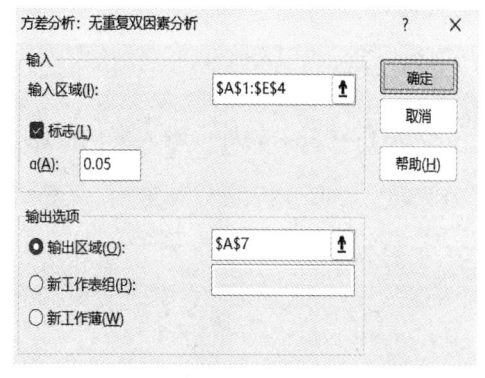

图7-11　"数据分析"对话框　　图7-12　"方差分析：无重复双因素分析"

	A	B	C	D	E	F	G
7	方差分析：无重复双因素分析						
8							
9	SUMMARY	观测数	求和	平均	方差		
10	A	4	808	202	1550		
11	B	4	765	191.25	1572.91667		
12	C	4	736	184	1578.66667		
13							
14	1季度	3	493	164.3333	144.333333		
15	2季度	3	509	169.6667	90.3333333		
16	3季度	3	557	185.6667	44.3333333		
17	4季度	3	750	250	100		
18							
19							
20	方差分析						
21	差异源	SS	df	MS	F	P-value	F crit
22	行	656.1667	2	328.0833	19.3306056	0.0024247	5.1433
23	列	14002.92	3	4667.639	275.016367	8.21E-07	4.7571
24	误差	101.8333	6	16.97222			
25							
26	总计	14760.92	11				

图7-13　结果输出图

结果解释：由图7-13可知，销售方式因素为行因素，其 F=19.330 6>F_{crit}=5.143 3，P=0.002 4<0.01，则认为销售方式对产品销售额有显著影响；季度为列因素，其 F=275.016 4>F_{crit}=4.757 1，P<0.01，则认为季节因素对产品销售额有显著影响。

Spss 方法

资料分析：比较不同方式和不同季度对产品销售额的影响，要看这两个因素作用下产生结果的差异是否显著，属于双因素方差分析，由于两个因素独立地作用于实验结果，这时的双因素方差分析称为无交互作用的方差分析或无重复的(非交互)双因素方差分析，要用“分析(A)”菜单中“一般线性模型(G)”子菜单下的“单变量(U)…”选项来实现。

操作步骤

步骤1：在Spss软件中输入案例的原始数据，如图7-14。

步骤2：在“分析(A)”菜单中，选择“一般线性模型(G)”子菜单下的“单变量(U)…”选项，如图7-15。

图7-14 输入数据　　　　　　　　　图7-15 选择菜单

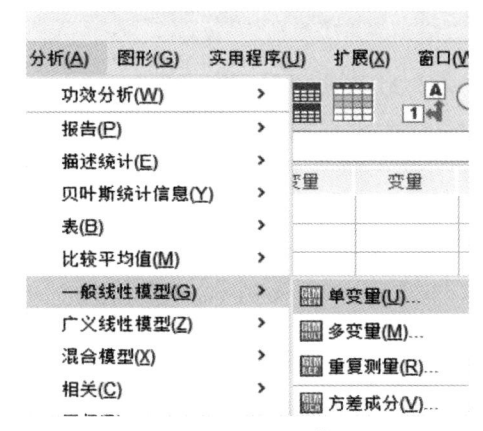

步骤3：在跳转的"单变量"对话框中,将"销售额"选入"因变量(D)"框中,将"销售方式"与"季度"选入"固定因子(F)"框中,随后单击"模型(M)…"按钮,如图7-16所示。

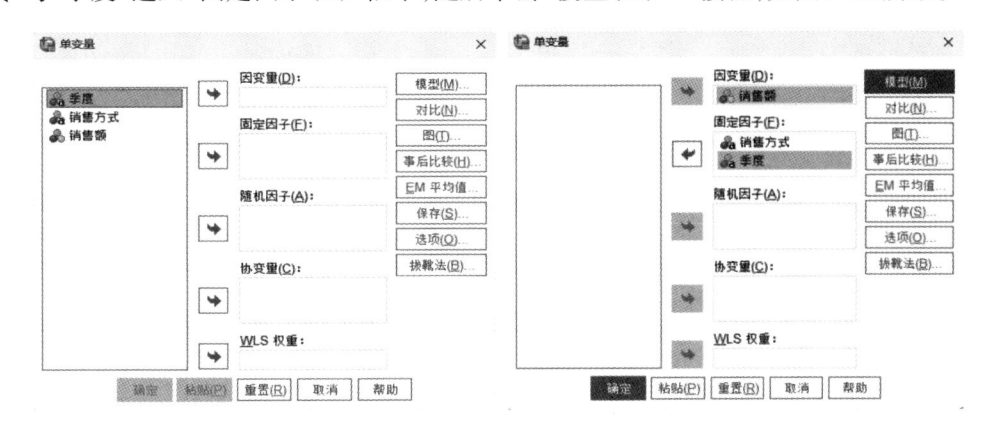

图7-16 "单变量"对话框

步骤4：在出现的"单因素:模型"对话框中,选择"构建项(B)"按钮,此时"因子与协变量(F)"对话框呈可编辑状态,选中"销售方式"与"季度",通过箭头使两者按钮进入"模型(M)"框中,再选择"类型(P)"为"交互"模型以及"在模型中包括截距(I)",单击"继续(C)"按钮,如图7-17。

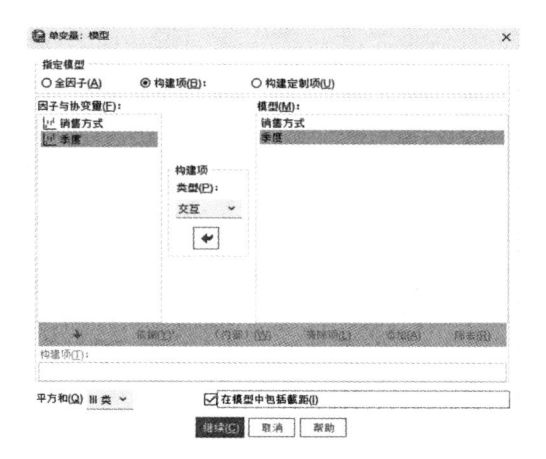

图7-17 "单因素:模型"对话框

步骤5:在返回的"单变量"对话框中,单击"确定"按钮得到输出结果,如图7-18所示。

➡ 方差的单变量分析

主体间因子

		N
销售方式	A	4
	B	4
	C	4
季度	1季度	3
	2季度	3
	3季度	3
	4季度	3

主体间效应检验

因变量: 销售额

源	III 类平方和	自由度	均方	F	显著性
修正模型	14659.083[a]	5	2931.817	172.742	<.001
截距	444290.083	1	444290.083	26177.484	<.001
销售方式	656.167	2	328.083	19.331	.002
季度	14002.917	3	4667.639	275.016	<.001
误差	101.833	6	16.972		
总计	459051.000	12			
修正后总计	14760.917	11			

a. R 方 = .993(调整后 R 方 = .987)

图7-18 结果输出图

表7-10 主体间因子

	因素水平	N
销售方式	A	4
	B	4
	C	4
季度	1季度	3
	2季度	3
	3季度	3
	4季度	3

结果解释

由表7-10可以看出,销售方式有3个水平,分别是A、B、C,其数据有4个;季度因素有4个水平,分别是1、2、3、4季度,其数据有3个。

表7-11 主体间效应检验

因变量:销售额

源	III类平方和	自由度	均方	F	显著性
修正模型	14 659.083[a]	5	2 931.817	172.742	<0.001
截距	444 290.08	1	444 290.083	26 177.484	<0.001
销售方式	656.167	2	328.083	19.331	0.002
季度	14 002.917	3	4 667.639	275.016	<0.001
误差	101.833	6	16.972	—	—
总计	459 051	12	—	—	—
修正后总计	14 760.917	11	—	—	—

a. R^2=0.993(调整后R^2=0.987)

由表7-11可知,销售方式的自由度为2,平均方差为328.083,F为19.331,显著性为0.002<0.05,可以认为不同销售方式对产品销售额有非常显著的差异;季度的自由度为3,平均方差为4 667.639,F为275.016,显著性为0小于0.01,可以认为不同季度的产品销售额有非常显著的差异。

(二)有重复的双因素方差分析的Excel与Spss实操

实验7-3 如何利用Excel与Spss分析不同地区和销售方法对销售业绩的影响

案例资料：某销售公司为了提高销售人员的业绩，选择了两个地区和三种不同的方法进行试验，试验中随机挑选的42名人员，一年后业绩如表7-12所示，试分析不同地区、销售方法及其交互作用对销售人员的业绩是否有显著影响。

表7-12　不同地区与方法下的销售业绩

单位：万元

	销售方法1	销售方法2	销售方法3
地区1	2.19	2.13	2.08
地区1	2.18	2.13	2.07
地区1	2.16	2.11	2.07
地区1	2.15	2.11	2.06
地区1	2.15	2.15	2.06
地区1	2.14	2.09	2.04
地区1	2.14	2.09	2.04
地区2	2.04	1.98	1.87
地区2	2.04	1.97	1.89
地区2	2.04	1.97	1.89
地区2	2.02	1.95	1.87
地区2	2.01	1.95	1.87
地区2	2.00	1.94	1.86
地区2	1.99	1.93	1.86

Excel方法

资料分析：地区、销售方法及其交互作用对销售业绩的影响分析是要分析地区、销售方法这两个变量和其交互作用共三个因素对销售业绩的影响，属于可重复双因素方差分析。由于变量间存在交互作用，因此分析过程要分析三个因素对业绩的影响。该案例可以用"数据分析"中的"方差分析：可重复双因素分析"选项实现。

操作步骤

步骤1：在Excel工作表中输入原始数据，并在"数据"菜单中选择"数据分析"选项，如图7-19。

图7-19　原始数据与选择菜单

步骤2：在跳转的"数据分析"对话框中，选择"方差分析：可重复双因素分析"选项，单击"确定"选项，如图7-20。

步骤3：在跳转的"方差分析：可重复双因素分析"对话框中，选择"输入区域(I)"中的"\$A\$1:\$D\$15"，"每一样本的行数(R)"填"7"，"α(A)"的值为0.05，"输出区域(O)"为"\$F\$1"，如图7-21。

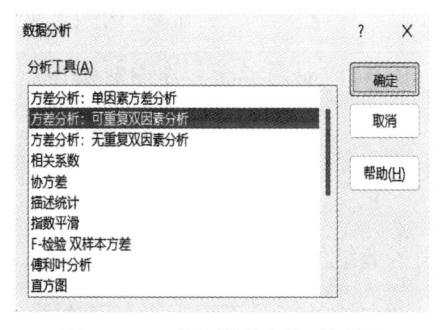

图7-20　"数据分析"对话框

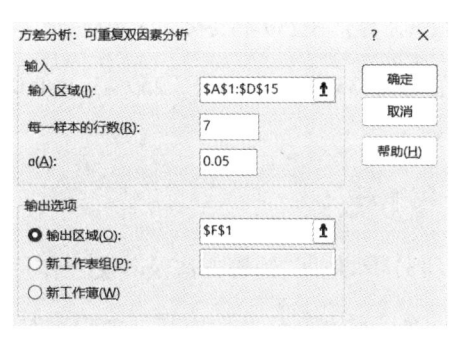

图7-21　"方差分析：可重复双因素分析"对话框

步骤4：单击"确定"按钮，得到输出结果如图7-22。

	F	G	H	I	J	K	L
1	方差分析:	可重复双因素分析					
2							
3	SUMMAR	销售方法1	销售方法2	销售方法3	总计		
4	地区1						
5	观测数	7	7	7	21		
6	求和	15.11	14.81	14.42	44.34		
7	平均	2.1585714	2.1157143	2.06	2.1114286		
8	方差	0.000381	0.0004952	0.0002333	0.0020429		
9							
10	地区2						
11	观测数	7	7	7	21		
12	求和	14.14	13.69	13.11	40.94		
13	平均	2.02	1.9557143	1.8728571	1.9495238		
14	方差	0.0004333	0.0003286	0.0001571	0.0040848		
15							
16	总计						
17	观测数	14	14	14			
18	求和	29.25	28.5	27.53			
19	平均	2.0892857	2.0357143	1.9664286			
20	方差	0.0055456	0.0072725	0.0096093			
21							
22							
23	方差分析						
24	差异源	SS	df	MS	F	P-value	F crit
25	样本	0.2752381	1	0.2752381	814.08451	2.59E-26	4.113165
26	列	0.1062333	2	0.0531167	157.10563	1.64E-18	3.259446
27	交互	0.0041476	2	0.0020738	6.1338028	0.005101	3.259446
28	内部	0.0121714	36	0.0003381			
29							
30	总计	0.3977905	41				

图7-22 结果输出图

结果解释：如图7-22，样本为地区因素，列为销售方法因素，交互即为两者的交互作用，内部即为误差，总计即总和，差异源即为方差来源。由图可知，地区因素的F值为814.0845>临界值4.11317，$P<0.01$，说明地区因素对业绩的影响显著；销售方法的F值为157.1056>临界值3.25945，$P<0.01$，说明销售方法因素对业绩的影响显著；两因素交互作用的F值为6.133803>临界值3.25945，$P=0.0051<0.01$，说明两者交互作用对销售业绩的影响显著。

Spss 方法

资料分析：地区、销售方法及其交互作用对销售业绩的影响分析是要分析地区、销售方法这两个变量和其交互作用共三个因素对销售业绩的影响，属于双因素交叉方差分析，或称为可重复双因素方差分析。由于变量间存在交互作用，因此分析过程要分析三个因素对业绩的影响。该案例可以用"分析(A)"菜单中"一般线性模型(G)"子菜单下的"单变量(U)…"选项实现。

操作步骤

步骤1：在Spss软件中输入案例的原始数据，如图7-23。

步骤2：在"分析(A)"菜单中，选择"一般线性模型(G)"子菜单下的"单变量(U)"选项，如图7-24。

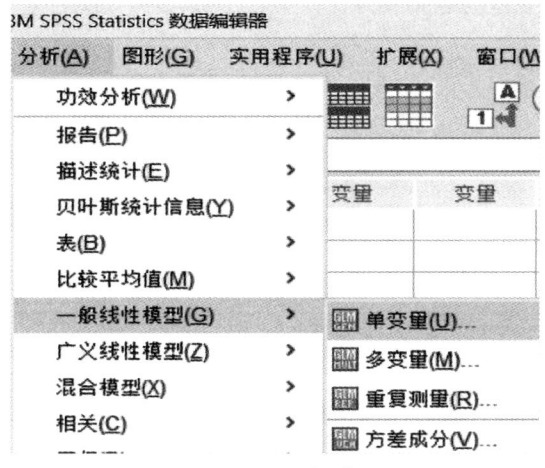

图7-23　数据输入　　　　图7-24　选择菜单

步骤3：在跳转出的"单变量"对话框中，将"业绩"选中，通过箭头放入"因变量(D)"对话框。将"地区"与"销售方法"选中，通过箭头放入"固定因子(F)"对话框中，单击"模型(M)…"按钮，如图7-25。

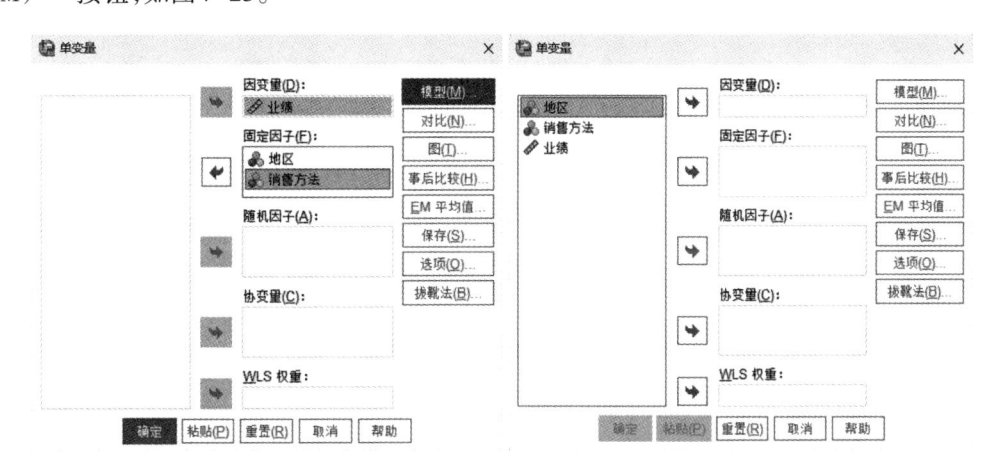

图7-25　"单变量"对话框

步骤4：在跳转的"单变量：模型"对话框中，选择系统默认的"指定模型"下的"全因子(A)"模型，以及"交互"类型建构项和"在模型中包括截距(I)"选项，单击"继续(C)"按钮,如图7-26。

步骤5:在跳转回的"单变量"对话框中,单击"确定"选项,得到输出结果,如图7-27。

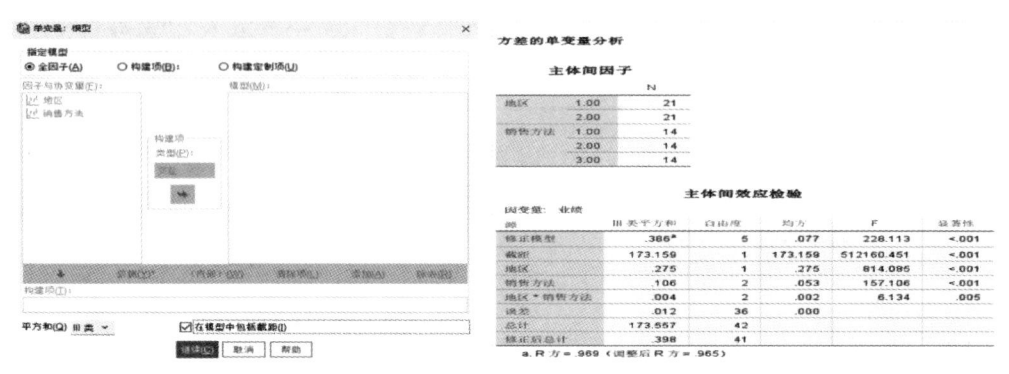

图7-26 "单变量:模型"对话框   图7-27 结果输出图

结果解释

表7-13是各因素的一般描述,由表可知,地区有两个水平:地区1和地区2,它们的数值均为21个;销售方法因素有三个水平:方法1、方法2和方法3,它们的数据均有14个。

表7-13 主体间因子

		N
地区	地区1	21
	地区2	21
销售方法	方法1	14
	方法2	14
	方法3	14

表7-14是主体间效应检验的结果。由表可知,地区因素的自由度为1,均方为0.275,F的值为814.085,显著性为$P<0.01$,说明地区因素对业绩的影响是显著的;销售方法因素的自由度为2,均方为0.053,F的值为157.106,显著性为$P<0.05$,说明销售方法因素对业绩的影响是显著的;地区因素与销售方法因素的交互作用的自由度为2,均方为0.002,F的值为6.134,显著性为$P=0.005<0.05$,说明两者的交互作用对业绩的影响显著。

表7-14 主体间效应检验

因变量：业绩

源	Ⅲ类平方和	自由度	均方	F	显著性
修正模型	0.386ª	5	0.077	228.113	<0.001
截距	173.159	1	173.159	512 160.5	<0.001
地区	0.275	1	0.275	814.085	<0.001
销售方法	0.106	2	0.053	157.106	<0.001
地区*销售方法	0.004	2	0.002	6.134	0.005
误差	0.012	36	0		
总计	173.557	42			
修正后总计	0.398	41			

* $R^2=0.969$（调整后 $R^2=0.965$）

习题

1. 简述几种常见的方差分析。

2. 简述方差分析的基本原理和应用场景。

3. 为什么在进行方差分析之前需要检验数据是否满足正态性和方差齐性？

4. 简述单因素方差分析和多因素方差分析的主要区别。

5. 给定一个单因素方差分析的结果，其中 $F=4.25, df_1=2, df_2=27, \alpha=0.05$。请判断该结果是否支持拒绝原假设（即各组均值相等）。

6. 有一个关于学习方法（A、B、C 三种）和学习时间（长、短两种）对考试成绩影响的实验。请设计一个多因素方差分析的模型，并解释其中涉及的效应和交互效应。

7. 在什么情况下可能会使用重复测量方差分析？请给出一个实际应用的例子。

第八章

相关分析

　　自然界中的一切事物都不是孤立的,而是相互联系、相互影响和制约的,它们之间总是存在着一定的关系,在数理统计中,寻求事物的关系时常用的方法为相关分析。它是描述客观事物相互间关系的密切程度并用适当的统计指标表示出来的过程。本章内容包含相关分析概述、相关系数和利用计算机实现相关分析。

第一节 相关分析概述

为了从相互联系、相互影响的事物中找出其发展变化的规律,一方面要考虑某单个事物的数量发展水平,另一方面也要定量研究多个事物之间的联系。例如,人的身高和体重之间的联系;工作压力与心理健康的相关性;空气中的相对湿度与降雨量之间的相关关系都是相关分析研究的问题。

一、相关的概念

在长期的实践活动和数理统计的应用中,人们探索两个或多个事物之间相互关联或相互作用的规律,发现变量之间的关系一般可分为两类:函数关系和相关关系。

(一)函数关系

函数关系(Functional Relationship)反映了事物间的严格依存性。比如圆的面积对于其半径的依存关系,写成公式就是 $S=\pi r^2$,它们之间的关系可以用一个数学公式来表示。以及某种商品销售额 Y 与该商品销售量 X、成交价格 P 之间的关系也可以用 $Y=PX$ 来表示函数关系。像这样只要知道其中一个变量的数值,就可以精确地求出另一个变量的数值,变量之间的这种关系称为函数关系。

(二)相关关系

在社会经济和自然界中现象之间的关系更多的是不确定关系,即为相关关系(Correlation)。相关关系是指客观现象之间确实存在关联,但数量方面不是严格对应的依存关系。如农作物产量和施肥量之间的关系,不能用函数关系来表达,但是它们之间确实存在着某种关系。一方面,农作物的产量不仅受施肥量的影响,还受种子、土壤、天气、田间管理等一系列因素的影响,施肥量只是其中的一个因素,所以农作物的产量和施肥量之间不能用函数关系来描述。另一方面,通过大量观察发现,当施肥量增加时农作物产量也相应增加,说明施肥量和农作物产量之间又存在某种关系。再如,学生的学习成绩肯定跟他的努力程度有关,但还跟他的知识基础、理解能力、教师的教学、班级的学习氛围等因素有关,努力程度对于学习成绩提高的程度并不一定成正比,但它们是有关系的。统计学上,把现象之间客观存在而又不确定的数量依存关系称为相关关系。这种相互关系存在两个明显的特点:一是现象之间确实存在着数量上的依存关系,二是现象之间的数量关系又是不确定的。

(三)函数关系与相关关系的区别与联系

相关关系与函数关系的区别与联系:①函数关系指变量之间的关系是确定的,相关关系变量间的关系是不确定的,不必确定两变量中谁是自变量,谁是因变量,变量间是对等的,改变两变量的地位并不影响相关系数的数值,不涉及两个变量间有无因果关系;②函数关系变量之间的依存关系可以用确定的方程 $Y=F(X)$ 表示出来,可以给定自变量来推算因变量,而相关关系则不能用确定方程来表示;③函数关系是相关关系的特例,即函数关系是完全的相关关系。

二、相关关系的类型

从不同角度可以将相关关系分为以下类型(图8-1)。

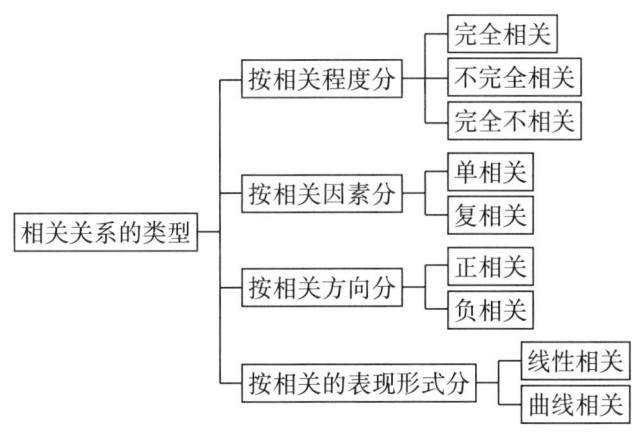

图8-1 相关关系的类型

(一)按相关程度分类

相关程度的大小,统计学上用相关系数 r 表示。相关系数 r 没有单位,其值在-1与+1之间。$|r|$ 越接近于1,表明变量之间的直线关系程度越大;$|r|$ 值越接近于0,则表明变量之间的线性关系越不密切。按照相关的密切程度,相关关系可分为完全相关、完全不相关和不完全相关。

1.完全相关($|r|=1$)

即确定性关系,它是指变量之间存在着严格的数量依存关系。其特点为:某一个(或几个)变量的变动会引起另一个变量确定性的变动,它们之间的关系可以用数学函数式确切地表现出来。因此也可以说函数关系是相关关系的一个特例(如图8-2)。

2.完全不相关又称零相关($r=0$)

当变量之间彼此互不影响,其数量变化各自独立时,则变量之间为完全不相关。例如,公司利润与职工平均年龄是完全不相关的(如图8-3)。

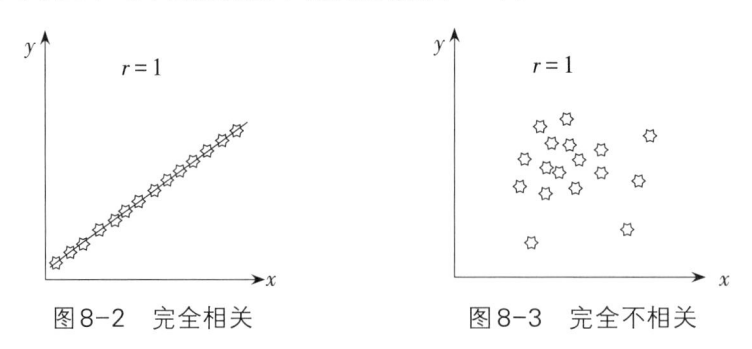

图8-2 完全相关

图8-3 完全不相关

3.不完全相关关系

其指的是两个变量的关系介于完全相关和完全不相关之间的情况。由于完全相关和完全不相关的数量关系是确定的或相互独立的,因此统计学中的相关分析主要研究不完全相关(图8-4)。

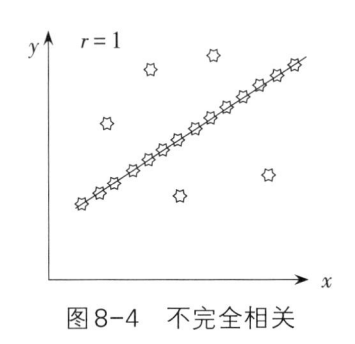

图8-4 不完全相关

(二)按相关涉及变量(或因素)分类

按相关涉及变量(或因素),相关关系分为单相关和复相关。

1. 单相关

其是指两个变量之间的相关关系。

2. 复相关

其又称多元相关,是指三个或三个以上变量之间的相关关系。

(三)按相关方向分类

按照相关关系的方向,相关关系可分为正相关和负相关。

1. 正相关($r>0$)

一个变量值增加或减少,另一个变量值也随之增加或减少的相关关系称为正相关(图8-5)。如工人劳动生产率提高,产品产量也随之增加;居民的消费水平随个人所支配收入的增加而增加。

2. 负相关($r<0$)

一个变量值增加或减少,另一变量的值反而减少或增加的相关关系称为负相关(图8-6)。如商品流转额越大,商品流通费用越低;一般情况下,产品产量越大,单位成本越小。

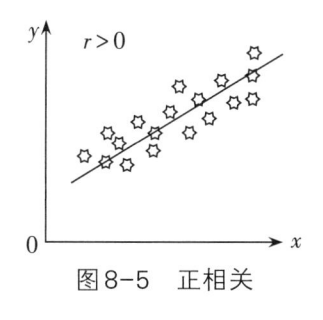

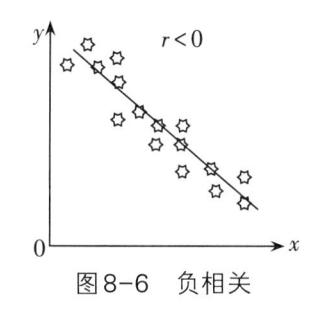

图8-5 正相关

图8-6 负相关

(四)按相关的表现形式分类

按相关的表现形式,相关关系可分为线性相关(Linear Correlation)和非线性相关(Nonlinear Correlation)。

1.线性相关又称直线相关

其是指当一个变量变动时,另一变量随之发生大致均等的变动。从散点图(如图8-7)上看,其观察点的分布近似地表现为一条直线;例如,人均消费水平与人均收入水平通常呈线性关系。

2.非线性相关

除线性相关的任何相关形式都可称为非线性相关(图8-8),一个变量变动时,另一变量也随之发生变动,但这种变动不是均等的,从散点图上看,其观察点的分布近似地表现为一条曲线,如抛物线、指数曲线等。

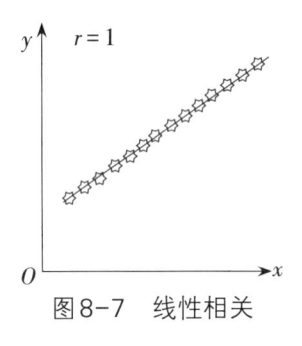

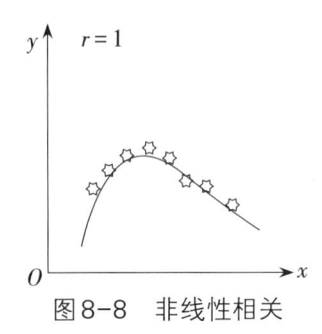

图8-7 线性相关

图8-8 非线性相关

第二节 相关系数

人们认识事物的一般顺序是先对事物或现象做出定性判断,然后再据此进行定量分析。若通过对客观现象进行定性分析,判明了它们之间没有什么关系,就没有必要进行相关分析了。然而,定性分析往往不精确,通常受当事人的知识、经验和能力的影响较大。因此,如果现象之间确定存在依存关系时,必须在进行定性分析的基础上,对现象之间相关关系的密切程度做出定量判断。在具体的相关研究工作中,相关分析是通过反映变量之间关系密切程度的相关系数来描述的,在统计学上用字母"r"表示。

一、相关系数的性质

(一)相关系数的概念

相关系数(Correlation Coefficient)是描述变量之间关系密切程度大小的量。在各种相关关系中,最简单的相关分析往往是通过反映两变量之间关系密切程度的线性相关系数来描述的。线性相关系数r是测定两变量之间相关关系密切程度和相关方向的代表性指标。其特点表现在参与相关分析的两个变量是对等的,不分自变量和因变量,因此相关系数只有一个。相关系数有正、负号,反映相关关系的方向。计算相关系数的两个变量都是随机变量。

(二)相关系数的性质

相关系数的值介于-1与+1之间,即$-1 \leq r \leq 1$或$|r| \leq 1$。

①当$r>0$时,表示两变量正相关,$r<0$时,两变量为负相关;

②当$|r|=1$时,表示两变量间完全线性相关,即为函数关系;

③当 $r=0$ 时,表示两变量间无线性相关关系;

④当 $0<|r|<1$ 时,表示两变量间存在一定程度的线性相关,其值越接近1,两变量间线性关系越密切,越接近0,两变量的线性相关越弱;

⑤线性相关一般可按四个等级划分: $|r|<0.3$ 为微弱线性相关,认为不相关; $0.3 \leqslant |r|<0.5$ 为低度线性相关; $0.5 \leqslant |r|<0.8$ 为显著线性相关; $|r| \geqslant 0.8$ 为高度线性相关。

二、相关系数大小的计算

相关分析的计算方式有三种,分别是 Pearson(皮尔逊)相关系数(适用于定量数据,且数据满足正态分布),Kendall's tau-b(肯德尔)相关系数也叫等级相关系数(适用于有序定类变量)和 Spearman(斯伯曼/斯皮尔曼)相关系数(数据不满足正态分布时使用,也可用于分析有序定类变量)。

(一)Pearson相关系数

Pearson 相关系数也叫线性相关系数,计算公式为

$$r = \frac{L_{xy}}{\sqrt{L_{xx} \cdot L_{yy}}} = \frac{\sum xy - \frac{\sum x \sum y}{n}}{\sqrt{\left[\sum x^2 - \left(\sum x\right)^2/n\right] \cdot \left[\sum y^2 - \left(\sum y\right)^2/n\right]}} \quad \text{(公式8.1)}$$

其中:

$L_{xx} = \sum (x - \bar{x})^2 = \sum x^2 - \left(\sum x\right)^2 / n$,为 X 变量的离差平方和;

$L_{yy} = \sum (y - \bar{y})^2 = \sum y^2 - \left(\sum y\right)^2 / n$,为 Y 变量的离差平方和;

$L_{xy} = \sum (x - \bar{x})(y - \bar{y}) = \sum xy - \sum x \sum y / n$,为 X 和 Y 变量的离差积和。

(二)Kendall's tau-b相关系数

Kendall's tau-b 等级相关性分析,需要满足两个条件。

①两变量是两个连续变量,或两变量是两个有序分类变量,或一个有序分类变量一个连续变量。

②两变量应当是配对的,即来源于同一个个体。

Kendall's tau-b 相关系数的计算公式为

$$\tau_b = \frac{n_c - n_d}{\sqrt{(n_0 - n_1)(n_0 - n_2)}} \quad \text{(公式8.2)}$$

其中:

n_c 是指两两比较对中协和对的个数;

n_d 是指两两比较对中不协和对的个数;

$n_0 = n(n-1)/2$ 为两两比较总对数,n 为样本量;

$n_1 = \sum_i t_i(t_i - 1)/2$ 为不变对中,x 值不变的个数;

$n_2 = \sum_i u_j(u_j - 1)/2$ 为不变对中,y 值不变的个数。

将两类离散有序数据 X、Y 进行组合,则可以得到 n 个数据组合 (x_i, y_i),将各个组合进行两两比较,则可以归类成三种对子,即协和对、不协和对、不变对。协和对:如果 X 和 Y 正相关,那么两个变量变化方向相同,这样的对子叫协和对;不协和对:如果 X 和 Y 负相关,那么两个变量变化方向相反,这样的对子叫不协和对;不变对:在变化中至少有一个变量没发生变化(x不变/y不变/xy都不变),则既不是协和对也不是不协和对,这样的对子叫不变对。通过两两比较,因此存在 $n(n-1)/2$ 个对子,Kendall's tau-b 的思路就是比较在总的对子个数中,是协和对多还是不协和对多。如果协和对显著多于不协和对时,则为正相关,反之则为负相关;如果两种对中没有明显多的对,则说明两个变量不存在相关关系。

(三)Spearman 相关系数

假设两个随机变量分别为 X、Y(也可以看作是两个集合),它们的元素个数均为 N,两个随机变量取的第 $i(1 \leq i \leq N)$ 个值 X_i、Y_i 分别表示 X_i 在 X 中的排行以及 Y_i 在 Y 中的排行。将集合 X、Y 中的元素对应相减得到一个排行差分集合 D,其中 $D_i = X_i - Y_i$,$\frac{\pi}{6} \leq i \leq N$。随机变量 X、Y 之间的 Spearman 等级相关系数计算公式为

$$\rho = 1 - \frac{6\sum D_i^2}{n(n^2-1)} \tag{公式8.3}$$

其中：D_i 表示第 i 个数据对的位次值之差；n 表示总的观测样本数。

(四)复相关系数

复相关系数(Multiple Correlation Coefficient)是反映一个因变量与一组自变量(两个或两个以上)之间相关程度的指标，是度量复相关程度的指标。在实际分析中，一个变量的变化往往要受到多种变量的综合影响，这时就需要采用复相关分析法。所谓复相关，就是研究多个变量与某个变量之间的相关关系。度量复相关程度的指标是复相关系数。它不能直接测算，只能采取一定的方法进行间接测算。设因变量为 y，自变量为 $x_1, x_2, \ldots, x_p$，假定模型为

$$y = b_0 + b_1 x_1 + b_2 x_2 + \ldots + b_p x_p + e$$

对 y 与 $x_1, x_2, \ldots x_p$ 作相关分析就是对 y 作复相关分析，复相关系数计算公式为

$$R = \frac{\mathrm{cov}(y, \hat{y})}{\widehat{\sigma_y} \widehat{\sigma_{\hat{y}}}} = \sqrt{\frac{\sum(\hat{y_i} - \bar{y})^2}{\sum(y_i - \bar{y})^2}} \tag{公式8.4}$$

其中：$\hat{y}$ 为 y 的假定回归模型。复相关系数的取值范围是 $[0,1]$，复相关系数越大，表明要素或变量之间的线性相关程度越密切。

(五)偏相关系数

偏相关系数(Partial Correlation Coefficient)是在多要素所构成的系统中，当研究某一个要素对另一个要素的影响或相关度时，把其他要素的影响视作常数(保持不变)，即暂时不考虑其他要素影响，单独研究两个要素之间的相互关系的密切程度，所得数值结果为偏相关系数。如在分析两个变量 X 和 Y 间的相关时，当控制了变量 z 的线性影响后，X 和 Y 之间的偏向相关系数为

$$r = \frac{r_{xy} - r_{yz} r_{xz}}{\sqrt{(1 - r_{yz}^2)(1 - r_{xz}^2)}} \tag{公式8.5}$$

其中，r_{xy} 是指 x 和 y 的相关系数；r_{xz} 是指 x 和 z 的相关系数；r_{yz} 是指 y 和 z 的相关系数。

(六)相关系数的检验

相关系数检验(Correlation Coefficient Test)亦称"相关系数的显著性检验",是一种由样本相关系数推断总体相关系数的参数检验方法。相关系数的检验主要有两种方法:一种是对假设"相关系数 r=0"的 t 检验,另一种是对假设"相关系数 r≠0"的 z 检验。这两种检验方法分别用于不同的情况。

t 检验:主要用于检验样本相关系数与总体相关系数差异的显著性。在总体相关为零的假设下,采用 t 检验来判断样本相关系数是否显著。

z 检验:当总体相关不为零时,一般将相关系数作正态性转换,然后进行 z 检验。此外,当需要比较两个相互独立的样本相关系数时,也采用 z 检验。

除了上述的 t 检验和 z 检验,还有其他一些相关系数检验的方法,但具体使用哪种方法取决于研究的具体问题和数据的特性。总的来说,相关系数的检验是为了确定两个变量之间是否存在显著的相关性,以及这种相关性的强度和方向。通过选择合适的检验方法,可以更准确地理解变量之间的关系,并为进一步的分析和决策提供有力的依据。

第三节 相关分析实操

相关分析应用十分广泛,我们设计了常见的在实际情况中的数据(连续型数据和离散型数据),并利用 Excel 与 Spss 软件对实际案例进行相关分析。

一、多变量相关的 Excel 与 Spss 实操

(一)连续型数据多变量相关的 Excel 和 Spss 实操

实验8-1　　如何利用 Excel 和 Spss 计算连续数据之间的相关系数

案例资料:随机抽测了某中学20名学生的学习时间、玩手机时间、语文成绩、数学成绩、各成绩名次以及总名次,如图8-9所示。试求语文成绩、数学成绩与学习时间、玩手机时间的相关系数。

Excel 方法

资料分析:利用 Excel 分析功能中的相关系数法计算出。

操作步骤

步骤1:输入原始数据后(图8-9),选择"数据"菜单→"数据分析"→"相关系数",如图8-10所示。单击"确定"按钮,出现"相关系数"对话框。

序号	学习时间x(h)	语文成绩y1(分)	数学成绩y2(分)	玩手机时间z(h)	语文成绩名次d1	数学成绩名次d2	总排名次
1	1	76	50	2	18	19	19
2	1.5	89	87	0.5	8	12	11
3	4	99	94	0.3	1	3	1
4	4	95	96	0.3	2	1	2
5	3	89	90	0.5	8	9	9
6	0.5	70	45	3	20	20	20
7	4	86	87	0.5	12	12	12
8	3	93	90	0.5	5	9	6
9	0.5	76	70	2	18	16	18
10	0.4	77	70	2	17	16	17
11	3	93	91	0.3	5	8	5
12	1	78	80	2.5	16	14	15
13	3	89	80	0.5	8	14	14
14	2	90	93	0.3	7	4	6
15	1.5	83	90	0.5	14	9	12
16	1.5	87	93	0.5	11	4	8
17	1.5	85	92	0.5	13	7	10
18	3	94	93	0.2	4	4	4
19	3	95	95	0.2	2	2	3
20	0.5	79	70	2	15	16	16

图8-9　　原始数据

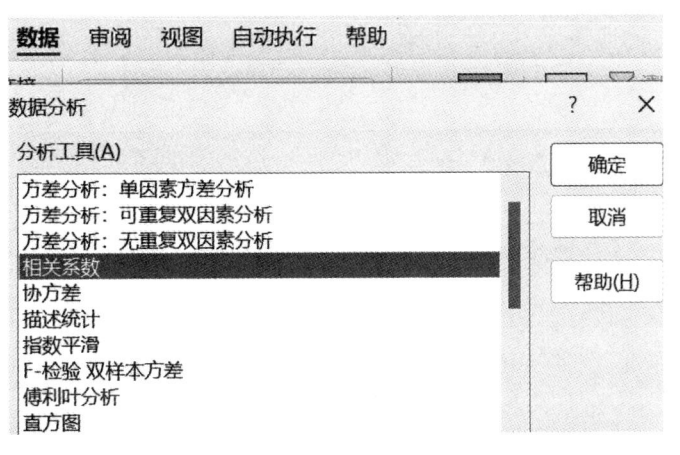

图8-10　"数据"→"数据分析"→"相关系数"对话框

步骤2：在"相关系数"对话框中填写"输入区域(I)"和"输出区域(O)"的相应数值，如图8-11(左图)所示。单击"确定"按钮，得到相关系数计算结果，如图8-11(右图)所示。

	学习时间x(h)	语文成绩y_1(分)	数学成绩y_2(分)	玩手机时间z(h)
学习时间x(h)	1			
语文成绩y_1(分)	0.853 706 457	1		
数学成绩y_2(分)	0.685 705 029	0.8551529	1	
玩手机时间z(h)	-0.759 911 563	-0.905131994	-0.881154928	1

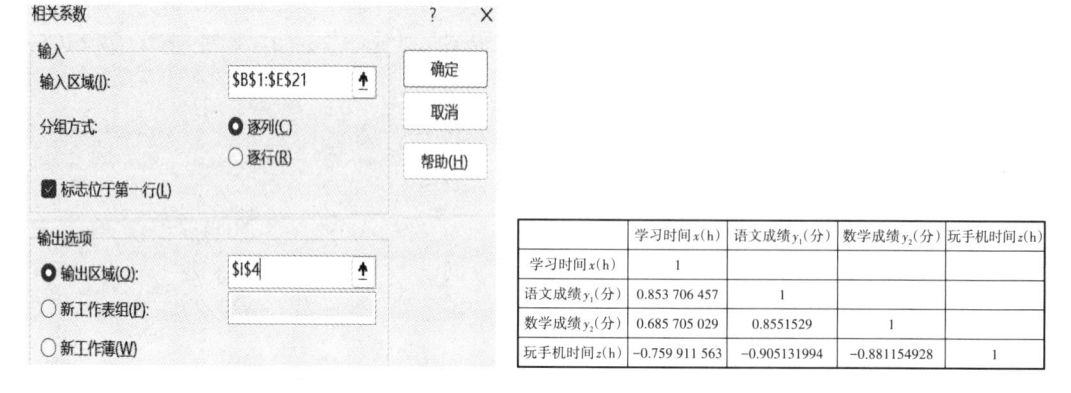

图8-11 连续型数据多变量相关系数计算结果

结果解释：20名同学的学习时间与语文成绩之间的相关系数为$r=0.85$（r值只取两位小数），结果为高度正相关；学习时间与数学成绩之间的相关系数为$r=0.69$，结果为高度正相关；语文成绩与玩手机时间的相关系数为$r=-0.91$，结果为高度负相关。数学成绩与玩手机时间的相关系数为$r=-0.88$，结果为高度负相关。

Spss 方法

资料分析：要比较20名学生的语文成绩、数学成绩、学习时间、玩手机时间有没有相关性，相关程度有多大，要运用"分析"→"相关"→"双变量"选项实现多变量之间的相关系数计算。

操作步骤

步骤1：在Spss数据窗口中输入案例资料原始数据。如图8-12所示。

第八章 | 相关分析

	序号	学习时间xh	语文成绩y1分	数学成绩y2分	玩手机时间zh	语文成绩名次d1	数学成绩名次d2	总排名次
1	1.00	1.00	76.00	50.00	2.00	18.00	19.00	19.00
2	2.00	1.50	89.00	87.00	.50	8.00	12.00	11.00
3	3.00	4.00	99.00	94.00	.30	1.00	3.00	1.00
4	4.00	4.00	95.00	96.00	.30	2.00	1.00	2.00
5	5.00	3.00	89.00	90.00	.50	8.00	9.00	9.00
6	6.00	.50	70.00	45.00	3.00	20.00	20.00	20.00
7	7.00	4.00	86.00	87.00	.50	12.00	12.00	12.00
8	8.00	3.00	93.00	90.00	.50	5.00	9.00	6.00
9	9.00	.50	76.00	70.00	2.00	18.00	16.00	18.00
10	10.00	.40	77.00	70.00	2.00	17.00	16.00	17.00
11	11.00	3.00	93.00	91.00	.30	5.00	8.00	5.00
12	12.00	1.00	78.00	80.00	2.50	16.00	14.00	15.00
13	13.00	2.00	89.00	80.00	.50	8.00	14.00	14.00
14	14.00	2.00	90.00	93.00	.30	7.00	4.00	6.00
15	15.00	1.50	83.00	90.00	.50	14.00	9.00	12.00
16	16.00	1.50	87.00	93.00	.50	11.00	4.00	8.00
17	17.00	1.50	85.00	92.00	.50	13.00	7.00	10.00
18	18.00	3.00	94.00	93.00	.20	4.00	4.00	4.00
19	19.00	3.00	95.00	95.00	.20	2.00	2.00	3.00
20	20.00	.50	79.00	70.00	2.00	15.00	16.00	16.00

图8-12 原始数据

步骤2：通过"分析(A)"菜单→"相关(C)"子菜单→"双变量(B)…"选项，得到"双变量相关性"的对话框，如图8-13所示。

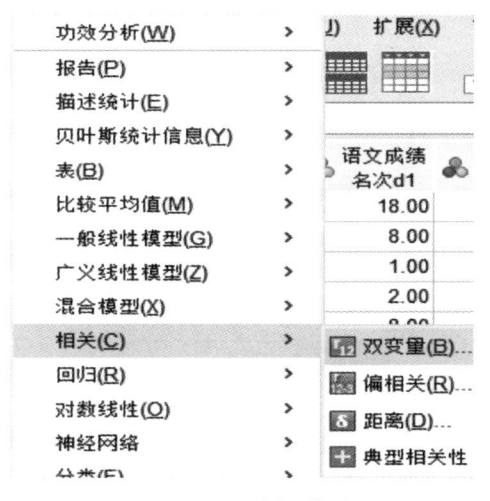

图8-13 选择菜单

· 223 ·

步骤3：在"双变量相关性"的对话框中，将"学习时间""玩手机时间""语文成绩""数学成绩"选中（成为反显状态），单击旁边箭头按钮，将四变量移入"变量(V)"中，在"相关系数"框中选择"皮尔逊(N)"。"显著性检验"框中选取"双尾(T)"，单击"选项(O)…"按钮，得到"双变量相关性"对话框，如图8-14（右图）所示。

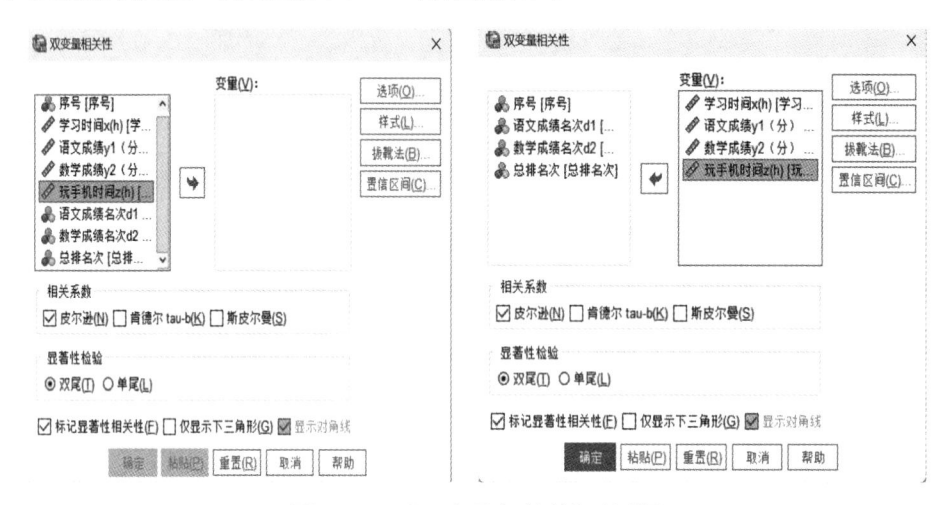

图8-14 "双变量相关性"对话框

步骤4：在"双变量相关性:选项"对话框中，"统计"模块下选择"平均值和标准差(M)"和"叉积偏差和协方差(C)"。缺失值按系统默认的选项"成对排除个案(P)"。单击"继续(C)"按钮，返回"双变量相关"对话框，然后再单击"确定"按钮（图8-15），点击"继续"得到如图8-16所示的结果。

图8-15 "双变量相关性:选项"对话框

相关性

		学习时间x(h)	语文成绩y1（分）	数学成绩y2（分）	玩手机时间z (h)
学习时间x(h) 双击以激活	皮尔逊相关性	1	.854**	.686**	-.760**
	显著性（双尾）		<.001	<.001	<.001
	平方和与叉积	29.270	159.765	237.980	-16.160
	协方差	1.541	8.409	12.525	-.850
	个案数	20	20	20	20
语文成绩y1（分）	皮尔逊相关性	.854**	1	.855**	-.905**
	显著性（双尾）	<.001		<.001	<.001
	平方和与叉积	159.765	1196.550	1897.600	-123.065
	协方差	8.409	62.976	99.874	-6.477
	个案数	20	20	20	20
数学成绩y2（分）	皮尔逊相关性	.686**	.855**	1	-.881**
	显著性（双尾）	<.001	<.001		<.001
	平方和与叉积	237.980	1897.600	4115.200	-222.180
	协方差	12.525	99.874	216.589	-11.694
	个案数	20	20	20	20
玩手机时间z(h)	皮尔逊相关性	-.760**	-.905**	-.881**	1
	显著性（双尾）	<.001	<.001	<.001	
	平方和与叉积	-16.160	-123.065	-222.180	15.449
	协方差	-.850	-6.477	-11.694	.813
	个案数	20	20	20	20

**. 在 0.01 级别（双尾），相关性显著。

图8-16 结果输出图

表8-1 结果输出表

相关性					
		学习时间 x（h）	语文成绩 y_1（分）	数学成绩 y_2（分）	玩手机时间 z（h）
学习时间 x（h）	皮尔逊相关性	1	0.854**	0.686**	−0.760**
	显著性（双尾）	—	<0.001	<0.001	<0.001
	平方和与叉积	29.27	159.765	237.98	−16.16
	协方差	1.541	8.409	12.525	−0.85
	个案数	20	20	20	20
语文成绩 y1（分）	皮尔逊相关性	0.854**	1	0.855**	−0.905**
	显著性（双尾）	<0.001	—	<0.001	<0.001
	平方和与叉积	159.765	1196.55	1897.6	−123.065
	协方差	8.409	62.976	99.874	−6.477
	个案数	20	20	20	20
数学成绩 y_2（分）	皮尔逊相关性	0.686**	0.855**	1	−0.881**
	显著性（双尾）	<0.001	<0.001	—	<0.001
	平方和与叉积	237.98	1897.6	4115.2	−222.18

续表

		相关性			
		学习时间 x (h)	语文成绩 y_1 (分)	数学成绩 y_2 (分)	玩手机时间 z(h)
数学成绩 y_2(分)	协方差	12.525	99.874	216.589	−11.694
	个案数	20	20	20	20
玩手机时间 z(h)	皮尔逊相关性	−0.760**	−0.905**	−0.881**	1
	显著性（双尾）	<0.001	<0.001	<0.001	—
	平方和与叉积	−16.16	−123.065	−222.18	15.449
	协方差	−0.85	−6.477	−11.694	0.813
	个案数	20	20	20	20

** 在 0.01 级别（双尾），相关性显著。

结果解释

从相关性分析结果表中可以看出（表8-1），样本个数为20，学习时间与语文成绩的相关系数为0.854，$P<0.01$，为显著正相关，学习时间与数学成绩的相关性为0.668 6，$P<0.01$，为显著正相关。数学成绩与语文成绩之间的相关系数为0.855，$P<0.01$，为显著正相关。数学成绩与玩手机时间的相关系数为−0.881，$P<0.01$，为显著负相关。语文成绩与玩手机时间为−0.905，$P<0.01$，为显著负相关。

（二）离散型数据多变量相关的Excel和Spss实操

实验8-2　如何利用Excel和Spss计算离散数据之间的相关系数

案例资料：见实验8-1的案例资料。试求语文成绩名次、数学成绩名次与总成绩名次的相关系数。

Excel 方法

资料分析：利用Excel分析功能中的相关系数法计算出。

操作步骤

离散型数据计算多变量相关的步骤1与连续型数据计算多变量相关的步骤1（即实验

8-1中Excel方法的步骤1)一致,不同之处在于数据选择离散型,也即是案例资料中的语文成绩名次、数学成绩名次、总名次(图8-17左)。最终结果如图8-17(右)所示。

	语文成绩名次d_1	数学成绩名次d_2	总排名次
语文成绩名次d_1	1	—	—
数学成绩名次d_2	0.841119837	1	—
总名次	0.945911642	0.9506767627	1

图8-17　离散型数据多变量相关系数计算结果

结果解释:语文成绩名次与数学成绩名次的相关系数为$r=0.84$,结果为高度正相关;语文成绩名次与总名次的相关系数为$r=0.94$,结果为高度正相关;数学名次与总名次的相关系数为$r=0.95$,结果为高度正相关。

Spss方法

资料分析:该题要比较20名学生语文成绩名次、数学成绩名次与总名次有没有相关性,相关程度有多大,同时注意数据为离散型,在选择相关系数类型时应选择"斯皮尔曼(S)",该题运用"分析"→"相关"→"双变量"选项实现多变量相关系数计算。

操作步骤

步骤1、2:同实验8-1中Spss方法的步骤1、2一致。

步骤3:在"双变量相关性"的对话框中,将"语文成绩名次""数学成绩名次""总名次"选中(成为反显状态),单击旁边箭头按钮,将三变量移入"变量(V)"中,在"相关系数"框中选择"斯皮尔曼(S)"。"显著性检验"框中选取"双尾(T)",如图8-18(右)所示。

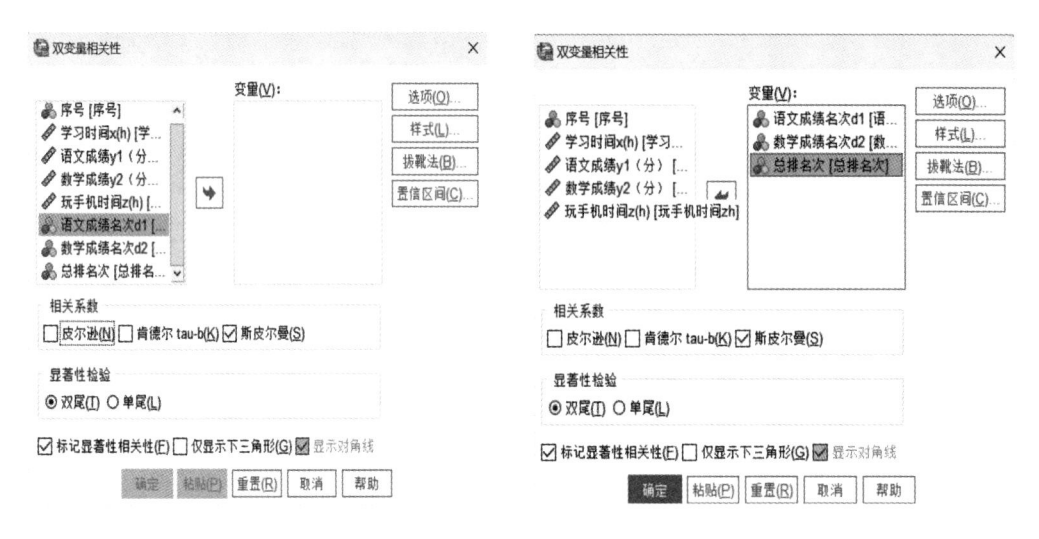

图 8-18 "偏相关"对话框

步骤 4：在"双变量相关性"对话框中，单击"确定"按钮，得到如图 8-19 所示的结果。

相关性

			语文成绩名次 d1	数学成绩名次 d2	总排名次
斯皮尔曼 Rho	语文成绩名次d1	相关系数	1.000	.865**	.959**
		显著性（双尾）	.	<.001	<.001
		N	20	20	20
	数学成绩名次d2	相关系数	.865**	1.000	.954**
		显著性（双尾）	<.001	.	<.001
		N	20	20	20
	总排名次	相关系数	.959**	.954**	1.000
		显著性（双尾）	<.001	<.001	.
		N	20	20	20

**. 在 0.01 级别（双尾），相关性显著。

图 8-19 结果输出图

结果解释

表8-2 结果输出表

<table>
<tr><td colspan="3" align="center">相关性</td><td>语文成绩名次d_1</td><td>数学成绩名次d_2</td><td>总名次</td></tr>
<tr><td rowspan="9">斯皮尔曼Rho</td><td rowspan="3">语文成绩名次d_1</td><td>相关系数</td><td>1</td><td>0.865**</td><td>0.959**</td></tr>
<tr><td>显著性(双尾)</td><td>—</td><td><0.001</td><td><0.001</td></tr>
<tr><td>N</td><td>20</td><td>20</td><td>20</td></tr>
<tr><td rowspan="3">数学成绩名次d_2</td><td>相关系数</td><td>0.865**</td><td>1</td><td>0.954**</td></tr>
<tr><td>显著性(双尾)</td><td><0.001</td><td>—</td><td><0.001</td></tr>
<tr><td>N</td><td>20</td><td>20</td><td>20</td></tr>
<tr><td rowspan="3">总名次</td><td>相关系数</td><td>0.959**</td><td>0.954**</td><td>1</td></tr>
<tr><td>显著性(双尾)</td><td><0.001</td><td><0.001</td><td>—</td></tr>
<tr><td>N</td><td>20</td><td>20</td><td>20</td></tr>
</table>

** 在0.01级别(双尾),相关性显著。

相关性分析结果,从表8-2可以看出,样本个数N为20,语文成绩名次与数学成绩名次之间的斯皮尔曼相关系数为0.865,$P<0.01$,为显著正相关,语文成绩名次与总名次的斯皮尔曼相关系数为0.959,$P<0.01$,为显著正相关。数学成绩名次与总名次的斯皮尔曼相关系数为0.954,$P<0.01$,为显著正相关。

二、双变量相关的Excel和Spss实操

(一)连续型数据双变量相关的Excel和Spss实操

实验8-3 如何利用Excel和Spss计算学习时间和语文成绩的相关关系

案例资料:见实验8-1的案例资料,试求学习时间和语文成绩的相关关系。

Excel方法

资料分析:利用Excel分析功能中的相关系数法计算出。

操作步骤

步骤1与上述实验8-1中利用Excel方法计算多变量相关系数的步骤1一致,不同之处在于只选择两个变量(学习时间、语文成绩),双变量相关结果如图8-20(右)所示。

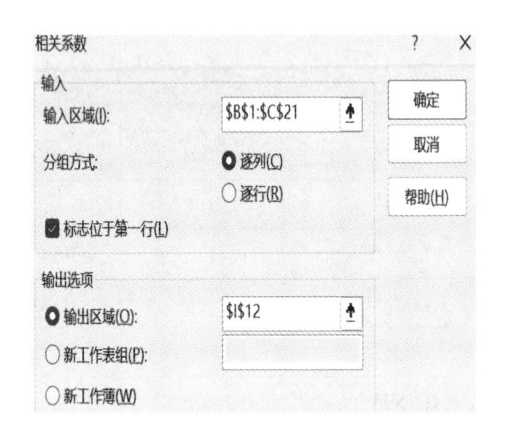

图8-20 连续数据双变量相关系数计算结果

结果解释:学习时间与语文成绩之间的相关系数 $r=0.85$,为高度正相关关系。

Spss 方法

资料分析:要比较20名学生语文成绩与学习时间有没有相关性,相关程度有多大,看两个变量之间是否其中一个变量的变化决定着另一个变量发生变化,因此选择双变量相关。该题要运用"分析"→"相关"→"双变量"选项实现。

操作步骤

步骤1、2:与上述实验8-1中利用Spss计算多变量相关系数的步骤1、2相同,导入原始数据,并得到"双变量相关"的对话框。

步骤3:在"双变量相关性"的对话框中,将"学习时间""语文成绩"选中(成为反显状态),单击旁边"箭头"按钮,将两变量移入"变量(V)"中,在"相关系数"框中选择"皮尔逊(N)"。"显著性检验"框中选取"双尾(T)"(图8-21),单击"选项(O)…"按钮,得到"双变量相关性"对话框,如图8-22所示。

第八章 | 相关分析

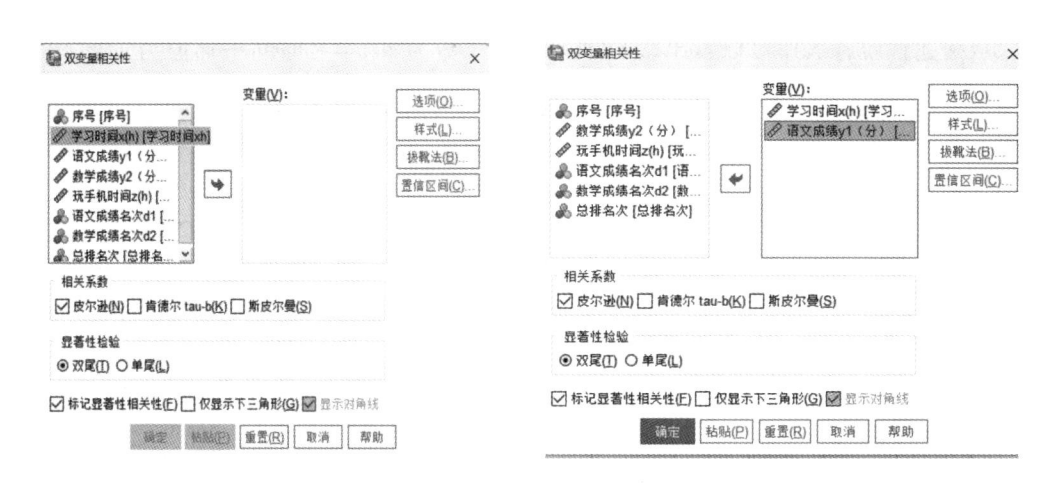

图8-21 "双变量相关"对话框

步骤4：在"双变量相关性：选项"对话框中，在"统计"模块下选择"平均值和标准差(M)"，"缺失值"按系统默认的选项"成对排除个案(P)"。单击"继续(C)"按钮，返回"双变量相关性"对话框，然后再单击"确定"按钮（图8-22），得到如图8-23所示的结果。

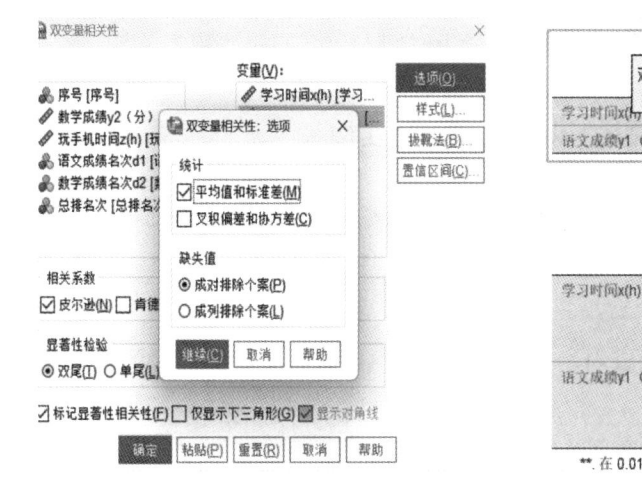

图8-22 "双变量相关性"对话框　　图8-23 结果输出图

结果解释

表8-3　描述性统计结果

描述统计			
	平均值	标准差	个案数
学习时间$x(h)$	2.045	1.241 17	20
语文成绩y_1（分）	86.15	7.935 76	20

·231·

从描述性统计表中可以看出(表8-3),样本个数为20,学习时间平均值为2.05,语文成绩的平均值为86.15,学习时间的标准差为1.24。语文成绩的标准差为7.94。

表8-4 相关性结果

<table>
<tr><th colspan="5">相关性</th></tr>
<tr><td></td><td></td><td>学习时间x(h)</td><td>语文成绩y_1(分)</td></tr>
<tr><td rowspan="3">学习时间x(h)</td><td>皮尔逊相关性</td><td>1</td><td>0.854**</td></tr>
<tr><td>显著性(双尾)</td><td></td><td><0.001</td></tr>
<tr><td>个案数</td><td>20</td><td>20</td></tr>
<tr><td rowspan="3">语文成绩y_1(分)</td><td>皮尔逊相关性</td><td>0.854**</td><td>1</td></tr>
<tr><td>显著性(双尾)</td><td><.001</td><td></td></tr>
<tr><td>个案数</td><td>20</td><td>20</td></tr>
</table>

** 在0.01级别(双尾),相关性显著。

从相关性分析结果表中可以看出(表8-4),样本个数N为20,皮尔逊相关系数为0.854,双尾检验概率值<0.001,说明语文成绩和学习时间有较高的线性相关关系。

(二)离散型数据双变量相关的Excel和Spss实操

实验8-4 如何利用Excel和Spss计算语文成绩名次和数学成绩名次的相关性

案例资料:见实验8-1的案例资料。试求语文成绩名次和数学成绩名次的相关性。

Excel方法

资料分析:利用Excel分析功能中的相关系数法计算出。

操作步骤

步骤1同实验8-1中Excel方法的步骤1一致,选择语文成绩名次和数学成绩名次两离散型变量,得到结果如图8-24所示。

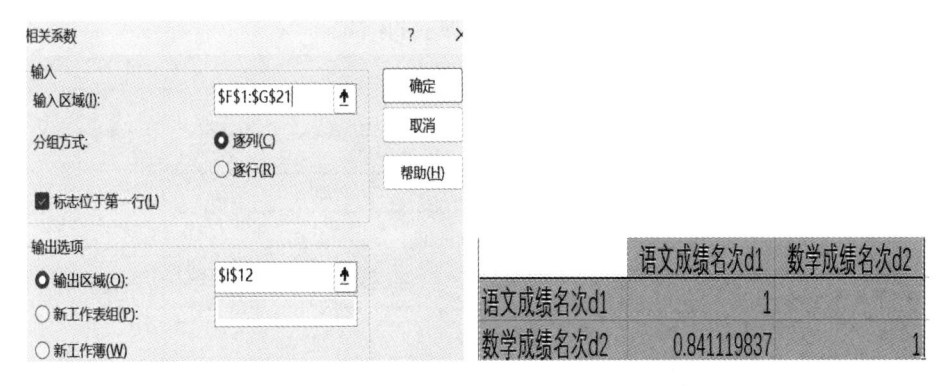

图 8-24 离散型数据双变量相关系数计算结果

结果解释：语文成绩名次与数学成绩名次之间的相关系数 $r=0.84$，为高度正相关。

Spss 方法

资料分析：该题要比较20名学生语文成绩名次与数学名次有没有相关性，若有还要计算这相关程度有多大。看其中一个变量的变化是否影响着另一个变量发生变化，同时注意数据为离散型数据，在选择相关系数类型时应选择斯皮尔曼(S)，该题运用"分析"→"相关"→"双变量"选项实现。

操作步骤

步骤1、2：同实验8-1中Spss方法的步骤1、2一致。

步骤3：在"双变量相关性"的对话框中，将"语文成绩名次""数学成绩名次"选中（成为反显状态），单击旁边箭头按钮，将两变量移入"变量(V)"中，在"相关系数"框中选择"斯皮尔曼(S)"。"显著性检验"框中选取"双尾(T)"（图8-25）。

图 8-25 "双变量相关"对话框

步骤4:单击“确定”按钮,得到如图8-26所示的结果。

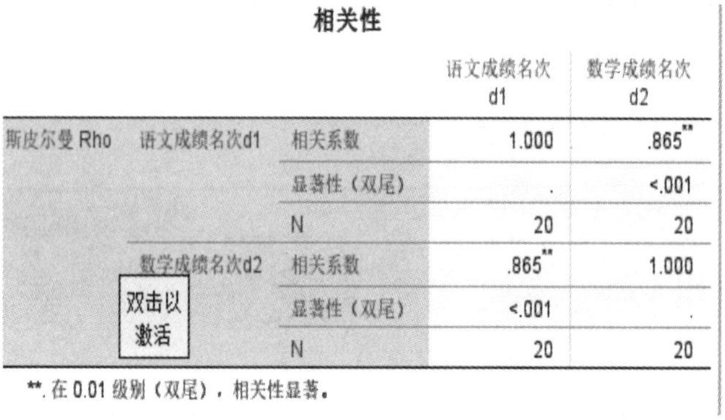

相关性

			语文成绩名次d1	数学成绩名次d2
斯皮尔曼 Rho	语文成绩名次d1	相关系数	1.000	.865**
		显著性（双尾）	.	<.001
		N	20	20
	数学成绩名次d2	相关系数	.865**	1.000
		显著性（双尾）	<.001	.
		N	20	20

**. 在 0.01 级别（双尾），相关性显著。

图8-26　结果输出图

结果解释

表8-5　相关性结果输出表

相关性				
斯皮尔曼 Rho			语文成绩名次d_1	数学成绩名次d_2
	语文成绩名次d_1	相关系数	1	0.865**
		显著性(双尾)	—	<0.001
		N	20	20
	数学成绩名次d_2	相关系数	0.865**	1.000
		显著性(双尾)	<0.001	—
		N	20	20

** 在0.01级别(双尾),相关性显著。

从相关性分析结果可以看出(表8-5),样本个数N为20,斯皮尔曼相关系数为0.865,双尾检验概率值<0.001,说明语文成绩名次和数学成绩名次之间有较高的线性相关关系。

三、偏相关与距离相关的Spss实操

(一)偏相关的Spss实操

实验8-5　如何利用Spss计算语文成绩、数学成绩和学习时间的偏相关系数

案例资料:见实验8-1的案例资料。试求语文成绩、数学成绩和学习时间的相关关系。

资料分析:已知某学校20名学生的语文成绩、数学成绩和学习时间,分析这3个指标之间是不是存在相关关系。该题是要分析语文成绩、数学成绩和学习时间之间的相关关系,若用皮尔逊相关系数可以得出它们之间存在相关性,但学习时间相同的人是否语文成绩越高,数学成绩就越高呢?因此我们可以剔除第三个变量的影响只分析两个变量间的相关程度,选择偏相关进行分析。该题要运用"分析(A)"菜单中的"相关(C)"子菜单中的"偏相关(R)…"选项实现。

操作步骤

步骤1:在Spss数据窗口中输入案例资料原始数据。

步骤2:在"分析(A)"菜单中,选择"相关(C)"子菜单下的"偏相关(R)…"菜单,如图8-27所示,得到"偏相关性"对话框。

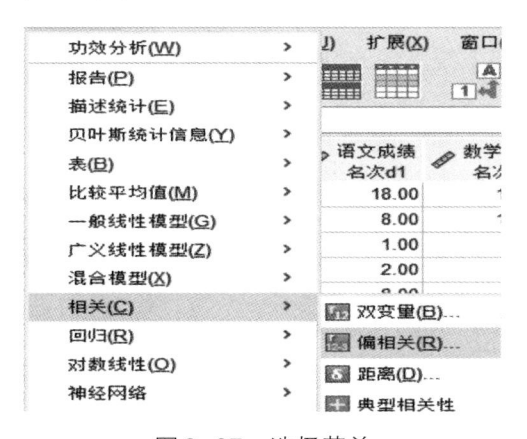

图8-27 选择菜单

步骤3:在"偏相关性"对话框中,选中"语文成绩"和"数学成绩"。单击旁边的箭头状按钮,将"语文成绩"和"数学成绩"移入"变量(V)"框中(图8-28左图),使"学习时间"移入"控制(C)"框中,在"显著性检验"中选择"双尾(T)",如图8-28(右图)所示。单击"选项(O)…"按钮,得到"偏相关性:选项"对话框。

图 8-28 "偏相关"对话框

步骤4：在"偏相关性：选项"对话框下选择"平均值和标准差(M)"与"零阶相关性(Z)"，"缺失值"框下选择系统默认的"成列排除个案(L)"，单击"继续(C)"按钮，返回"偏相关"对话框（图8-29），然后再单击"确定"按钮就得到如图8-30所示的结果。

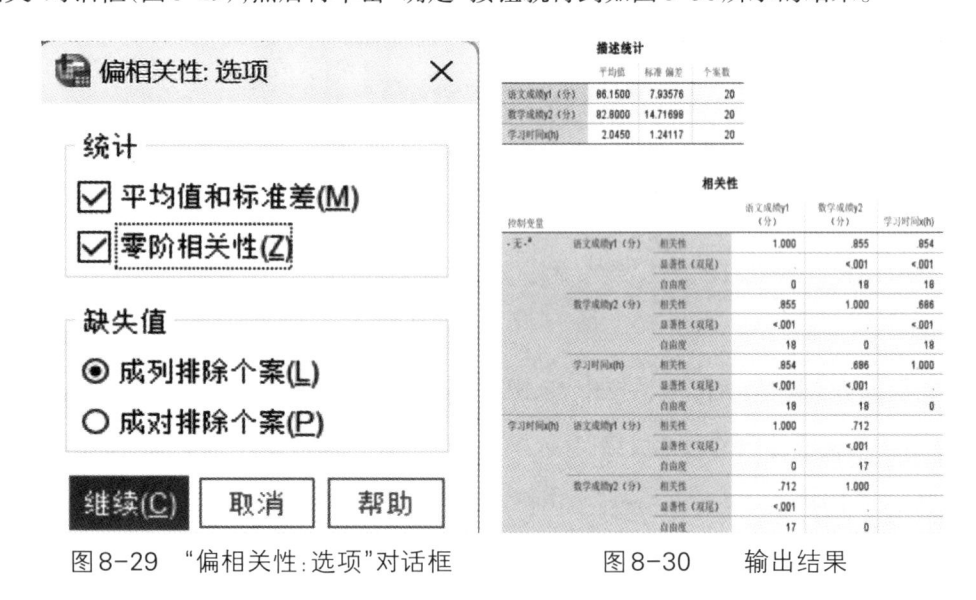

图 8-29 "偏相关性：选项"对话框

图 8-30 输出结果

结果解释

表8-6 描述性结果

描述统计			
	平均值	标准偏差	个案数
语文成绩y_1(分)	86.15	7.93576	20
数学成绩y_2(分)	82.8	14.71698	20
学习时间x(h)	2.045	1.24117	20

从描述性统计表(表8-6)可以看出:语文成绩的均值为86.15,标准差为7.94,样本个数为20,同理可以看出其他变量的描述统计结果。

表8-7 相关性结果

相关性					
控制变量			语文成绩y_1(分)	数学成绩y_2(分)	学习时间x(h)
-无-[a]	语文成绩y_1(分)	相关性	1	0.855	0.854
		显著性(双尾)	0.000	<0.001	<0.001
		自由度	0	18	18
	数学成绩y_2(分)	相关性	0.855	1	0.686
		显著性(双尾)	<0.001	0.000	<0.001
		自由度	18	0	18
	学习时间x(h)	相关性	0.854	0.686	1
		显著性(双尾)	<0.001	<0.001	0.000
		自由度	18	18	0
学习时间x(h)	语文成绩y_1(分)	相关性	1	0.712	0.000
		显著性(双尾)	0.000	<0.001	0.000
		自由度	0	17	0.000
	数学成绩y_2(分)	相关性	0.712	1	0.000
		显著性(双尾)	<0.001	0.000	0.000
		自由度	17	0	0.000

a 单元格包含零阶(皮尔逊)相关性。

从相关性分析结果中我们可以看出(表8-7):①假如不控制学习时间,语文成绩和数学成绩的相关系数是0.855,双尾概率值为<0.001,这就说明语文成绩和数学成绩的线性关系显著。②假如控制学习时间,语文成绩和数学成绩的相关系数是0.712,双尾概率值<0.001,说明语文成绩和数学成绩的线性关系存在。

(二)距离相关的Spss实操

实验8-6 如何利用Spss计算不同城市降雨量是否相似

案例资料:抽取我国某年五个城市某一年的平均降雨量数据(单位:mm),数据如图8-31所示。这五个城市的降雨量是否相似?

资料分析:已知五个城市某一年的降雨量,现在要比较的是这五个城市的降雨量是否相似。该题需要用相似度来描述观测值或变量间的相似程度,因此选择距离分析,运用"分析(A)"菜单中的"相关(C)"子菜单下的"距离(D)…"选项来实现。

操作步骤

步骤1:在Spss数据窗口中输入案例资料原始数据,如图8-31所示。

北京	上海	武汉	重庆	广州
.00	72.30	27.10	2.20	18.80
.00	391.00	10.70	25.60	64.50
25.00	286.30	53.40	2.50	45.70
84.80	183.20	203.10	102.50	2.60
32.70	189.80	242.70	59.20	6.40
.00	38.20	49.40	199.40	13.50
18.20	52.30	18.30	33.10	42.60
4.10	1.90	11.60	2.60	37.50
42.90	32.10	31.20	349.60	440.40
2.10	4.50	11.40	97.70	33.40
.00	3.70	22.10	10.40	2.30
.00	55.50	2.90	.00	.00

图8-31 输入数据

步骤2:在"分析(A)"菜单中,选择"相关(C)"子菜单下的"距离(D)…",得到"距离"对话框,如图8-32所示。

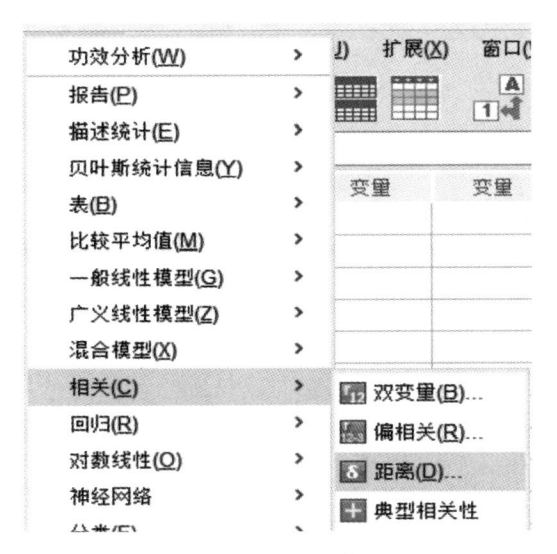

图 8-32　选择菜单

步骤3：在"距离"对话框中，将左侧的变量列表中五个城市变量移入"变量(V)"框中，在"计算距离"框中选中"变量间(B)"，在"测量"框中选中"非相似性(D)"，如图8-33所示。

图 8-33　"距离"对话框

步骤4：单击"测量(M)…"进入"距离：非相似性测量"对话框，选中"区间(N)"，在"测量(M)"下拉栏中选择"欧氏距离"，如图8-34所示。然后单击"继续(C)"按钮，回到"距离"对话框，单击"确定"按钮，结果如图8-35所示。

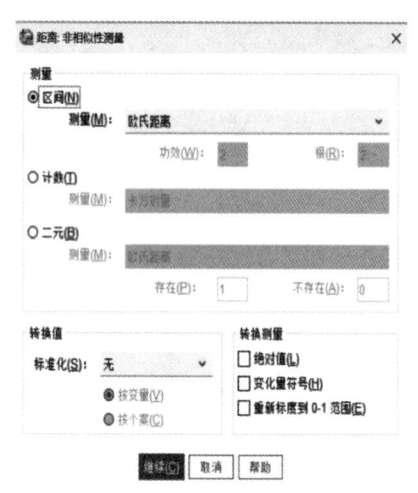

图8-34 "距离:非相似性测量"对话框

图8-35 结果输出图

结果解释

表8-8为观测值摘要表,从表中可以看出样本个数为12个,占总体的百分比为100.0%,缺失样本个数为0个,占总体的百分比为0.0%,总的案例有12个,占总体的百分比为100.0%。

表8-8 个案处理摘要

有效 个案数	百分比	缺失 个案数	百分比	总计 个案数	百分比
12	100.0%	0	0.0%	12	100.0%

表8-9 近似值矩阵

欧氏距离					
	北京	上海	武汉	重庆	广州
北京	0.000	516.326	250.933	381.417	416.263
上海	516.326	0.000	456.768	617.669	637.34
武汉	250.933	456.768	0.000	423.08	519.557
重庆	381.417	617.669	423.08	0.000	254.43
广州	416.263	637.34	519.557	254.43	0.000

(这是非相似性矩阵)

表8-9为近似值矩阵分析结果报表,从表中可以看出,当两个变量间的距离越大,两城市间的降雨量数差异就越大,反之则越小。

> **习题**
>
> 1.相关关系的概念是什么?
>
> 2.函数关系的概念是什么?
>
> 3.相关关系和函数关系的区别是什么?
>
> 4.如何通过相关系数的大小判断相关程度?
>
> 5.连续型数据和离散型数据的概念是什么?
>
> 6.相关系数的类型有哪些?

第九章
回归分析

　　回归分析和相关分析都是研究变量间相互关系的分析方法。相关分析研究变量之间相关方向和相关的密切程度,不涉及变量间有无因果,改变变量的地位并不影响相关系数的数值。但是相关分析不能指出变量间相互关系的具体形式,也无法从一个变量的变化来推测另一个变量的变化。回归分析(Regression Analysis)是对有相关关系的变量,判别它们到底相关到什么程度,是谁在影响谁,用函数方程式定量地去描述,这就是回归,以便从一个已知量来推测另一个未知量,为估计和预测提供一个重要的分析方法。本章内容包含回归分析概述、常见的几种线性回归分析方法以及利用计算机实现常见的回归分析。

第一节 回归分析概述

回归分析是研究变量是否具有因果关系的数学形式,必须事先确定变量中自变量与因变量的地位。因变量是随机的,自变量是可控制的解释变量,不是随机变量。因此回归分析只能用自变量来估计因变量,而不能用因变量来推测自变量。

一、回归分析的概念

在日常生活里,人们经常会碰到这样的情况,即一个变量随着另一个变量而变化。为了重点考察一个特定的变量(因变量)而把其他变量(自变量)看作影响这一变量的因素,并通过适当的数学模型将变量间的关系表达出来,进而通过一个或几个自变量的取值来预测因变量取值的这种推断式求得,在统计学里称作回归分析。例如年龄与身高两个变量,在一定的年龄范围里,随着人们年龄的增长,身高也在增长,换句话说,身高是随着年龄的变化而变化的,如果将这种变化关系用一个方程来表达的话,那么就能将年龄作为自变量去推断身高这个因变量的发展水平,同时还可以通过方程中自变量的回归系统的符号来确定因变量的发展水平。

二、相关分析与回归分析的联系和区别

(一)相关分析与回归分析的联系

相关是回归的必要条件,也就是说有相关关系未必有回归关系,无相关关系必无回归关系,之所以有相关关系未必有回归关系,是因为这两个事物虽有密切关系,但不一定具有因果关系。

回归分析和相关分析是互相补充、密切联系的,常常一起使用。相关分析需要回归分析来表明现象之间相关的具体数量形式,确定变量之间是否确实有相关关系存在。如果存在,则用回归分析求出变量之间的定量关系表达式。回归分析应该建立在相关分析的基础上,在依靠相关分析表明现象的数量变化具有密切相关的前提下,再进行回归分析,求相关的具体形式才有意义。在相关程度很低的情况下,回归函数的代表性就差。

相关分析是回归分析的基础和前提,回归分析则是相关分析的深入和继续。相关分析需要依靠回归分析来表现变量之间数量相关的具体形式,而回归分析则需要依靠相关分析来表现变量之间数量变化的相关程度。只有当变量之间存在高度相关时,进行回归分析寻求其相关的具体形式才有意义。如果在没有对变量之间是否相关以及相关方向和程度做出正确判断之前,就进行回归分析,很容易造成"虚假回归"。因此在具体应用过程中,只有把相关分析和回归分析结合起来,才能达到研究和分析的目的。

需要指出的是,变量之间是否存在"真实相关",是由变量之间的内在联系所决定的。相关分析和回归分析只是定量分析的手段,通过相关分析和回归分析,虽然可以从数量上反映变量之间的联系形式及其密切程度,但是无法准确判断变量之间内在联系的存在与否,也无法判断变量之间的因果关系。因此在具体应用过程中,一定要始终注意把定性分析和定量分析结合起来,在准确的定性分析的基础上展开定量分析。

(二)相关分析与回归分析的区别

在相关分析中涉及的变量不存在自变量和因变量的划分问题,变量之间的关系是对等的;而在回归分析中,则必须根据研究对象的性质和研究分析的目的,对变量进行自变量和因变量的划分。因此在回归分析中,变量之间的关系是不对等的。

在相关分析中所有的变量都必须是随机变量;而在回归分析中,自变量是给定的,因变量才是随机的,即将自变量的给定值代入回归方程后,所得到的因变量的估计值不是唯一确定的,而会表现出一定的随机波动性。

相关分析主要是通过相关系数来反映变量之间的相关程度,由于变量之间是对等的,因此相关系数是唯一确定的。而在回归分析中,互为因果的两个变量(如人的身高与体重,商品的价格与需求量),则有可能存在多个回归方程。

三、回归分析的功能

在体育研究中,回归分析法主要有两方面的功能:预测功能和控制功能。

(一)预测功能

自然界任何事物的过去、现在和将来都存在着一种纵向的发展关系,这种纵向的发展规律决定着事物未来的水平和性质。在体育研究中,除对事物纵向发展水平或事物未来的发展状况进行预测外,还要对那些无法直接测量或非常难以测量的事物通过与之有关的自变量进行预测。迄今,人们在对上述两类事物进行预测时,大多数是采用回归分析方法进行的。采用回归分析方法可以以身高预测体重、以年龄预测身高、以运动员的各种身体素质预测其各种运动成绩、以体育课的练习密度和项目类型预测学生的平均心率等,为教学训练和运动员选材等提供依据。

(二)控制功能

体育教学、运动训练和体育经营管理都是复杂的系统工程,其中研究的主要内容就是系统的优化和调控问题。一项有效的工作充分体现在我们能有效并准确地把握事物之间的关系,能有效地调节事物的变化、调控人们的行为、适应客观事物的变化,趋利避害。例如在运动员的运动训练过程中,如何使运动员的各种素质得以均衡发展,保证运动员的运动水平稳定提高?要实现运动员的各种素质均衡发展,我们除了要把握各种素质与运动水平之间的关系外,更重要的是如何调节运动员各种素质之间的发展水平和发展速度。由于在回归方程中,自变量对因变量有着制约作用,所以可以通过调节自变量的方法来控制因变量的发展水平。

四、回归分析方法的类型

在回归分析中,一个因变量只涉及一个自变量时称为一元回归,涉及多个自变量时则称为多元回归。如果因变量与自变量之间是线性关系,则称为线性回归;如果因变量与自变量之间是非线性关系则称为非线性回归。按数学定义来看,回归分析指研究一组随机变量$(Y_1, Y_2, \cdots, Y_i)$和另一组$(X_1, X_2, \cdots, X_k)$变量之间关系的统计分析方法,又称多重回归分析。通常$Y_1, Y_2, \cdots, Y_i$是因变量,X_1、$X_2, \cdots, X_k$是自变量。简单地讲,就是研究X对于Y的影响关系,这就是回归分析。在实际情况中,在研究X对于Y的影响时,会区分出很多种情况,比如Y有时是定类数据,Y有时是定量数据,也有可能Y有多个或者1个,X对于Y的数据类型和水平(个数)决定了回归分析的类型,总共19种(还有的未单独列出),如图9-1所示。

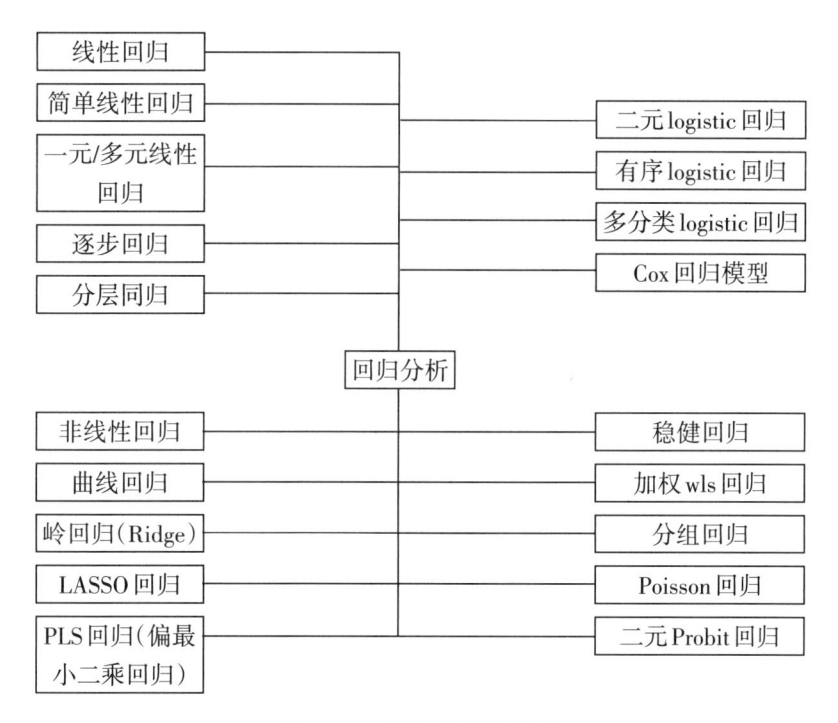

图9-1 回归分析的类型

回归分析按数据类型分类(图9-2),首先将回归分析中的Y(因变量)进行数据类型区分,如果是定量且1个(比如身高),通常我们会使用线性回归;如果Y为定类且1个(比如是否愿意购买苹果手机),此时使用logistic回归,如果Y为定量且多个,此时应该使用PLS回归(即偏最小二乘回归)。

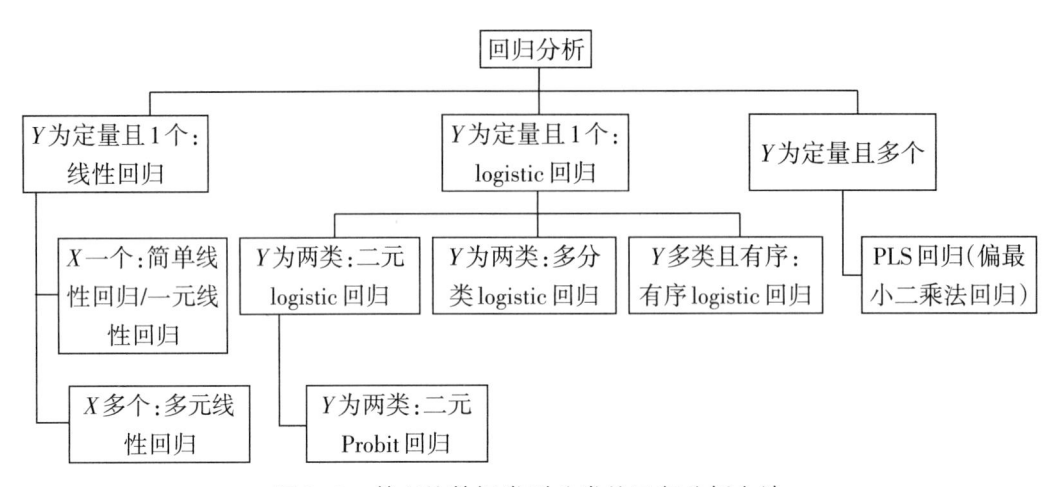

图9-2 按Y的数据类型分类的回归分析方法

第二节 常用的几种线性回归分析方法

一、回归分析方法建模思路

回归分析是一种统计方法,用于探索一个或多个自变量与一个因变量之间的关系。建立回归模型的思路通常包括以下五个步骤。

第一步:确定变量间的相关关系,并明确因变量和自变量。

第二步:建立变量间的关系模型,如线性回归、多项式回归、岭回归、LASSO回归等,并使用选定的自变量拟合模型。

第三步:对模型进行评估和检验,评估建立的模型的性能,检查模型的拟合程度以及模型的预测能力。这可以通过各种指标如均方误差、决定系数(R-squared)、残差分析等来进行。

第四步:利用回归方程进行预测,解释自变量与因变量之间的关系。根据模型的预测能力,可以将模型用于新数据预测或者做出决策。

第五步:对回归模型进行优化与诊断。根据评估结果,可以对模型进行调整和优化,可能需要添加或删除变量,调整模型参数等。

二、常用的几种线性回归分析方法

(一)一元线性回归

1. 一元线性回归的概念

由图8-1和图8-2所示的散点图可以看出,三点分布在一条直线附近,但又不完全在一条直线上,这反映两个变量间表现出近似的直线关系。由于在散点图中无法找出一条直线通过所有的点,因而只能在一切可能的直线中找出一条最合适的直线,用该直线的方程式近似地反映两个变量的数量关系。即各点到一条直线的纵向距离之和最小,这条直线被认为是最合适的直线,叫做回归直线,这条直线的方程叫做直线回归方程(Linear Regression Equation)。

2. 一元线性回归方程的求解

建立直线回归方程的具体步骤如下。

①根据提供的 n 对数据在直角坐标系中作散点图,从直观上看有无呈直线分布的趋势。即两个变量具有直线关系时,才能建立一元线性回归方程。

②若两个变量只有直线相关关系时,需进一步由自变量 x 的值来推测因变量 y 的值,这就需要作直线回归分析。

③依据两个变量之间的数据关系建立直线回归方程,这个方程通式为

$$\hat{y} = a + bx \qquad (公式9.1)$$

其中 $\hat{y}$ 是 y 的估计值,a 为回归常数,表示回归直线的截距,b 为回归系数,表示回归直线的斜率。在直线回归方程中,如果求出 a、b 的值,那么根据公式9.1,就可建立一元线性回归方程。

方程 $\hat{y}=a+bx$ 所表示的直线,是 n 个散点的一条拟合直线,它是针对散点图找出的一条能代表两变量 x 与 y 之间关系的最佳直线,亦使各点与这条最佳直线的纵向距离最近,从数学意义上说,即使离差 $y-\hat{y}$ 的平方和 $\sum(y-\hat{y})^2$ 最小,若令 $Q=\sum(y-\hat{y})^2$,称它为剩余离差平方和,则根据"最小二乘法原理"可得直线回归方程中的 b 和 a 的计算式如下。

$$\begin{cases} b = \dfrac{L_{xy}}{L_{xx}} = \dfrac{\sum xy - \left(\sum x \sum y\right)/n}{\sum x^2 - \left(\sum x\right)^2/n} \\ a = \bar{y} - b\bar{x} \end{cases}$$

(二)多元线性回归

1. 多元线性回归的概念

一元线性回归用于描述一个因变量 y 与一个自变量 x 之间的线性关系。在许多实际

问题中,与因变量y有关系的自变量往往不只是一个,而是多个。例如大学生的肺活量不仅与体重有关,还可能与胸围或其他形态、机能指标存在关系,研究因变量与两个以上自变量之间的定量关系的问题称为多元回归分析(Multiple Regression Analysis)。多元回归分析方法是体育科研中常用的方法,它比单因素分析更能揭示事物的本质和内在联系。

二元线性回归分析在多元线性回归分析中是最简单、最基本的形式,它是多元线性回归分析的基础,多元线性回归的理论和方法能由它推广而来。

2.二元线性回归方程的求解

二元线性回归方程的一般形式为

$$\hat{y} = b_0 + b_1 x_1 + b_2 x_2 \quad \text{(公式9.2)}$$

其中:b_0为常数项,而b_1,b_2分别称为y对x_1,x_2的回归系数。

b_0、b_1、b_2的求解公式为

$$b_1 = \frac{L_{1y}L_{22} - L_{2y}L_{12}}{L_{11}L_{22} - L_{12}^2}$$

$$b_2 = \frac{L_{2y}L_{11} - L_{1y}L_{12}}{L_{11}L_{22} - L_{12}^2}$$

$$b_0 = \bar{y} - b_1 \bar{x}_1 - b_2 \bar{x}_2$$

$$L_{ij} = L_{ji} = \sum (x_i - \bar{x}_i)(x_j - \bar{x}_j) = \sum x_i x_j - \frac{(\sum x_i)(\sum x_j)}{n} \quad (i,j=1,2)$$

$$L_{iy} = \sum (x_i - \bar{x}_i)(y - \bar{y}) = \sum x_i y - \frac{(\sum x_i)(\sum y)}{n} \quad (i,j=1,2)$$

$$\bar{y} = (\sum y)/n, \bar{x}_1 = \frac{\sum x_1}{n}, \quad \bar{x}_2 = \frac{\sum x_2}{n}$$

在线性回归里,我们只需要关注两点:一个是x和y是线性表达式,这一点很重要,如果有非线性关系的变量我们用线性关系来描述,这就是误区。二是线性回归有一个误差项,且误差项服从正态分布,这是因为不是所有的关系都能百分之百用函数表达式去解释,可能有80%的部分我们可以去解释,但是还有20%的部分我们解释不了,就把它归为误差项。

三、回归模型的评估方法

回归模型是指要预测的变量是一个数值,比如预测某城市的房价、预测某商场的销售额,回归模型好预测值误差就不大。常用的评价回归模型好与不好的指标如图9-3所示。

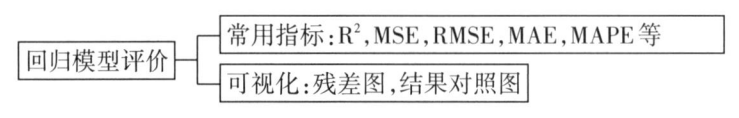

回归模型评价 ── 常用指标:R^2,MSE,RMSE,MAE,MAPE等
　　　　　　└ 可视化:残差图,结果对照图

图9-3　常用的回归模型的评估方法

(一)R^2(R squared,Coefficient of Determination)

R^2为"决定系数"或者"拟合优度",反映的是模型拟合数据的准确程度,一般R^2的范围是0到1。越接近1,表明方程的变量对y的解释能力越强,这个模型对数据拟合得越好;越接近0,表明模型拟合得越差;R^2=0.9表示模型解释了90%的不确定性,模型很不错;经验值>0.4,拟合效果好。

(二)MSE,RMSE,MAE,MAPE

我们先来看这四个比较容易弄混的指标,它们的含义如表9-1所示。

表9-1　模型评价指标描述表

评价指标	描述信息
MSE(均方差)	预测值与真实值偏差的平方和的平均数
RMSE(均方根误差)	MSE的平方根,数量级与真实值相同
MAE(平均绝对误差)	预测值与真实值偏差的平均数
MAPE(平均绝对百分比误差)	预测值与真实值偏差比真实值的绝对值的平均值

当预测值与真实值完全吻合时等于0,即完美模型;误差越大,模型越不好。没有一个固定标准来判定模型的好坏,需要结合目标变量(也就是要预测的数据)的实际情况来判断。

(三)残差图

残差是真实的y值与模型预测的y值之差。残差图(图9-4)的纵轴表示残差,横轴表示原始值。如果一个回归模型满足所给出的基本假定,所有残差应在0附近随机变化,即如果残差都落在变化幅度不大的一定范围内就说明模型很好。

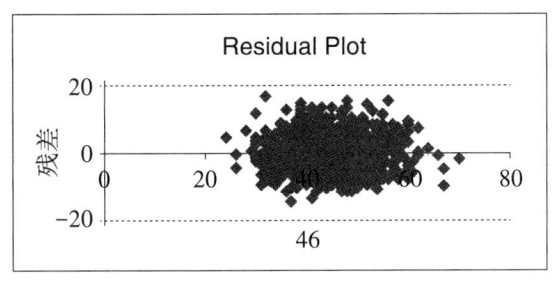

图9-4　残差图

从图9-4中可以看到残差基本在0附近随机变化,并且基本落在了虚线内,说明这是一个还不错的模型。

(四)结果对照图

结果对照图(图9-5)是通过真实值和预测值的结果对比来观察模型的拟合情况,直接明了。

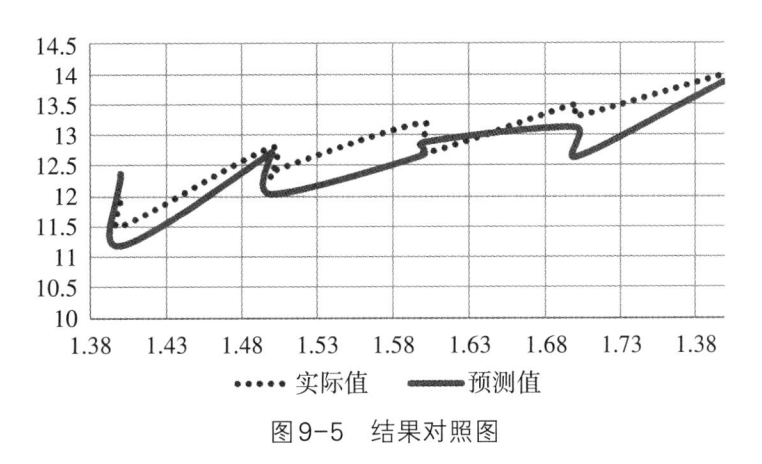

图9-5　结果对照图

实线表示预测值,虚线表示实际值,两者存在一些偏差,但大致趋势基本吻合。

第三节 回归分析实操

一、求回归方程的Excel实操

实验9-1 如何利用Excel求学习时间、学习次数和成绩之间的线性回归方程

案例资料：表9-2为10名同学的学习时间、学习次数和成绩的统计数据，试分析计算学习时间、学习次数和成绩的线性回归方程。

资料分析：预测学习时间、学习次数和成绩的多元回归方程，在Excel中利用加载宏数据分析选项中"回归"分析法直接可以求解。

表9-2 学习时间、学习次数和成绩统计表

学习时间(h)	学习次数(次)	成绩(分)
2	5	70
3	8	80
1	3	60
4	7	90
2	4	75
3	6	85
1	2	55
5	9	95
4	5	80
2	3	65

操作步骤

步骤1：输入原始数据，如图9-6所示。

第九章 | 回归分析

	A	B	C
1	学习时间	学习次数	成绩
2	2	5	70
3	3	8	80
4	1	3	60
5	4	7	90
6	2	4	75
7	3	6	85
8	1	2	55
9	5	9	95
10	4	5	80
11	2	3	65

图9-6　原始数据

步骤2："数据"菜单栏中点击打开"数据分析"，如图9-7所示。打开"数据分析"对话框，选择"回归"，然后单击"确定"按钮，如图9-8所示。

图9-7　选择数据分析

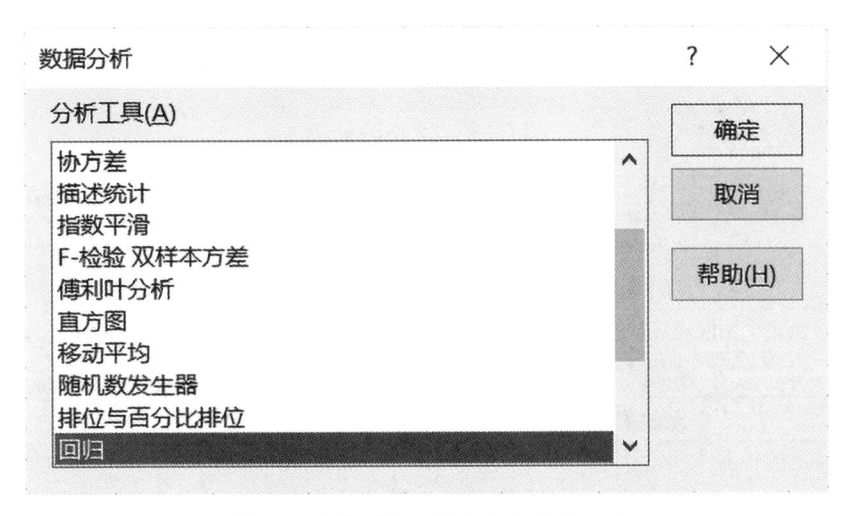

图9-8　"数据分析"对话框选择回归

步骤3：在"回归"对话框中，"Y值输入区域(Y)"项目中指定因变量数据为单元格"\$C\$1:\$C\$11"，"X值输入区域(X)"项目中指定自变量数据为单元格"\$A\$1:\$B\$11"，注意在选择"X值输入区域(X)"时选择一列数据是一元回归，选择多列数据则是多元回归。由

· 255 ·

于输入数据单元格的起始位置是项目名称,因此必须选中"标志(L)"栏;回归直线方程式的常数项可能不是0,在"常数为零(Z)"中保持空白;在"置信度(F)"栏输入"95";在输出选项中选择"输出区域(O)"为单元格"$G$6";残差栏中勾选"残差(R)""残差图(D)""标准残差(T)""线性拟合图(I)",如图9-9所示,最后单击"确定"按钮,即可给出所有的计算值,如图9-10与下文所示。

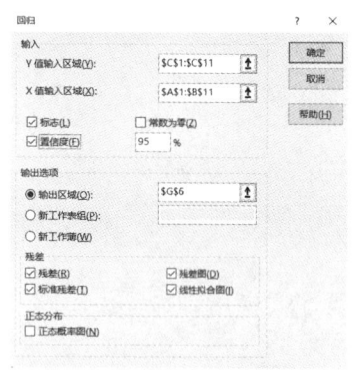

图9-9 "回归"对话框

图9-10 回归统计量

结果解释:回归分析的统计结果如下文所示,Multiple R(简单相关系数)为0.959,表示相关性高;R Square(判定系数)为0.919、Adjusted R Square(调整后判定系数)为0.896,表示回归的相关性高;标准误差为4.202;观察值个数为10。

表9-3 回归统计表

回归统计	
Multiple R	0.958 536 457
R Square	0.918 792 139
Adjusted R Square	0.895 589 893
标准误差	4.202 702 676
观测值	10

表9-4 方差分析表

	df	SS	MS	F	Significance F
回归分析	2	1 398.861	699.430 5	39.599 28	0.000 152 614
残差	7	123.639	17.662 71	—	—
总计	9	1 522.5	—	—	—

表9-4为判断因变量(Y)与自变量(Z)间是否有显著的回归关系存在,判断差异是否显著,只需看显著水平是否小于所指定的值。如本例中求得的F=39.599 28>Significance F=0.000 15,α<0.05,所以结果为放弃因变量与自变量间无回归关系存在的原假设。

表9-5 t检验表

	Coefficients	标准误差	t Stat	P-value	Lower 95%	Upper 95%	下限 95.0%	上限 95.0%
Intercept	48.137 535 82	3.443 761	13.978 19	2.27E−06	39.994 335 32	56.280 74	39.994 34	56.280 74
学习时间	5.802 292 264	2.003 751	2.895 715	0.023 127	1.064 173 486	10.540 41	1.064 173	10.540 41
学习次数	2.249 283 668	1.165 342	1.930 15	0.094 901	−0.506 311 442	5.004 879	−0.506 31	5.004 879

表9-5是判断回归系数与常数项是否为0(为0,即无直线关系存在),并求其置信区间。其原假设为回归系数与常数项为0,判断是否显著,只需看显著水平(P值)是否小于所指定的α值即可。如本例的P-value列均为0.01<α=0.05,所以拒绝回归系数与常数项为0原假设,Intercept(截距)为48.137,学习时间、学习次数的回归系数分别为5.802,2.249。求得的回归方程为$y=6x_1+2x_2+48$。

图9-11所示的部分为进行后续的残差分析。残差为将各观察值的α代入方程式,以求其预测的成绩,并计算预测成绩与原实际成绩间的残差(将两者相减即可求得,如观察值1的预测成绩为70.988,实际成绩为70,两者相减即为残差−0.988)。图9-12、图9-13所示为学习时间与学习次数的残差图,可直观观测到残差分布。

观测值	预测 成绩	残差	标准残差
1	70.988539	−0.98854	−0.26671
2	83.538682	−3.53868	−0.95474
3	60.687679	−0.68768	−0.18554
4	87.091691	2.908309	0.784665
5	68.739255	6.260745	1.689155
6	79.040115	5.959885	1.607983
7	58.438395	−3.4384	−0.92768
8	97.39255	−2.39255	−0.64551
9	82.593123	−2.59312	−0.69963
10	66.489971	−1.48997	−0.402

	A	B	C
1	学习时间	学习次数	成绩
2	2	5	70
3	3	8	80
4	1	3	60
5	4	7	90
6	2	4	75
7	3	6	85
8	1	2	55
9	5	9	95
10	4	5	80
11	2	3	65

图9-11 残差分析与实际成绩图

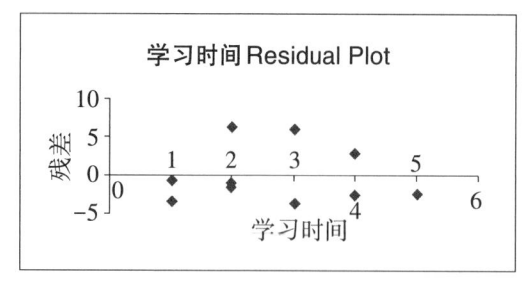

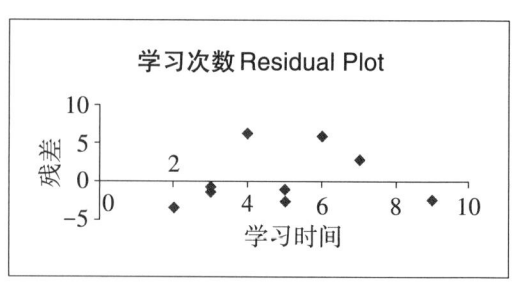

图9-12 学习时间残差图　　图9-13 学习次数残差图

图9-14、图9-15所示的部分为此样本回归线图。以平面图绘出实际观察值与预测值的分布状况,从所产生的图中可以看到回归线图大体是呈现正相关的,因此确定可以使用直线回归分析方法。

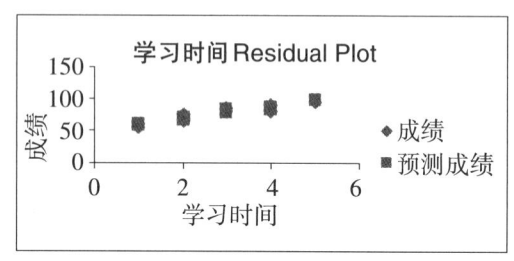

图9-14 学习时间回归线图　　图9-15 学习次数回归线图

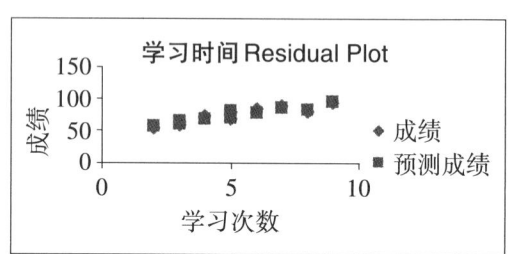

二、求回归方程的Spss实操

实验9-2 如何利用Spss求学习时间、学习次数和成绩之间的线性回归方程

案例资料:表见实验9-1的案例资料,试分析计算学习时间、学习次数和成绩的线性回归方程。

资料分析:已知10名同学的学习时间、学习次数和成绩数据,要求建立两个因素与成绩之间的多元线性函数。本案例要用到"分析(A)"菜单中"回归(R)"子菜单下的"线性(L)…"选项来实现。

操作步骤

步骤1:在Spss数据视图窗口中输入案例资料原始数据,如图9-16所示。

步骤2:在"分析(A)"菜单中,选择"回归(R)"子菜单下的"线性(L)…"选项,如图9-17所示。得到"线性回归"对话框,如图9-18所示。

学习时间	学习次数	成绩
2	5	70
3	8	80
1	3	60
4	7	90
2	4	75
3	6	85
1	2	55
5	9	95
4	5	80
2	3	65

图9-16　输入资料

图9-17　选择菜单

步骤3:在"线性回归"对话框中,单击旁边箭头状按钮,将"成绩"移入"因变量(D)"框中,"学习时间"和"学习次数"移入"自变量(I)"框中,如图9-18、9-19所示,注:进行一元回归则选择对应单一变量移入自变量中,如图9-20所示。点击"统计(S)…"按钮,出现"线性回归:统计"对话框,如图9-21所示。

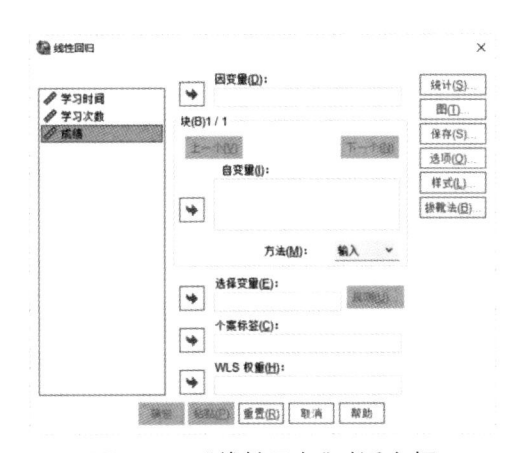

图9-18　"线性回归"对话方框

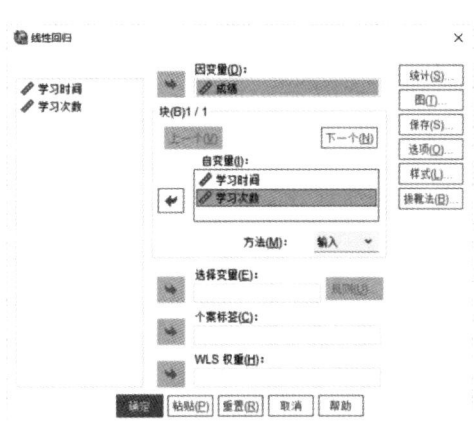

图9-19　"线性回归"对话方框

· 259 ·

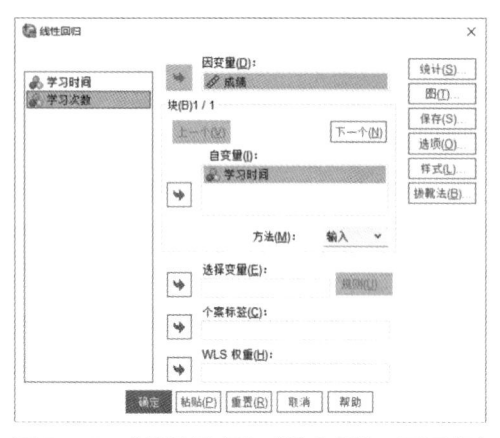

图9-20 "线性回归"对话方框(一元回归)　　图9-21 "统计量"对话框

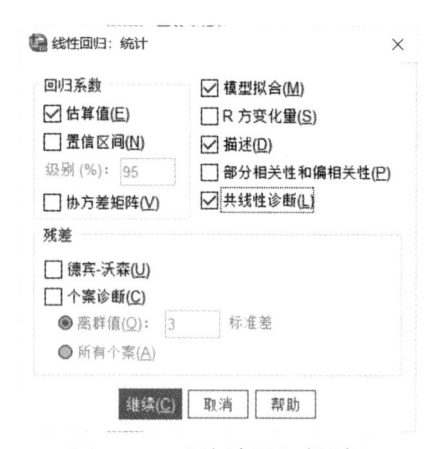

步骤4：在"线性回归：统计"对话框中，选中"估算值（E）""模型拟合（M）""描述（D）"和"共线性诊断（L）"复选框，如图9-21所示。点击"继续（C）"按钮，回到"线性回归"对话框，其他为系统默认值点击"确定"按钮，得到结果输出图，如图9-22。

图9-22 结果输出图

结果解释

表9-6为描述统计表,包含平均值、标准偏差和个案数。

表9-6 描述统计表

	平均值	标准偏差	个案数
学习时间	75.50	13.006	10
学习次数	2.70	1.337	10

表9-7为相关性表,包含皮尔逊相关性,显著性(单尾),个案数。从表中可以看出因变量和自变量相互之间的皮尔逊相关系数和单侧检验的显著水平。

表9-7 相关性表

		成绩	学习时间	学习次数
皮尔逊相关性	成绩	1.000	0.936	0.906
	学习时间	0.936	1.000	0.853
	学习次数	0.906	0.853	1.000
显著性(单尾)	成绩	—	<0.001	<0.001
显著性(单尾)	学习时间	0.000	—	0.001
	学习次数	0.000	0.001	—
个案数	成绩	10	10	10
	学习时间	10	10	10
	学习次数	10	10	10

表9-8为输入/除去的变量表,表明输入的变量所使用的方法都是输入。

表9-8 输入/除去的变量表

模型	输入的变量	除去的变量	方法
1	学习次数,学习时	—	输入

表9-9模型摘要,包含R、R^2、调整后R^2以及标准估算的错误。复相关系数R=0.959,判断系数R^2=0.919,调整后R^2为0.896,标准估计错误为4.203,即剩余标准差,可以判断回归方程的精确程度。

表9-9 模型摘要

模型	R	R²	调整后 R²	标准估算的错误
1	0.959	0.919	0.896	4.203

表9-10 Anova

模型		平方和	自由度	均方	F	显著性
1	回归	1 398.861	2	699.431	39.599	<0.001
	残差	123.639	7	17.663	—	—
	总计	1 522.500	9	—	—	—

表9-10是回归方程方差分析表,统计量$F=39.599$,显著性(P)<0.01,这就说明回归方程具有显著性,即因变量和自变量之间有线性回归关系。

表9-11是系数表,包含非标准化系数B、标准错误、标准化系数VIF为方差膨胀率,系数表给出了非标准化系数的系数值、标准误差和标准系数值,而且对回归系数进行了t检验,给出了显著水平。拟合结果是:$Y=48+5.8×$学习时间$+2.2×$学习次数。

通过系数[a](表9-11)给出的数据,多元线性方程的常量(b_0)为48.138,学习时间(b_1)为5.802,学习次数(b_2)为2.249,得到方程为:$y=5.8x_1+2.2x_2+48.1$

表9-11 系数[a]

模型		未标准化系数		标准化系数	t	显著性	共线性统计	
		B	标准错误	Beta			容差	VIF
1	常量(b_0)	48.138	3.444	—	13.978	<0.001	—	—
	学习时间(b_1)	5.802	2.004	0.597	2.896	0.023	0.273	3.660
	学习次数(b_2)	2.249	1.165	0.398	1.930	0.095	0.273	3.660

习题

1. 已在Excel和Spss中使用相同的数据集进行了回归分析,讨论这两种软件在进行回归分析时的主要区别、相似点以及你认为哪种软件更适合处理此类问题。

2. 描述简单线性回归模型的一般形式,并解释斜率和截距在模型中的含义。

3. 在线性回归模型中,如果自变量的系数是正的,这表示什么?如果系数是负的,又表示什么?

4. 解释线性回归模型中R^2(决定系数)的含义?

5. 描述三种检验线性回归模型适用性的方法,并解释它们各自的重要性。

6. 使用Excel的"数据分析"工具进行回归分析,解释应如何操作,并描述如何通过输出结果判断广告支出与销售额之间的关系,如表9-12所示。

表9-12 广告支出与销售额关系表

广告支出(万元)	销售额(万元)
30	150
50	200
70	250
90	320

7. 请描述在Spss中如何进行多元回归分析,并算出年薪的多元回归方程,如表9-13所示。

表9-13 与年龄相关的数据表

工作经验(年)	教育水平(年)	年龄(岁)	年薪(万元)
5	12	25	50
10	14	30	70
15	16	35	90
20	18	40	120

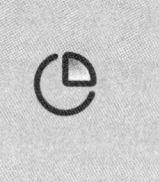

第十章
统计分析报告写作

统计分析报告(Statistical Analysis Report)是通过对数据进行收集、整理、分析,进而揭示数据背后的规律、趋势或问题的报告,是对一个课题工作的总的表达,也是对统计学知识与技能学习水平的总的检验。其按照研究的内容,分为综合、专题统计分析报告;按照研究对象的层次,分为宏观、中观、微观统计分析报告;按照分析问题的类型,分为快报型、公报型、预测型、报导型统计分析报告;按报告的研究方式,分为实验、观察和调查统计分析报告;统计分析报告按照专业不同,还可分为农业、工业、建筑、交通、物资、商业、服务、金融、教育、文化、卫生、劳动、人口、政法和公安等。本章我们主要介绍统计分析报告的写作规范与方法。

第一节 统计分析报告概述

一、统计分析报告的概念与特点

(一)统计分析报告的概念

统计分析报告是根据统计学的原理和方法,运用统计调查得来的大量数据来反映、研究和分析社会活动的现状、成因、本质和规律,并得出结论,提出解决问题办法的一种统计应用文体。它不同于一般的总结报告、议论文、叙述文和说明文,更不同于小说、诗歌和散文。它是运用统计资料和统计方法,将数字与文字相结合,对客观事物进行分析研究的表现。统计分析报告的基本表达方式是以事实来叙述,让数字说话,在阐述中议论,在议论中分析。

(二)统计分析报告的特点

统计分析报告除了具备一般统计应用文的特点(即实用性、专业性、规范性、针对性、时效性等)外,其统计分析的特点更显著,更强调运用一整套统计科学特有的分析方法(如对比分析法、动态分析法、因素分析法、计量分析、聚类分析与因子分析等多元统计分析方法),结合统计指标体系,全面、深刻地研究和分析社会现象的发展变化。统计分析报告在结构上的突出特点是脉络清晰、层次分明,摆数据、讲事实,进行各种科学的分析,进而揭示问题,亮出观点,最后有针对性地提出建议、办法和措施。

二、统计分析报告的功能与作用

(一)统计分析报告的功能

统计分析报告主要通过对数据进行分析和解释来提供有关现象、趋势或关系的见解。它具有以下功能。

1. 描述性功能

统计分析报告能够描述数据的基本特征,包括中心趋势(均值、中位数),离散度(方差、标准差),分布形状等。这有助于读者了解数据的概貌。

2. 分析功能

统计分析报告可以通过各种分析方法,如相关性分析、回归分析、聚类分析等,揭示数据之间的模式、趋势和关联。这有助于深入理解数据的含义和背后的关系。

3. 预测功能

利用历史数据和趋势,统计分析报告可以提供对未来事件或趋势的预测。这有助于组织做出更明智的决策和规划。

4. 比较功能

统计分析报告可以帮助组织进行不同组群、时间段或其他变量之间的比较。通过比较,可以识别出差异,了解变化的原因,并做出相应的调整。

5. 问题诊断功能

统计分析报告可以用于识别和诊断问题,揭示异常或不寻常的模式。这有助于组织找出问题的原因,从而采取适当的措施进行改进。

6. 决策支持功能

统计分析报告为决策者提供了基于数据的信息,帮助其做出更明智的决策。这可以涉及业务战略、市场营销、产品开发等方面的决策。

7. 监测和评估功能

统计分析报告可以用于监测绩效指标,评估项目或策略的实施效果。这有助于及时调整计划,以确保达到预期的结果。

8.信息传达功能

统计分析报告是向各种利益相关方传达数据见解的工具。清晰、简洁地呈现数据,有助于有效地向他人传递信息和见解。

总体而言,统计分析报告通过对数据进行深入分析和解释,为组织提供从中获取洞见、做出决策和实施改进的手段。这些功能使统计分析报告成为决策数据和管理过程中的关键工具。

(二)统计分析报告的作用

统计分析报告能够帮助组织和决策者更好地理解数据、发现模式、做出决策并制定战略。以下是统计分析报告的一些主要作用。

1.数据概括和描述

根据统计分析报告的描述功能,有助于读者快速了解数据的基本特征。

2.模式和趋势发现

通过统计分析,可以发现数据中的模式、趋势和关联。这有助于了解事件之间的关系,揭示变化的规律,并做出未来的预测。

3.决策支持

统计分析报告为决策者提供了有关问题的信息,使其能够做出基于数据的决策。这可以包括市场趋势、客户行为、产品性能等方面的信息。

4.问题识别和解决

通过分析数据,统计报告可以帮助识别问题的根本原因。这有助于组织采取有针对性的措施解决问题,而不是简单地应对表面现状。

5.效果评估

对于实施的策略、项目或计划,统计分析报告可以评估其效果。这有助于组织了解其活动的成功程度,以便进行调整和改进。

6.资源分配

在企业和组织中,统计分析报告有助于优化资源的分配。通过了解哪些部门或活动最有效,组织可以更明智地分配资源以提高效率。

7.监测绩效

统计分析报告可以用于监测绩效指标,帮助组织了解其目标的实现程度,并在需要时进行调整和改进。

8.沟通和共享信息

统计分析报告是向各种利益相关方传达数据见解的重要工具。通过清晰、简洁地呈现数据,报告可以促进组织内外的有效沟通。

总体而言,统计分析报告为相关组织提供了利用数据进行决策和行动的基础,是数据驱动决策和管理的关键工具。

三、统计分析报告的基本原则与标准

(一)统计分析报告的基本原则

统计分析报告除涉及报告的准确性、清晰度和可解释性原则外,还具有以下基本原则。

1.明确定义研究的问题

在开始统计分析之前,确保清楚地定义研究问题。明确的问题有助于选择适当的统计方法和工具。

2.数据质量和清洗

确保所使用的数据质量良好。进行必要的数据清洗,处理缺失值、异常值等,以确保分析的可靠性。

3.选择适当的统计方法

根据研究问题的性质和所采集的数据类型,选择适当的统计方法。这可能涉及描述性统计、推论统计、回归分析等不同的技术。

4.样本的代表性

如果使用样本进行统计分析,确保样本具有代表性,能够反映整体总体的特征,避免抽样偏差。

5.结果的可解释性

报告的结果应该易于理解,避免使用过于复杂的统计术语。如果使用了复杂的统计方法,尽量以简洁和清晰的方式解释。

6.概率和不确定性

在报告中明确概率和不确定性。避免过于绝对的陈述,而是强调结果的概率性和可能的误差范围。

7.图表的有效使用

使用简洁清晰的图表和表格来可视化数据,有助于读者更好地理解结果。

8.避免统计学的误导

谨慎使用统计学术语,避免过度解释统计的显著性,而忽略实际效应的重要性。

9.检验假设的合理性

如果在分析中使用了统计假设检验,要确保这些假设在研究中是合理的,并解释其限制条件。

10.透明度和复现性

提供足够的信息,使得他人能够理解和重现你的分析。这包括数据收集、处理、分析的步骤和所用工具的详细描述。

总体而言,一个好的统计分析报告应该是透明、准确、清晰和可解释的,能够为读者提供对研究问题的深入理解。

(二)统计分析报告的标准

国家统计局在组织评选优秀统计分析报告时,给出了四条评比标准。

①选题准确;②资料可靠,观点鲜明,分析深刻,具有一定见解;③时效性强,反映情况及时;④主题突出,结构严谨,条理清晰,文字简洁。

第二节 统计分析报告的结构与写作

一、统计分析报告的结构

一个统计分析报告的结构通常包括以下几个部分,每个部分都有其独特的目标和内容。

①报告的题目(Subject)是统计报告的主题和中心内容。

②署名(Signature)是版权的声明与文责的承诺。

③摘要(Abstract)是对整个报告的简短总结。

④关键词(Keywords)通常反映报告中涉及的主要概念、变量和研究领域。

⑤引言(Introduction)是报告的背景、目的和研究问题的引导。

⑥研究对象与方法(Method)是报告的设计、样本选择、数据收集和分析方法的详细描述。

⑦结果与讨论(Result)是以清晰的方式(表格、图表或数据)呈现报告的结果。

⑧结论与建议(Conclusion)是结果意义上的提升,并提出未来的建议。

⑨参考文献(References)是列出所在报告中引用的文献。

⑩附录(Appendix)是不宜放入报告正文中的支持材料(如原始资料、实验观察记录、繁琐的数学推导、问卷题、数据收集工具、详细的统计分析、额外的图表等)。

其中,引言、研究对象与方法、结果与讨论、结论与建议这四部分属于正文,报告正文中的标题层次表示有两套系统:层次系统和十进系统,见图10-1与图10-2所示。

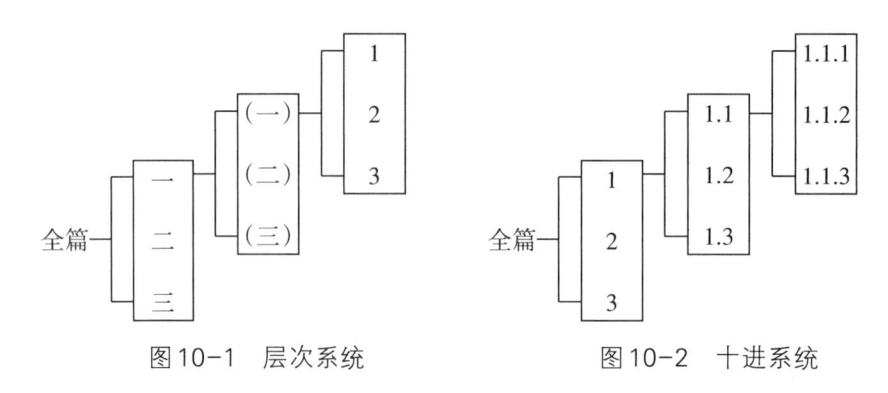

图10-1 层次系统　　　　图10-2 十进系统

二、统计分析报告结构部分的写作

(一)统计分析报告的题目

1.题目的功能

题目如同报告的旗帜和眼睛,是报告的标签。其用来揭示报告的主题和中心内容,是报告思想的精髓所在,是报告内容的高度概括和集中,是读者窥视报告的窗口和检索文献的标识,是编制目录、索引等二次文献的重要内容。

2.题目的要素

一是研究对象和范围,二是研究内容的高度概括,三是研究方法或研究程度。

题目要根据选题、报告初稿或修改稿的内容,首先回答"研究什么?""怎样研究?""研究的方法或程度如何?"三个问题。初学者可先用一小段话,详细、准确表述这三个问题,然后把这一小段话编写成一个句子,最后提取出句子的主要成分形成题目。报告题目一般不用完整句子,多用名词、名词词组或动名词。按照题目的三要素,结合报告具体内容,经过提炼缩写,力求使题目达到确切、恰当、鲜明、精炼、新颖等效果。

3.写统计分析报告题目注意事项

统计报告要准确、明了,符合内容,具体而不模糊,使用关键词,不能过大、过泛、过虚。体现价值性、可行性原则。强调重要发现且富有吸引力,能准确反映文章的独到之处。据美国某广告公司统计,读者阅读文章题目的概率是全文的5倍。应画龙点睛地概括论文的最主要内容。具体、切题,恰当简明,引人注目,严格控制在25字以内(最好在20字左右)。

(二)署名

1.署名的功能
署名是拥有著作权的声明,署名表示文责自负的承诺,署名便于读者同作者联系。

2.署名的要素
作者的姓名和作者单位名,作者单位所在城镇名,邮政编码。

3.署名的注意事项
署名不仅是作者辛勤劳动的体现和应获得的荣誉,拥有著作权的声明,而且是对论文的负责,即论文一经发表,署名者即应对论文负法律责任(政治上、科学上的责任)。署名列于题目下方居中的位置。

(三)统计分析报告的摘要

1.摘要的功能
其是报告的开篇,也是读者最先接触的部分。

2.摘要的要素
一是研究目的,二是研究方法与研究对象,三是主要结果和结论,四是研究意义。

3.写统计分析报告摘要的注意事项
在摘要的开头要明确目的,表明为什么进行这项研究,提供一个简要的研究方法与研究对象概述,包括使用的统计工具和数据收集方式,说明怎样研究,对谁研究。强调研究结果,这可以包括关键的统计数据、趋势,或者是对研究问题的回答。结果的实际意义,解释这些结果如何回答了研究问题,以及它们在相关领域或决策上的影响,并提出相关的建议或未来工作的方向。摘要不分段,不列举例证,不描述研究过程,不做自我评价。摘要应在正文完成后撰写,采用第三人称。

(四)关键词

1.关键词的功能
关键词在论文中起关键作用,是最能说明问题、代表中心内容特征的单词或词组。它是便于文献索引的制作而从论文中选出的最核心的专业性概念或词语,有助于读者更好地理解与检索报告的主题和内容。

2.关键词的要素

其可以是主题词,也可以是自由词(主题词是经规范处理的自然词汇)。

3.写关键词的注意事项

关键词一般来源于论文题目或摘要,也可来源于论文内容,可以是一个词,也可以是一个词组,每篇论文的关键词数量一般为3~6个,太多或太少都难以使读者准确地检索资料。书写关键词时,不要求连贯起来表达一个完整的意思,也不必考虑语法结构。关键词之间空一格,或用逗号、分号隔开,最末不用任何符号。科学技术文献出版社出版的《汉语主题表》可作为编写关键词的参考,也可以参考各学科的汉语主题词表书籍。

(五)题目署名摘要关键词示例

示例1　实验型统计分析报告中的题目、摘要、关键词示例

不同时间尺度的静息态功能脑网络对抑郁症识别的影响

魏杰,陈通,李传东,刘光远,邱江,温万惠,位东涛

西南大学电子信息工程学院,西南大学数学与统计学院,西南大学心理学部

摘要:研究显示,功能连接为特征被用于抑郁症机器识别的研究受到人们关注,但不同时间尺度的静息态功能脑网络能捕获抑郁症神经病理信息的水平尚不明确,对抑郁症识别效果的影响也未知,本研究采用非线性回归方法建立了不同时间尺度的脑网络对抑郁症识别效果影响的模型,并阐明了典型时间尺度的脑网络所捕获的抑郁症病理信息。研究分析了64例临床抑郁症和53例健康对照被试的数据。首先,建立功能脑网络,获得抑郁组显著的功能连接;其次,将显著连接输入支持向量机训练、测试,获得敏感、特异以及精确度;再次,建模识别效果随时间变化的规律,获得识别效果的模型,初具识别能力的网络时间尺度约为46个重复时间(repetition time,RT),主要捕获后扣带回与眶额叶皮层间,右眶部额中回与左角回间,左回直肌与左海马间强化的功能连接,获得最好识别效果的网络时间尺度约为114个TR,且多捕获了右角回与双侧顶下缘鱼回、额中回间,左杏仁核与左缘上回、右中央沟盖间弱化的功能连接,随时间的增加,脑网络可能捕获某些与抑

郁症不直接相关的连接,使识别效果降低,因此,抑郁症识别效果随静息态功能脑网络时间尺度的增加呈现倒U形趋势,这将为进一步研究抑郁症的神经病理机制和提高其智能识别效果提供参考。

关键词:抑郁症;静息态功能磁共振影像;脑网络;功能连接;时间尺度;模式识别

示例2 观察型统计分析报告中的题目、摘要、关键词示例

羽毛球逆转率两局率在新旧规则下的比较研究——以1989—2023年奥运会、世锦赛为例

陈泓儒,覃朝玲

西南大学体育学院

摘要:研究目的为探讨在世界高水平羽毛球比赛各单项中囊括新旧规则的数十年来的逆转现象,并对深入分析未来的比赛提供理论依据和参考,采用卡方检验验证了各单项比赛中逆转率和两局率的变化差异。运用文献资料法、数理统计法对1989~2023年的共32届羽毛球个人世界大赛的所有正赛部分,共7 743场的比赛结果进行分析。研究发现,新规则使所有单项比赛逆转率均有提升,其中双打项目均为显著及以上提升;新规则使所有单项比赛两局率均显著下降,新规则内部两阶段各单项逆转率和两局率除男双两局率外无显著变化,女双项目始终是逆转率最低和两局率最高的单项。

关键词:羽毛球;逆转率;两局率;新规则;比较研究

(六)引言(又叫序论或前言)

1.引言的功能

统计分析报告的引言是报告的开篇,它能够引起读者的兴趣,明确研究的目的,并提供背景信息,帮助读者更方便地阅读论文,了解课题的背景和意义。

2.引言的要素

引言包括背景、问题、研究方法与结构、预期结果研究意义。

(1)背景介绍:简要介绍研究领域的时代与文献背景。解释为什么这个研究是有意

的、前人的工作和现有的知识空白。

(2)问题陈述：明确定义研究的核心问题或概念。清晰地表达研究的目的是什么，通过这项研究解决什么问题。

(3)研究方法概述：提供简要的研究方法概述，包括数据收集的方式、分析方法和使用的统计工具，使读者能够在引言中对研究的整体设计有一个基本的了解。

(4)报告结构：概述报告的整体结构，包括各个部分的内容，以帮助读者更好地理解报告的组织和流程。

(5)预期结果：简要讨论你期望从研究中获得的结果。这可以激发读者的兴趣，使他们期待在后续部分看到详细的统计分析结果。

(6)研究的意义：阐述研究的重要性，特别是它对领域的贡献以及对实际决策的影响，说明这项研究对读者和相关利益方的价值。

3.写引言的注意事项

引言通常以绪论、导言、绪言、前言等小标题冠之，也可以不冠以任何小标题。引人入胜，简练明了，引言的目的是为后续内容打下基础，而不是详细解释。

(1)简明扼要，在整篇文章中它所占的比例要小。

(2)背景材料的介绍要准确、具体，紧扣课题。

(3)研究的说明要实事求是，对作用意义不可夸大和自我评价。

(4)任务的交待应具体、明确、简洁，避免过多的技术术语和详细的统计信息。

(5)尽量将研究问题和方法与实际场景联系起来，让读者更容易理解研究的现实意义。

(6)在引言的最后一段清晰地表达研究的目的，让读者知道他们可以在报告中找到什么信息。

4.引言示例

示例3 实验型统计分析报告《不同运动方式对小学高段学生行为抑制能力的对比研究》中的引言

行为抑制是大脑执行功能的核心子成分，是个体对自身不恰当的冲动行为模式的抑制控制，也就是说行为抑制是人们控制自身行为和情绪的能力，对个体发展有着重要的意义。有学者认为,良好的行为抑制能力是个体作出正确行为决策的前提。中小学阶段是个体大脑发展的黄金时期,也是个体行为抑制能力发展的重要时间节点,现阶段研究证明,青少年行为抑制能力对自我调节、社会情感、学习能力都有着至关重要的作用。那么如何有效提升青少年行为抑制能力,帮助儿童青少年建立良好的行为模式,受到越来越多研究者的关注。

大量研究指出,运动不仅与儿童青少年身体健康相关,还与青少年大脑发育和认知能力发展存在密切关系,有效的体育锻炼对儿童青少年行为抑制能力有着积极的影响。杨宁等人通过10周的定向运动练习干预,发现儿童的抑制、刷新、转换等能力均有显著提升,江大雷对一组4~6岁的儿童进行8周的足球干预后,发现儿童的抑制能力提升明显。急性运动干预同样具有提升作用,Hillman等人对20名9~11岁的儿童进行20 min的短时跑台运动后对其进行执行功能的测试,发现被试的注意力和执行控制能力有所改善。解超的一项Meta分析论证了短时中等强度有氧运动对我国儿童执行能力具有明显的提升作用。有效的体育锻炼对于特殊儿童的行为抑制能力同样具有积极作用,王琛等人发现,长期有氧运动能有效改善超重儿童的行为抑制能力。李焕玉等人认为,一次性不同时长的中等强度有氧运动对超重儿童的抑制能力提升明显,有效的运动干预对注意缺陷多动障碍儿童的抑制能力同样具有改善作用。

但以往的研究中,研究焦点多集中于运动任务本身的定量特征,如运动的强度、频率、持续时间、干预长度等,对于运动本身的定性特征(运动的类型)研究较为欠缺。根据运动类型的特点,运动可分为连续性和间断性运动、大肌群和小肌群运动、器械与徒手运动、开放式和封闭式运动。在测试任务的选择上,以往研究多采用Go/Nogo任务、Stop signal任务和双选择oddball任务,三者都是经典的行为抑制范式之一,但相比于前者,双选择oddball任务更能诱发个体的自发抑制且能够记录被试的标准刺激反应,受到越来越多研究者的认可。

综上可知,该研究根据需求并结合实际情况,选取开放式运动(篮球)和封闭式运动(田径)作为运动本身的定性特征,采用双选择oddball任务作为实验范式,横向比较不同运动场景下小学高段(水平三)学生行为抑制能力的差异,从而进一步丰富相关研究,并为中小学生今后体育运动选择和搭配提供理论依据。

示例4 调查型统计分析报告《"健康中国2030"背景下高校公共体育教学改革研究》中的引言

受传统观念、社会、政策、学校、家庭及个人等因素影响,高校体育教学未得重视,季浏教授认为:"高校对体育工作基本不太重视,学校印发的各种文件及规划,基本未涉及健康教育"。很多研究者也表示"很多大学生体质状况令人担忧"。为尽快实现"健康中国梦",中共中央于2016年制定了《"健康中国2030"规划纲要》并指出"全民健康是建设健康中国的根本目的""把健康教育作为所有教育阶段素质教育的重要内容"。在"健康中国2030"以及素质教育背景下,体育越来越受到全社会重视,高校体育教学改革势在必行,改革应秉承"以学生为主体"的原则,倾听大学生的声音,探究他们的需求与期望,以此作为大学公共体育课教学改革参考依据。

示例5 观察型统计分析报告《羽毛球逆转率两局率在新旧规则下的比较研究——以1989—2023年奥运会、世锦赛为例》中的引言

羽毛球是一项备受关注的竞技运动,世锦赛和奥运会两个代表羽毛球单项最高水平的赛会作为个人世界大赛,其中包括男单、男双、女单、女双与混双五个单项项目(除1992年奥运会外,其他30届赛事均包括混双)。2006年5月,世界羽毛球联合会(简称BWF)彻底结束了沿用多年的发球得分制(简称旧规则),通过了以每球得分制和单局21分为特点的新式规则(简称新规则),尽管BWF曾在2018年与2021年尝试对现行新规则再次进行修改,以实行5局3胜的11分制,但最后均未获通过,所以新规则仍作为正式规则得以延续。无论是新规则还是旧规则,都采用三局两胜的赛制来决定胜负,其中"负胜胜"称为逆转率,是指通过逆转获胜的比赛占所有比赛之比,而两局率是指通过直落二(连胜两局)获胜的比赛占所有比赛之比。2023年8月27日,第28届世锦赛决赛中竞争异常激烈,有三场比赛都赛满三局才分出胜负,而在男单比赛中泰国选手昆拉武特,男双比赛中韩国组合姜珉赫和徐承宰都逆转战胜了各自的对手摘取桂冠。竞技体育中的逆转现象,也称"先输后赢""反败为胜",这一现象时常发生,指在不利的局面里扭转战局,最终取胜。通过查阅资料,发现在现有文献中关于羽毛球新规则的研究往往局限于具体技战术、心理负荷、竞技寿命、传媒观赏性与市场化等方面的探讨。同时,对于竞技比赛中逆转现象的研究相对

较少,且绝大多数均囿于对少数几场比赛中技术分析、战术调整或个人心理层面的微观分析。极少有对数十场及以上比赛进行宏观角度的整体探究,更缺乏对逆转现象发生的频率随时间跨度的比较研究,以及针对同一项目下不同单项的逆转情况的横向对比,同时,也未给出体育比赛中逆转率及两局率的完整定义,因此,本文将尝试结合这两个元素,将跨越两大规则时期BWF网站全部可考的1989—2023年间羽毛球个人世界大赛31届共7 743场比赛进行统计,以探讨新规则对于羽毛球比赛整体走向所产生的影响,为理解羽毛球这一项目内在规律提供新的视角。此外,这样的研究为其他三局两胜或五局三胜制等隔网对抗性项目中的逆转现象的研究提供方法借鉴,也为羽毛球运动下一轮次的规则改革提供实证支撑。

(七)对象与方法

1.对象与方法的功能

详细描述研究中参与者/样本与采取的方法和步骤,以确保研究的可重复性和结果的可信度。

2.对象与方法的要素

对象与方法的要素:参与者/样本;变量定义和测量;数据收集与处理方法;伦理问题。

(1)参与者/样本

描述研究的参与者或样本,包括样本的大小、招募方法、是横断面还是纵向研究,参与者的特征等代表性的讨论。

(2)变量定义和测量

定义你用于分析的关键变量,并描述你是如何测量这些变量的,包括任何使用的标准化测量工具或指标。

(3)数据收集与处理方法

详细描述你采用的数据收集方法,是问卷调查、实地观察还是实验性的或其他方法。详细描述数据的收集过程,包括采用的工具(例如问卷、实验装置)和采集的时间范围等具体细节,是否有对照组,解释为什么这个设计适用于你的研究问题。描述你在数据处理方面采取的步骤,包括数据清洗、缺失值处理、异常值处理等,确保数据分析是基于可靠的数据。解释你选择的统计分析方法,包括描述性统计、推论性统计、假设检验、回归分析等方法的具体步骤,说明为什么选择这些方法,并确保提供足够的信息以供读者理解。

(4)伦理问题

研究设计如果适用于你的研究问题,需提及关于研究的伦理问题,并说明你采取了什么步骤来确保研究的道德性。

3.写作研究对象与方法的注意事项

使用简洁、清晰的语言,确保即使不是该专业领域的专家读者也能够理解你的方法。提供数据收集工具的具体细节,包括问卷的具体问题、观察的具体项目等。这有助于读者理解你的数据来源和质量。按照研究的逻辑顺序叙述方法,确保读者能够按照报告中的描述重现你的研究。如果研究涉及人类或动物,还需提供相关的伦理批准信息,以确保你的研究符合伦理标准。

4.对象与方法示例

示例6　实验型统计分析报告《不同时间尺度的静息态功能脑网络对抑郁症识别的影响》中的对象与方法写作

1.材料与方法

(i)被试。64例临床抑郁症患者与53例健康对照的被试包含于本研究的分析中,抑郁症组被试来自重庆医科大学附属第一医院的门诊患者,共80人。按照美国精神障碍诊断与统计手册第4版(diagnostic and statistical manual of mental disorders Ⅰ, DSM-Ⅳ)相关要求,由两位精神科主任医师对被试进行结构化访谈的临床诊断,并确诊为患有重性抑郁症障碍,病人抑郁程度通过汉密尔顿抑郁量表(17-item version of Hamilton depression rating scale, HAMD-17)测量获得,健康对照组被试来自西南大学师生和广告招募的社区志愿者,共60人。健康被试与抑郁症患者在性别、年龄、受教育程度方面进行了良好匹配,且他们的汉密尔顿抑郁得分也被检测。

被试按照如下标准进行筛选。重性抑郁障碍被试的入组标准:(1)年龄介于20~50岁;(2)HAMD-17量表得分大于或等于13,表明患者的抑郁程度为中度以上;(3)既往和目前无躁狂发作;(4)无酒精、药物滥用、精神发育迟缓以及其他器质性疾病,无药物治疗历史;(5)研究者判断患者无冲动自伤、自杀或伤害他人的危险,并且有能力配合完成实验,同时有家属陪护。健康对照被试的入组标准:(1)年龄介于20~50岁;(2)HAMD-17量表总得分小于4;(3)无精神疾病史或精神疾病家族史;(4)无酒精、药物滥用史及严重的躯体疾病。排除静息态扫描中头动大于2 mm或2°的23位被试(7名控制组和16名抑郁组被试),剩余64例抑郁症患者与53例健康对照被试的数据进入研究。

本研究经西南大学脑影像中心研究伦理委员会和重庆医科大学附属第一医院批准同意。在正式实验前所有被试均签署了知情同意书。

(ii)影像采集与预处理。影像数据通过美国西门子3.0 T磁共振成像仪获得,包括结构和功能影像,高分辨率的结构像(T1加权3D影像数据),通过快速梯度回波序列采集[参数:脉冲重复时间(TR)/回波时间(TE)=1 900 ms/2.52 ms,反转时间=900 ms,反转角(FV)=9切片=176,层厚=1.0 mm,矩阵(matrix)=256×256,体素=1 mm×1 mm×1 mm]。功能像(T2x加权像3D影像数据)是通过梯度回波-回波平面(GE-EPI)成像序列采集(参数:TR/TE=2 000 ms/30 ms,反转角=90°,切片=32,层厚=3.0 mm,层间隔=1.0 mm,矩阵(matrix)=64×64,体素=3.4 mm×3.4 mm×3.4 mm),共计242个功能图像(8′04″)。影像数据采集中,要求被试闭眼、保持清晰,尽量保持其头部不动,平躺于检测床上休息,不执行特定认知任务,也不进行主动的思维活动,通过事后询问,确定被试在实验过程中都较好地完成了实验要求。

(iii)方法。探讨不同时间尺度的静息态功能脑网络对抑郁症识别的影响方式,研究的方法包括大尺度脑网络的异常功能连接的提取、支持向量机分类识别以及识别效果随时间尺度变化规律建模3个步骤均由自编MATLAB程序实现。

示例7 调查型学术统计分析报告《在华学校课堂中实施"大脑休息法"及其对体育活动态度的影响力》中的对象与方法写作

2.材料与方法

2.1 研究设计、参与者招募与抽样

本研究采用准随机实验设计,选取了河南省两所经教育部批准的学校作为研究对象。在干预实施前,由训练有素的研究助理访问各学校,向管理人员和教师详细介绍研究流程,并培训他们使用由HOPSports提供的数字平台。干预为期3个月,每日进行,每次干预时长为3~5 min,由教师在多种儿童体育视频中挑选确保每周累计干预时间达到30 min。视频内容涵盖全球各地的体育活动,强度从低到中等不等。教师还需完成每日及每月的报告,记录每位学生参与的视频数量。在干预前后,通过自我报告的方式收集并分析了儿童的体育活动行为数据及参与计划情况,同时收集人口统计学资料和体育活动态度量表(APAS)的评分数据。对照组未接受干预,但与实验组同步完成了问卷调查。

2.2 参与者

本研究共招募了704名3~5年级的小学生(男生370名,女生334名),具体信息见表1。所有参与者均来自中国河南省,且满足以下纳入标准:(1)年龄介于9~11岁之间;(2)具备中文读写能力,能够独立完成问卷调查;(3)根据体育活动准备度问卷评估为低风险状态;(4)已提交家长同意书。排除标准包括有心脏病等严重疾病史或受伤记录的学生。最初有780名儿童同意参与并完成了问卷调查,但其中76人因问卷填写不完整被排除在外,最终纳入分析的样本量为704人,随机分配至实验组($n=353$)和对照组($n=351$)。

2.3 测量工具

本研究采用由Mok等人开发并验证的"体育活动态度量表(APAS)"作为自我报告工具。该量表旨在全面评估儿童对体育活动的态度、信念及自我效能感等七个部分,分别涉及体育活动的好处、习惯、学习自我效能感、乐趣、健身及个人最佳表现、自信等方面。每个部分由多个项目组成,采用四点李克特量表进行评分,选项包括"强烈不同意""不同意""同意"和"强烈同意"。该量表已在立陶宛、波兰、土耳其、马来西亚和马其顿等多个国家进行了信度和效度验证。本研究中,英文原版APAS问卷经过严格翻译和回译过程,以确保文化适应性。翻译工作由两名双语翻译独立完成,随后由五名来自运动科学、运动心理学、健康心理学及体育教育领域的专家组成的小组进行审查和调整。最终版本的中文APAS问卷通过10名受试者的预测试验验证了其清晰度和可理解性。信度分析结果显示,该量表的内部一致性Cronbach's Alpha值在0.65至0.76之间,表明具有良好的信度。

2.4 伦理考量

本研究的所有程序均经过审查委员会严格审核并批准研究,参与者均为自愿加入,享有在任何时候无惩罚性地退出研究的权利。在正式参与研究之前,所有儿童及其家长均被详细告知研究内容,并签署了书面的知情同意书;同时,也获得了研究所在学校的校长及教育部门的批准。

2.5 统计分析方法

本研究采用 Spss 25.0 统计软件进行数据分析。为了评估 Brain Breaks 干预对 APAS 评分的影响,我们采用了双向2(时间:干预前后)×2(组别:实验组或对照组)混合设计方差分析(ANOVA),其中时间作为受试者内因素(重复测量),组别作为受试者间因素。试验的偏方差(n_2)效应量用于量化干预效果的大小。统计显著性水平设定为 $P<0.05$。

(八)结果与讨论

1.结果与讨论的功能

结果与讨论是报告的主体部分,课题的"创造性"主要在这一部分表达出来,它反映了报告所建立的学术理论、采用的技术路线和研究方法水平,这一部分决定了整个报告的水平,是报告的核心。它们按照事物的发展阶段或逻辑层次(有横式和纵式)结构来呈现材料,表达研究的主要发现并解释这些发现的含义。

2.结果与讨论的要素

结果与讨论要素:逻辑层次(有横式和纵式)结构;材料(表格、图解、照片等);统计分析和逻辑推理的结果。

3.结果与讨论的注意事项

一是"言之有序",即报告所要反映的问题的逻辑层次与顺序结构(也叫提纲,有并列式和递进式),做到一个中心,互相连贯、前后衔接。结构是表现主题的手段,解决了"怎么写"的问题;二是"言之有物",报告的观点并非空穴来风,而是有科学的材料进行佐证支撑,将搜集的材料用表格、曲线、图解、照片等来清晰呈现数据引出的必然和必要的结果,材料解决了"写什么"的问题;三是"言之有理",通过材料的统计分析和逻辑推理,导出有价值的科学、严谨的科学结论。对主要结果逐项探讨、判断分析,使感性认识上升为理性知识。由表及里、由此及彼,从现象到规律,注意用明确的观点来统率素材,做到观点与材料的统一。诚实地讨论研究的局限性,包括样本大小、数据收集方式、可能的偏差等。整个部分应层次清楚、段落分明、逻辑线条清晰,围绕中心问题、层层剥笋地设立维度进行结果呈现与讨论。

(九)结论与建议

1.结论与建议的功能

其是论文的收尾部分,是报告论证得到的结果。这部分要对正文中分析论证的问题加以综合,概括出基本点,这是课题解决的答案,是论文的精髓所在,是研究结果和理论分析逻辑发展的必然结果,是研究结果的高度概括和总结。

2.结论与建议的要素

结论与建议要素:新观点、新原理、新方法;新规律、特征和法则;验证新原理和方法;发现的新问题等。

3.写结论与建议的注意事项

结论要求高度精练,力求简明扼要,措辞严谨。形式上可用分条式和分段式表达,篇幅尽可能简短。需要特别注意的是,结论并非研究结果的简单罗列,也不是正文各部分的简单概括,而是在研究结果和理论分析基础上的理论升华,由感性认识上升为理性认识。结论里应包括必要的数据,但主要是用文字表达,一般不再用插图和表格。结论与引言相呼应,同摘要一样,其作用是便于读者阅读和为二次文献作者提供依据。

4.结论与建议(讨论)示例

示例8 实验型统计分析报告《不同时间尺度的静息态功能脑网络对抑郁症识别的影响》中的结论与建议(讨论)写作

2.结果

2.1 识别效果的模型

通过分析,研究获得敏感度、特异度以及精确度的曲线模型(图2),以及模型对应参数(表2)。识别效果模型均表现出显著的非线性趋势(表2中,3个非线性曲线模型的参数取值均显著大于零):伴随脑网络时间尺度的逐步增加,识别效果呈现出先提升、达最佳、后降低的变化,对比敏感度模型的95%置信边界与随机参考值(图2,绿色虚线),发现时长40个TR的脑网络对抑郁症病人初具可信检测性、118个TR的脑网络具有理论上的最好值、232个TR的脑网络虽然不能达到最好值,但同样具有可信检测性,对比特异度曲线模型的95%置信边界与随机参考值,发现时长46个TR的脑网络对于健康被试初具可信免病性、110个TR的脑网络具有理论上的最好值、218个TR的脑网络虽不能达到最好值，但保持可信免病性，对比精确度曲线模型的95%置信边界与随机参考值，发现时长38个TR的脑网络对抑郁症的诊断初具可信区分性、114个TR的脑网络具有理论上的最好效果、232个TR的脑网络虽不能达到最好识别效果，但保持可信区分性。此外，精确度曲线模型还显示，时长超过38个TR的静息态功能脑网络的异常连接被用于识别抑郁症与健康个体时，正确分类率均可信地超过随机参考值的50%。因此，具有分类效果功能的脑网络典型时间尺度介于46和218个TR之间，而时间尺度为114个TR的脑网络能获得最好效果。

3. 讨论

敏感度、特异度与精确度的曲线模型[式(1)、表2、图2]均良好地描述了识别效果随静息态功能脑网络时间尺度变化的非线性规律。如图2所示，识别效果随时间的散点绝大多数都落入对应曲线模型（红色加粗实线）的95%置信边界内（红色虚线），并且对应曲线模型的95%置信边界涵盖了前人采用相近方法来识别抑郁症的识别效果。再者，每个曲线模型的参数取值显著小于零，并不多余（表2）。识别效果模型显示：随静息态功能脑网络时间尺度的增加，抑郁症的识别效果呈先提升、达最优、后降低的非线性趋势；时长114个TR的功能脑网络倾向于获得最好识别效果，且时长大于46个TR的功能脑网络倾向于获得好于随机猜测的效果。超过80%的静息态功能脑网络的识别效果好于随机猜测的结果。这再次证实了前人采用脑网络的异常功能连接作为可能的生物标记来区分抑郁症与健康个体的做法的有效性。约4 min（114个TR）的脑网络倾向于获得最好效果、更好地捕获抑郁症病理信息的结果，说明采用静息态功能脑网络的异常连接来探讨识别抑郁症、发现抑郁症的生物标记的做法具有较好的时效性。

本研究也有一些不足之处，影响抑郁症识别的主要因素包括抑郁症的不同亚型、估计功能连接的数据时长、确定病理异常的特征提取方法以及具体机器学习算法。首先，抑郁症包含了不同的亚型，本研究并未细分抑郁症的不同亚型。其次，确定病理异常的特征提取方法主要有滤波器、擦除以及嵌入技术，其中t检验是神经影像学的识别研究中通常采用的滤波器技术之一。最后，已有诸如线性回归、决策分析以及人工神经网络等方法被用于探讨抑郁症的机器识别，各有所长，但最常用的、影响最广的分类方法是支持向量机，因此,本研究考察了估计功能连接的数据时长对抑郁症病理信息的发现和对其进行识别的影响,将其余影响因素保持为最常用选择,而它们对抑郁症识别效果的影响以及对病理信息的发现能力都有待于将来进一步探讨。

示例9 调查型统计分析报告《"健康中国2030"背景下高校公共体育教学改革研究》中的结论与建议(讨论)写作

二、结果与分析

为便于统计,以"1、2、3、4、5"分别代表"A、B、C、D、E"五个选项的得分数。多选题项被选中选项赋值为1,反之赋值为0。每人选择3项,每个选项最高占比33.33%。

(一)体育课态度

大学生对体育课的态度决定了体育课的教学效率。为探究不同性别大学生对体育课态度的积极性高低以及差异性,通过t检验得到表10-1。

表10-1 不同性别大学生体育课态度得分均值差异分析表

	M±SD(男生)	M±SD(女生)	t值	p值
体育课态度	9.03+2.74	7.81+2.73	−8.287	0.000

由上表10-1可知女大学生的得分均值(7.81+2.73)低于男大学生(9.03+2.74),说明女生体育课积极性低于男生。由t值−8.287与p值(双侧Sig.)为0.000<0.01得知不同性别对体育课态度的差异性非常显著。

(二)影响体育课态度的因素

影响大学生体育课态度的因素很多,概括起来包括有个人因素(体育兴趣、知行能力、体育课需求、惰性)、教学因素(教师、教学内容、教学方法、教学评价)以及环境因素(家庭环境、社会环境、学校环境、教学环境),对这些因素得分与体育课态度得分做相关分析得到表10-2。

表10-2 体育课态度与各因素的相关性

		个人因素	教学因素	环境因素
Pearson相关性	体育课态度	0.591**	0.629**	0.451

表10-2显示影响大学生体育课态度的因素中,个人因素影响最大(0.629),其次是教学因素(0.591),最后是环境因素(0.451)。提升大学生体育课的积极性,须从这三个因素入手进行研究与实施。

三、结论与对策

(1)女大学生的体育课积极性显著低于男大学生。因此体育课的开展一定要注意男女大学生生理及心理差异,因材施教,有区别地对男女大学生进行体育课程教学。对大学生体育课态度影响因素按影响程度总结为:个人因素>教学因素>环境因素。体育教学改革应重点从个人、教学与环境三个方面着手。

(2)约一半大学生希望每周有2次及以上体育课,仅10%左右的大学生希望不上体育课。学校可增设体育类选修课,根据学生喜好自愿选择,满足有体育需求的大学生。

(3)大学生喜爱的技能练习方法中按人数排序。男生为:游戏练习法>比赛练习法>分动作练习法>完整动作练习法>指导纠错练习法,女生为:游戏练习法>分解动作练习法>指导纠错练习法>完整动作练习法>比赛练习法。应多采用游戏练习法进行技能练习以提高课堂趣味性,同时综合采用多种技能练习方法帮助学生高效掌握运动技能。

(4)幽默风趣型体育教师最受大学生欢迎,此外男生对体育教师的知识与技能更为看重,女生依次更倾向于尊重学生、和蔼可亲的体育教师,师资力量也是体育课程改革的先决条件。教师应在课堂上创造轻松愉快的教学环境,使学生放松身心。教师应给予学生充分的关爱与尊重,同时进一步提高自身专业水平,更能取得学生信服。

示例10 观察型统计分析报告《羽毛球逆转率两局率在新旧规则下的比较研究——以1989—2023年奥运会、世锦赛为例》中的结论与建议(讨论)写作

2.研究结果与分析

2.1 旧规则时期羽毛球个人世界大赛逆转率和两局率统计

在1989~2005年间,经汇总统计,羽毛球个人世界大赛各项目逆转率情况如表10-3所示。

表10-3　1989—2005年羽毛球个人世界大赛各项目逆转率和两局率

	胜负胜	负胜胜	胜胜	合计	逆转率	两局率
男单	93	137	849	1 079	12.70%	78.68%
男双	64	77	540	681	11.31%	79.30%
女单	55	45	517	617	7.29%	83.79%
混双	77	66	604	747	8.84%	80.86%

根据表10-3，男单是五个单项中进行比赛最多的项目，有学者认为在五个单项中的影响力最大，代表着整个羽毛球运动的发展方向。此阶段总计1 079场男单有效比赛中，有849场比赛以两局取胜；在137场比赛中，选手通过逆转并赢得比赛。而在93场比赛中，选手成功阻止对手逆转最终取胜。该阶段比赛逆转率为12.70%，两局率为78.68%，同期分别排名第一和第五。

2.3 新旧规则下羽毛球个人世界大赛逆转率和两局率比较

2.3.1 逆转率对比

研究发现，新规则的实施使羽毛球个人世界大赛各单项的逆转率都有所提高，男单、男双、女单、女双、混双的上升幅度分别为0.46%、3.73%、2.14%、4.04%、4.98%。制作成交叉表后进一步进行卡方检验如表5(略)所示。

依据表5(略)和之前数据可知，表中所有的期望计数都大于5且任意样本量均>40，因此可认为适合用皮尔逊卡方进行检验。通过SPSS 27.0软件计算出的双侧显著性P与其临界值比较，发现采取新规则后男双($P=0.043$)、女双($P=0.014$)项目的逆转率呈现出显著增加($P<0.05$)，混双($P=0.003$)项目和所有比赛($P=0.000$)的逆转率呈现出非常显著增加($P<0.01$)，而男女单项目则未出现显著性差异($P>0.05$)。

3. 结论

3.1 新规则使所有单项比赛逆转率均有提升，其中双打项目均为显著及以上提升

2006年羽毛球新规则的实施提高了所有单项比赛的逆转率，这一变革加大了比赛的悬念和竞争激烈程度，使得选手更频繁地从不利局面逆转获胜，而在双打项目中逆转率提升显著，新规则几乎不对男单逆转率进行干扰，其逆转率的提升最小，仅为0.46%，而混双的逆转率的提升最大，达到了4.98%。这反映了男单比赛的稳定性和混双比赛的特殊性，后者对选手的配合和战术应变要求更高，因而更容易发生战局逆转。

(十)参考文献

1.参考文献的功能

其是对期刊论文引文进行统计和分析的重要信息源之一。

2.参考文献的要素

参考文献要素：责任者．文献题名［文献类型标志］．刊(书)名，年，卷(期)：起始页码。

文献类型标志参考国家标准GB/T7714—2015,如表10-4。

表10-4　文献类型标志代码

文献类型	普通图书	会议录	汇编	报纸	期刊	学位论文	报告	标准	专利	数据库	计算机程序	电子公告	档案	舆图	数据集	其他
标志代码	M	C	G	N	J	D	R	S	P	DB	CP	EB	A	CM	DS	Z

3.写作参考文献的注意事项

参考文献的著录，按论文中引用顺序排列，并严格按照参考文献著录格式规范(国标GB／T7714-2015)写作,包括标点符号及标点符号的全角与半角的使用。

4.参考文献示例

以上述三类研究报告为例,它们的参考文献标准格式分别如下。

[1]温万惠,邱玉辉,刘光远,等.情感生理反应样本库的建立与数据相关性分析[J].中国科学:信息科学,2011,41(01):77-89.

[2]魏杰,陈通,李传东,等.不同时间尺度的静息态功能脑网络对抑郁症识别的影响[J].科学通报,2018,63(20):2093-2102.

[3]韩富强,覃朝玲,熊黎,等.不同运动方式对小学高段学生行为抑制能力的对比研究[J].当代体育科技,2023,13(20):176-182.

[4]赵盛涛,覃朝玲."健康中国2030"背景下高校公共体育教学改革研究[J].智库时代,2019,(25):186+190.

[5]陈泓儒,覃朝玲.羽毛球逆转率两局率在新旧规则下的比较研究——以1989-2023年奥运会、世锦赛为例[J].福建体育科技,2024,43(01):74-78+88.

(十一)附录

确保在编写统计报告时,使用清晰、简洁的语言,图表和表格要具有良好的可读性,一般把详细的原始资料、实验观察记录、繁琐的数学推导、问卷题或其他不宜放入正文中的资料,列于附录之中,以资查证,以确保读者能够理解和重现你的研究。

三、写作风格与语言

统计报告的写作风格要注重清晰、准确和专业,以确保正确地表达研究的目的、方法和结果。

(一)写作风格要注意以下问题

①统计分析报告的目标是传递事实和数据,不是个人观点,因此必须保持客观和中立的语调,避免使用主观性强的词汇或情感色彩。

②采用书面和专业的语言,使用领域内国际标准通用的术语、准确的数字和符号单位,确保报告的可信度和可读性。

③按照结构清晰的顺序组织信息,保持报告的逻辑连贯性。使用清晰、简练的语言表达,避免冗长复杂的句子。每一节都应该有明确的主题,并与前后内容相互连接。

④尽量使用确切的描述,以增强报告的准确性。避免使用模糊或武断的词语,例如"可能""大致"等。

⑤文字描述与可视化工具相互补充且不要重复,在可视化描述图表时,使用清晰的语言解释数据的趋势和关键点。包括百分比、均值、标准差等。

⑥仔细审查报告的主被动语态,确保语法正确、拼写无误。

(二)写作在内容和形式上要注意的问题

1.写作在内容上要注意5个方面

①准确性(观点数据要准确)。

②及时性(题材要及时,紧扣时局热点)。

③实践性（要贴近实际，反映实际）。

④思想性（要有自己独特的视角和观点）。

⑤可读性（内容文字要通俗易懂）。

2.写作在形式上要注意6个方面

①主题要鲜明。

②题目要确切、简明、醒目。

③观点与材料要统一。

④结构要严谨。

⑤文字要力求准确、简洁、通俗易懂。

⑥文、图、表并用，各显其长。

(三)统计分析报告语言的特点与要求

统计分析报告语言的特点与文学作品语言要求的生动形象不同，其语言应该准确、简明和通俗。

1.准确

统计分析报告必须用词准确，语句通顺，符合逻辑。

（1）用词准确

用词要有鲜明的分寸感，对意义相近的词要能够比较、区别出它们之间的分寸和程度。例如，要反映某种经济现象的变化，在选择表示程度的副词和形容词时，就要区别程度之间的差异，细心揣摩"有所变化""较大变化""很大变化"等词之间的细微差别，这样才能准确地表现出变化的程度，使人感到分寸感强。

统计分析报告要注意区分相近概念的外延和内涵。例如，《羊城晚报》在×年×月×日刊登的一篇文章的标题是《今年要努力开创提高经济效益的新局面目标:农业增长4%，工业增长5%》，在这里把速度指标当作了效益指标，并作为提高效益的目标提出来，这就把"增长速度"与"经济效益"两个不同的概念混为一谈了。

为了加强语言的精确度，应少用修辞语、形容词，尽量用数字作定量表述。例如要反映卢森堡的富裕，尽管可用"非常""十分""丰衣足食"等词来形容修饰，但人们对其富裕程度的理解,仍然是抽象的。如果用数字来说明,如卢森堡2010年每人平均GDP为104 390美元,居世界第一,这样人们的印象就十分具体了。在分析报告中,还应少用模糊词语,如"可能""也许""大概""由于某种原因"等,模糊词语不能给读者留下深刻的概念和印象。但也不能完全排除模糊语言的使用,有时候模糊语言具有精确语言不能替代的作用。例如:"在今后相当长的时间内,都要进行产业结构调整和改造"。这里就使用了模糊语言"相当长"。

(2)句子通顺

语句通顺是各类统计分析报告的最基本要求。

(3)合乎逻辑

统计分析报告是一种科学严谨的文体,其内容上必须合乎逻辑。

2.简明

要使语言简明,必须使用概括手法,把事实高度浓缩,尽量减少信息的冗余度,加大信息的密度和语言的容量,以尽可能少的文字将尽可能多的内容表达清楚,让人们在较短的时间内获得较多的有价值的信息。叙述要概括,说明要概括,分析议论也要概括。

同时,语言简明扼要,是言简意赅,而不是越简越好,因简害意是不可取的。例如,不能把"人造皮鞋"简写为"人皮",把"男式猪皮鞋,女式牛皮鞋"简写成"男猪女牛",这种省略让人费解。但如果名称太长时可以用简称,不过第一次出现时应用全称,同时加注简称。

3.通俗

统计分析报告只要把情况说清楚、事情说明白就行了。因此,要求语言通俗易懂、朴实无华。在使用专业性很强的术语时,应深入浅出地进行解释和说明。

第三节 统计分析报告写作实例

本节以参考文献的格式列出在本章第二节中所参考的三篇统计分析报告(实验型、调查型以及观察型)、对应的示例,以方便读者查找与一一对应,具体如下。

一、实验型学术统计分析报告

[1]温万惠,邱玉辉,刘光远,等.情感生理反应样本库的建立与数据相关性分析[J].中国科学:信息科学,2011,41(01):77-89.

[2]魏杰,陈通,李传东,等.不同时间尺度的静息态功能脑网络对抑郁症识别的影响[J].科学通报,2018,63(20):2093-2102.

[3]韩富强,覃朝玲,熊黎,等.不同运动方式对小学高段学生行为抑制能力的对比研究[J].当代体育科技,2023,13(20):176-182.

二、调查型学术统计分析报告

[4]赵盛涛,覃朝玲."健康中国2030"背景下高校公共体育教学改革研究[J].智库时代,2019,(25):186+190.

三、观察型学术统计分析报告

[5]陈泓儒,覃朝玲.羽毛球逆转率两局率在新旧规则下的比较研究——以1989-2023年奥运会、世锦赛为例[J].福建体育科技,2024,43(01):74-78+88.

习题

1. 简述统计分析报告的功能与作用。

2. 列举出分析报告正文中的两套标题层次。

3. 实验型、调查型、观察型学术统计报告的摘要的特点有哪些?

4. 实验型、调查型、观察型学术统计报告的引言的特点有哪些?

5. 进行实验型、调查型、观察型学术统计报告的对象与方法有哪些特点?

6. 实验型、调查型、观察型学术统计报告的结论与建议有哪些特点?

7. 根据你的专业的性质,写一篇统计报告(包含题目、摘要、关键词、引言、对象与方法、主体内容、结果与分析等基本结构)。

参考文献 REFERENCES

[1]Excel Home.Excel实战技巧精粹[M].北京:人民邮电出版社,2007.

[2]Excel Home.Excel应用大全[M].北京:人民邮电出版社,2008.

[3]未来教育.Excel函数与公式应用大全[M].北京:中国水利水电出版社,2020.

[4]张文彤,邝春伟.SPSS 统计分析基础教程第2版[M].北京:高等教育出版社,2011.

[5]陈胜可,刘荣.SPSS统计分析从入门到精通[M].北京:清华大学出版社,2015.

[6]李沛良.社会研究的统计应用[M].北京:社会科学文献出版社,2001.

[7]张厚粲,徐建平.现代心理与教育统计学[M].北京:北京师范大学出版社,2003.

[8]侯华玲.现代社会经济统计学SPSS应用[M].北京:中国统计出版社,2002.

[9]钱余发,张玲.基于大数据的数据清洗技术及运用[J].数字技术与应用,2023,41(03):84-86+113.

[10]胡杰,梁薇,王海斌,等.统计数据分析的若干挑战与进展[J].厦门大学学报(自然科学版),2023,62(06):1052-1058.

[11]韩春玲.Excel数据处理与可视化[M].北京:电子工业出版社:2020.

[12]王燕.统计图表[J].新世纪智能,2023,(45):27-28.

[13]徐晓岭,王磊.统计学[M].北京:人民邮电出版社:2015.

[14]覃朝玲,付道领主编.体育运动中的科学[M].重庆:西南师范大学出版社,2021.

[15]覃朝玲主编.体育科研数据处理软件与应用案例[M].重庆:西南师范大学出版社,2017.

[16]覃朝玲,唐东辉主编.体育统计学 Excel与Spss数据处理案例[M].重庆:西南师范大学出版社,2010.

[17]胡咏梅.教育统计学与SPSS软件应用[M].北京:北京师范大学出版社,2002.

[18]施丽影.体育统计[M].湖北:武汉教育出版社,1986.

[19]程致屏.体育统计学[M].西安:西北大学出版社,1999.

[20]高祖新,言方荣.概率论与数理统计[M].南京:南京大学出版社:2020.

[21]吴建军.医学统计学基础及SPSS软件应用[M].兰州:甘肃文化出版社:2017.

[22]黄英,刘亚琼,胡晓峰,等.统计学[M].重庆:重庆大学出版社:2017.

[23]马秀麟,邬彤.SPSS数据分析及定量研究[M].北京:北京师范大学出版社:2020.07.452.

[24]FREEDMAN D, PISANI R,PURVES R,等.统计学第2版[M].魏宗舒,等,译.北京:中国统计出版社,1997.

[25]茆诗松.统计手册[M].北京:科学出版社,2003.

[26]茆诗松,周纪芗.概率论与数理统计[M].北京:中国统计出版社,1996.

[27]彭海.皮尔逊相关系数应用于医学信号相关度测量[J].电子世界,2017,07:163.

[28]傅培华,詹正刚.全国道路效率评价:基于复相关系数的DEA模型[J].物流技术,2013,32(01):129-133.

[29]余璇.基于数据驱动关系依赖的海洋环境大数据预报方法研究[D].上海大学,2021.

[30]陈丽佳,王国才,贺祥民主编.统计学[M].上海:上海交通大学出版社,2016.

[31]颜节礼,唐建荣.应用统计学[M].西安:西安电子科技大学出版社.2016.

[32]焦清梅.解读变量之间的关系[J].中学生数理化:七年级数学北师大版,2007(5):7-9.

[33]龚辉锋.基于因变量均值的OLS研究[J].沈阳大学学报(自然科学版),2010,22(5):1-5.

[34]安佰玲,王森,胡洪胜.线性回归模型在因变量缺失下的约束估计[J].统计与决策,2013(11):19-21.

[35]叶锋.多元线性回归在经济技术产量预测中的应用[J].中外能源,2015,02:45-48.

[36]冷建飞,高旭,朱嘉平.多元线性回归统计预测模型的应用[J].统计与决策,2016,07:82-85.

[37]朱建平,殷瑞飞.SPSS在统计分析中的应用[M].北京:清华大学出版社,2007.

[38]郝黎,樊元,郝哲欧,等.SPSS实用统计分析[M].北京:中国水利水电出版社,2003.

[39]黄良文.统计学原理[M].北京:中国统计出版社,2000.

[40]余健英,何旭宏.数据统计分析与SPSS应用[M].北京:人民邮电出版社,2003.

[41]丛湖平.体育统计学[M].北京:高等教育出版社,2015.

[42]李志辉,罗平.SPSS for Windows统计分析教程[M].北京:电子工业出版社,2005.

[43]阮桂海,荣建琼,朱志海,等.统计分析应用教程[M].北京:清华大学出版社,2003.

[44]吴喜之,王兆军.非参数统计方法[M].北京:高等教育出版社,1996.

[45]罗应婷,杨钰娟.SPSS统计分析从基础到实践[M].北京:电子工业出版社,2007.

[46]杨小平.统计分析方法与SPSS应用教程[M].北京:清华大学出版社,2008.

[47]蔡建琼,于惠芳,朱志洪,等.SPSS统计分析实例精选[M].北京:清华大学出版社,2006.

[48]薛薇.SPSS统计分析方法与应用[M].北京:电子工业出版社,2022.

[49]茆诗松.统计学基础[M].上海:华东师范大学出版社,2002.

[50]卢纹岱.SPSS for windows 统计分析[M].北京:电子工业出版社,2002.

[51]胡学锋.统计学[M].广州:中山大学出版社,1999.

[52]王路德.体育统计方法与应用[M].北京:人民体育出版社,2008.

[53]温万惠,邱玉辉,刘光远,等.情感生理反应样本库的建立与数据相关性分析[J].中国科学:信息科学,2011,41(01):77-89.

[54]魏杰,陈通,李传东,等.不同时间尺度的静息态功能脑网络对抑郁症识别的影响[J].科学通报,2018,63(20):2093-2102.

[55]韩富强,覃朝玲,熊黎,等.不同运动方式对小学高段学生行为抑制能力的对比研究[J].当代体育科技,2023,13(20):176-182.

[56]赵盛涛,覃朝玲."健康中国2030"背景下高校公共体育教学改革研究[J].智库时代,2019(25):186+190.

[57]陈泓儒,覃朝玲.羽毛球逆转率两局率在新旧规则下的比较研究——以1989-2023年奥运会、世锦赛为例[J].福建体育科技,2024,43(01):74-78+88.

[58]赵倩.2022年法网郑钦文发球阶段技战术分析[J].网羽世界,2023(7):71-72.